세계문학공간의 조이스와 한국문학

세계문학공간의 조이스와 한국문학

펴낸곳 서울대학교출판문화원
펴낸이 오연천
지은이 오길영

초판 1쇄 인쇄 2013년 5월 10일
초판 1쇄 발행 2013년 5월 15일
출판등록 제15-3호

주소 서울 관악구 관악로 1 우편번호 151-742
대표전화 02-880-5252 **팩스** 02-888-4148
마케팅팀(주문상담) 02-889-4424, 02-880-7995
이메일 snubook@snu.ac.kr
홈페이지 www.snupress.com
영문홈페이지 eng.snupress.com

ISBN 978-89-521-1441-9 93840

이 연구는 2008년 정부(교육과학기술부)의 재원으로 한국연구재단의 지원을 받아 수행된 연구임(812-2008-1-A00221)

세계문학공간의 조이스와 한국문학

오길영 지음

서울대학교출판문화원

James Joyce and Korean Literature in World Literary Space

OH, Gilyoung

Seoul National University Press

책머리에

1.

외국문학연구는 한국문학과 어떤 관계를 맺어야 할까? 외국문학연구의 안과 밖은 어떻게 그 경계가 나뉘는 것일까? 꽤 오랜 시간 동안 나는 외국문학연구자가 지닐 법한 자의식적 의문을 가져 왔고 나름대로 그에 대한 답을 찾기 위해 생각을 궁글려 왔다. 그러다가 비단 나 같은 외국문학 연구자만이 아니라 국문학자나 비평가도 비슷한 고민을 하고 있다는 걸 알게 됐다. "외국문학과 외국작품을 우리 문단에 유효적절하게 소개하면서, 또한 우리 문화의 현장에 대해서도 발언을 할 수 있는 외국문학 전공 비평가들의 존재는 궁극적으로 우리 문학을 좀 더 다채롭게 만들 것이다. 외국문학 이론가와 외국문학 전공 비평가들이 한국문학 전공 비평가들과 유의미한 대화를 전개할 수 있을 때, 한국문학 전공 일색의 비평가들에게 새로운 '타자성'을 제공할 수 있는 비평가들이 존재할 때, 바로 그만큼 우리 문학은 성숙해지고 풍성해질 것이다"(권성우, 『낭만적 망명』). 나는 이 대목을 읽으면서 문학 연구의 '안과 밖'에 대해 생각했다. 많은 연구자들이 느끼고 있듯이, 지금 한국문학연구와 외국문학연구는 소통하지 못한다. 그들 사이의 의미 있는 대화는 거의 찾기 힘들다. 각자의 '외딴 방'에서 자기 전공의 연구에 몰두하느라 바쁘다. 그래서 한국문학 연구와 비평은 한국(현대)문학 전공자의 활동영역으로 간주된다. 그 영역에 외부인이 함부로 들어서는 것은 학문적 금기이다. 외국문학연구자들도 각자의 해당 전공분야에서 전공논문을 쓰기에 바쁘다.

그렇게 된 저간의 사정은 이미 널리 알려진 사실이니 여기서는 상론하지는 않겠다. 그래도 간략하게나마 살펴보면 우선 제도적 이유가 있다. 이제 대학에도 강요되는 시장주의 무한경쟁논리에서 살아남기 위해 외국문학 연구자들은 다른 분야에 눈을 돌릴 수 없게 된다. 그러나 그것이 이유의 전부는 아니겠다. 범박(汎博)하게 말해, 문학연구와 비평의 존재근거에 대한 물음, 연구와 비평의 존재론에 관한 물음이 거의 사라졌다는 것이 더 큰 이유다. 자신이 속한, 주어진 학문영역인 한국문학 혹은 외국 문학 연구의 안팎을 연구자들은 균형 있게 사유하지 못한다. 각자가 주어진 연구영역의 '안'에서만 사유한다. '안'에서만 이뤄지는 연구는 협소해지고 새로운 것을 생성하지 못한다. 들뢰즈의 지적대로, 새로운 사유는 오직 낯선 것, 새로운 타자성과의 만남에서만 가능하다. 자기 전공의 '밖'을 사유할 때만이 자기 전공의 '안'이 지닌 의미와 한계가 드러난다. 안팎의 경계를 구분하지 않는 연구에서만이 생기를 띠며 새롭게 사유를 촉발하는 연구나 비평이 가능하지 않을까.

2.

그런 점에서 "외국문학 이론가와 외국문학 전공 비평가들이 한국문학 전공 비평가들과 유의미한 대화를 전개"해야 한다는 주장은 단지 그랬으면 좋겠다는 희망사항이 아니라 한국문학과 외국문학이 서로 깊어지기 위해 가야 할 길이 된다. 이것이 단지 한국문학과 외국문학 사이의 비교문학적 연구가 좀 더 활성화되어야 한다는 뜻으로 좁게 해석되어서는 안 된다. 물론 비교문학적 연구는 필요하다. 하지만 비교문학적 연구도 한국문학과 외국문학을 주어진 고정된 것으로 간주하고 그들 사이의 평면적인 텍스트 비교와 대조를 하는 차원에서 머물러서는 곤란하다. 비교문학 연구도 자국문학과 외국문학 사이에 존재하는 역학 관계, 그리고 그런 역학관계에서 작동하는 모방과 차이 만들기라는 구체적인 관계의 양상을 분석하는 데로 나아가야 한다.

이 연구에서도 주요한 이론적 방법론으로 많이 기댄 카자노바(Pascale Casanova)가 예리하게 지적하듯이, 하나의 민족국가는 내재적으로만 발전하는 것이 아니라 언제나 힘의 불균형 관계에 놓여 있는 다른 나라 문학과의 헤게모니 관계에서 만들어지고 변화한다. 세계문학공간은 다양한 민족문학들 사이의 힘의 관계가 역동적으로 표현되는 장이다. 밖을 사유해야만 자기를 돌아볼 수 있다. 외국문학 연구자이자 한국문학의 현장을 깊이 있게 조명했던 비평가인 김우창, 김현, 백낙청 등을 비롯한 이른바 4・19세대 비평가들이 거둔 비평적 성취가 한결같이 자기 문화에 대한 과신이나 자기 외의 것에 대한 모멸을 넘어 외국문학 연구와 한국문학 비평의 깊이 있는 생산적 대화에서 나왔다는 것은 주목할 만하다. 이들의 문학적 관점이나 비평적 입장은 그들이 만났던 낯선 타자들, 특히 유럽 비평이론이나 외국 작품에 대한 지치지 않는 독서와 사유의 토대 위에 세워졌다. 요는 낯선 타자들과 만나는 태도다. 한국문학과 외국문학연구 사이에 쉽게 넘기 힘든 높은 구분의 장벽이 세워진 작금의 학계 현실에서는 그런 예를 찾기 힘들게 되었지만, 김우창, 김현, 백낙청 등 외국문학 연구자이자 비평가들에게 외국이론과 외국문학은 그 자체로 가치를 지닌다기보다는 그들이 애정을 갖고 힘을 쏟았던 한국문학과 문화의 여러 문제들을 성찰하기 위한 일종의 이론-기계(들뢰즈)였다. 그들은 한국문학과 외국문학 사이를 오가는 헤르메스였다. 그렇다고 그들이 정보의 단순한 전달자나 이론의 수입상에 머문 것은 아니다.

3.

예컨대 프랑스 문학 연구자이자 뛰어난 비평가였던 김현에게 이론은 단지 밖에서 주어지는 체계가 아니었다. 요는 외부에서 주어지는 이론을 대하는 분석·종합하는 정신이다. 분석·종합의 정신에서 새로운 사유와 글쓰기의 가능성이 열린다. 김현이 한국문학이론이나 서구비평이론 수용사에 남긴 기여 중 하나는 그가 유럽비평 이론들과 한국문학의 자료 사이에 벌어지는 길항 관계를 외면하지 않았다는 점이다. 그는 드러내 놓고 주체적 외국문학연구를 주장하지는 않았다. 하지만 그에게 주체성은 단지 목청 높여 외치는 구호가 아니라 밖에서 주어진 외국의 비평이론과 근현대 한국문학이라는 자료 사이의 긴장된 마주침을 응시하고 거기에서 새로운 사유를 끌어내는 것이다. 김현에게 한국문학읽기와 비평이론 수용은 뗄 수 없는 하나의 과정이었다. 한국문학의 현장과 외부에서 들여온 이론 사이의 긴장 관계에서 그는 이론을 하나의 절대적인 설명체계로 보는, 사실과 동떨어진 이론주의나 게으른 정신을 넘어설 실마리를 찾는다. 근현대 한국문학은 김현에게 외국 이론의 연습장에 그치는 것이 아니라 그런 이론의 타당성을 구체적으로 시험해 보고 사유를 이끌어 주는 실험의 터전이었다. 그리고 더 중요한 것은 발을 딛고 선 터전이다. 외국문학과 한국문학의 소통은 어떤 외국이론이나 작가의 소개와 수용의 단계를 넘어서 이론의 수용과 자료의 축적과 작품 분석이 하나가 되는 단계, 자료를 모으고, 그것을 작품 분석과 연결하여 분석·종합하는 단계 자체가 이론으로 나아가는 과정이다.

4.

『세계문학공간의 조이스와 한국문학』은 당대 '유럽문학공화국'의 주변국이었던 아일랜드 출신으로 20세기를 대표하는 모더니즘 소설가 조이스(James Joyce)와 한국문학 사이에 이뤄진 문화적 교섭의 양상을 분석한 것이다. 먼저 근대성과 근대주의 비판이라는 열쇠말을 중심으로 조이스 문학의 의미를 입체적으로 조감하고, 이어서 조이스와 거의 동시대를 살았던 박태원이나 이상 같은 한국의 모더니즘 작가들의 경우에 이런 조이스의 문제의식이 어떻게 유사하게, 혹은 다르게 드러나는가를 천착하는 것이 이 연구의 고갱이라고 말하고 싶다. 물론 이런 문제의식이 얼마나 세부적인 논의 속에 설득력 있게 구현되었는지는 독자 제현이 판단할 일이며, 날카로운 질정을 바랄 뿐이다.

이 연구는 한국연구재단(구 학술진흥재단)에서 지원한 2008년도 인문저술 지원사업 연구비 수혜로 이뤄졌다. 연구의 물적 토대를 제공해 준 한국연구재단에게, 그리고 출판을 맡아서 세심하게 편집해 준 서울대학교출판문화원 여러 분께도 깊은 감사를 드린다.

2013년 4월 오길영

차례

제2장 조이스, 계급, 식민현실

제3장 조이스와 성적 관계의 윤리: 「이블린」과 「노지키어」 읽기

제4장 젊은 예술가와 여성들: 『젊은 예술가의 초상』과 『영웅 스티븐』 읽기

제1부

조이스와 세계문학공화국

1. 조이스와 모더니즘의 아비투스

의식하든 의식하지 않든, 작가는 특정한 사회문화적 공간, 부르디외(Pierre Bourdieu)의 표현에 기대면 장(field) 혹은 공간에서 활동한다. 각 장에는 사회문화적 헤게모니가 작동한다.[1] 카자노바(Pascale Casanova)의 지적대로 세계문학공화국(world republic of letters)이라는 장에도 문학적 헤게모니를 쥐고 있는 중심부가 존재한다. 예컨대 19세기 말과 20세기 초엽의 파리와 런던이 그랬고, 20세기 중후반기 이후에는 뉴욕이 그런 역할을 했다. 조이스(James Joyce)처럼 세계문학공간의 주변부인 아일랜드 출신 작가로서 자신의 문학적 입지를 세우고 굳히려면 주어진 세계문학공화국의 사회문화적 헤게모니를 예민하게 의식하고 그것을 적극적으로, 때로는 좋은 의미에서 교활하게 이용해야 한다. 이른바 '위대한 문학'은 자연스럽게 탄생하는 것이 아니라 사회문화적 공간의 헤게모니와의 투쟁과 협력, 활용을 통해 나타난다. 청년 조이스가 조국 아일랜드를 떠나 당대 세계문학공간의 중심지였던 파리로 간 것은 치기어린 열정의 표현만은 아니었다. 조

1 부르디외가 제기한 예술의 과학론에 대한 논의에 대해서는 졸고, 「예술의 과학의 가능성」, 『이론과 이론기계』(생각의나무, 2008) 참조.

이스의 이런 선택, 혹은 자발적 망명의 의미를 제대로 이해하려면 카자노바가 제기한 세계문학공화국이 이론적 준거틀로 삼는 예술의 과학론(부르디외)을 중요한 참고로 살펴야 한다. 부르디외가 제기한 예술의 과학론이나 카자노바의 세계문학공화국론에서 핵심적 위치를 차지하는 개념인 장은 그 장 안에서 작가가 차지하는 위치들 사이의 객관적인 관계들(지배나 종속, 보충이나 적대성 등)의 네트워크이다. 문학 장은 예컨대 소설이라는 장르를 구성하는 여러 범주들 간의 상호관계를 가리킨다. 더불어 특정한 장르를 생산하고 유통하고 소비하는 제도들이나 공간, 가령 문예지, 살롱, 동인 등도 포함한다. 문학 장은 그 안에 들어오는 모든 참여자 사이에서 힘들이 작동하는 공간이다. 예컨대 지배자/피지배자, 인정된 작가/신참 작가, 정통파/이단파, 원로/신인 등의 대립구도는 문학공간 안에서 다양하게 힘들이 작동하는 몇 가지 양태다.

조이스를 비롯한 탁월한 작가들은 고유한 성향 혹은 아비투스(habitus)를 지닌다. 하지만 그들이 만약 다른 형태의 문학 장에 놓였다면 다른 작가가 되었을 것이라는 점을 부르디외는 덧붙인다. 작가는 한편으로는 자유로운 존재이되 무조건적으로 자유로운 것이 아니라 그가 놓인 사회문화적 장이 허락하는 범위에서만 그렇다. 예컨대 조이스의 더블린, 카프카(Franz Kafka)의 프라하가 그 예다. 작가의 아비투스는 한 행위자가 지니고 있는 지각, 평가, 성향의 체계를 지칭한다. 아비투스는 행위자가 위치한 특정한 장의 구조 속에서 객관화되고 행위자의 정신구조 속에 내재화된다. 문학 장 안에서 교환되는 문화적 재산들은 작가나 비평가들 사이에 일어나는 아비투스의 투쟁과 길항관계에 의해서만 탄생한다. 아비투스는 문학생산물의 지각, 판단, 분류의 역사적, 사회적 범주로서 작동한다. 작품의 지각과 평가의 범주는 이들이 보유한 자본과 사회 계급적 위치에 따라 사회문화적 공간과 접합된다. 이 평가를 통해 신참작가는 자신의 입지를 세우기도 하고 잊혀지기도 한다. 조이스 작품의 위대성은 작품의 내적 탁월성만이 아니라 그가 놓여 있던 당대 유럽문학공화국의 역학관계에서 형성된 것이다. 조이스의 경우는 세기 전환기 영국 식민지였던 아일랜드의 식민현실과 그가 작가활동을 했던 유럽대륙의 문화적 헤게모니라는 사회문화적 장, 그리고 민족주의와 세계주의 사이에서 입장을 정해야 했던 조이스의 고유한 작가적 아비투스 사이의 길항 관계를 파악하는 것이 중요하다. 당대 아일랜드의 식민현실과 억압적인 사회문화적 환경, 영국의 식민지배체제와 이데올로기, 주변부에 머물렀던 아일랜드 출신 작가라는 자의식 등에 조이스는 굴복하지 않는다.

조이스는 자신이 위치한 문학 장의 영향력을 수동적으로 따르지 않고 진정한 의미에서 독립적인 자율적 예술의 장을 창조했다. 『더블린 사람들』(*Dubliners*)이 탁월한 문학적 성취를 거둔 이유는 작가가 새로운 현실을 작품 안에 창조했기 때문이다. 『더블린 사람들』의 세계는 세기 전환기 더블린의 소박한 반영이나 재현이 아니다. 그 안에는 다른 무엇인가가 존재한다. 이런 문학적 창조를 가능하게 하는 것은 작가가 속한 문학 장의 힘들과 작가의 고유한 아비투스의 복합적 관계다. 작가가 자신의 세계를 구축하기 위해서는 특정한 문학 장에 입장해야 한다. 뛰어난 작가는 단지 자신이 진입한 문학공화국의 수동적인 시민이 되는 데서 머물지 않고 문학공화국의 질서를 새롭게 재편한다. 조이스도 이런 투쟁을 그의 시대에 수행했다.

2. 카자노바의 세계문학공화국론

비교문학연구의 창의적 방법론을 제시한 저서로 평가되는 『세계문학공화국』[2]에서 카자노바는 종래의 비교문학 연구방법론이 지닌 단순하고 평면적

2 Pascale Casanova, *The World Republic of Letters*, trans. M.B. DeBevoise (Cambridge: Harvard UP, 2004).

인 비교연구의 문제점을 조목조목 비판한다. 그는 비판의 대안으로 세계문학공간(world literary space)이라는 시각에서 민족문학이 등장하고 발전하는 과정이 어떻게 세계체제적인 변화와 맞물려 이루어지는가를 깊이 탐구한다. 카자노바에 따르면 민족문학의 등장은 민족국가의 내재적 발전이나 사회경제적 변화과정만으로는 온전하게 설명되지 않는다. 두 가지 점이 동시에 고려되어야 한다. 첫째, 민족문학이나 민족문화의 발전은 사회경제적 변화과정의 영향을 받기는 하지만, 그 나름의 자율성을 지닌 고유한 장을 형성한다. 둘째, 민족문학의 성립과 발전은 독자적으로 이루어지는 것이 아니라 다른 민족문학들과의 관계 안에서만 이루어진다. 카자노바가 주목하는 것은 민족문학들 사이에 존재하는 경쟁, 투쟁, 불평등의 상호관계다. 이런 관계를 통해 민족문학은 자신의 정체성을 형성한다. 카자노바는 민족문학들의 역동적인 상호관계를 통해 괴테(Johann W. Goethe)가 구상했던 지식인들의 연대로서의 세계문학의 현실적 가능성이 열린다고 본다. 세계문학은 민족문학들의 단순한 합이 아니라, 그들 사이의 다층적이고 복합적인 상호관계의 산물이다. 괴테가 말하는 세계문학은 새로운 세계체제의 현실에 부응하는 문학이고 이를 촉진하는 국제적 연대운동에 가깝다.[3] 「공산당 선언」("The communist manifesto")에서 제기된 맑스(Karl Marx)의 세계문학론도 자본주의의 진전에 따른 각국 민족문학의 세계시장 진입을 예견하는 데 머물지 않는다. "민족적 일방성과 편협성은 점점 더 불가능해지고, 수많은 민족 및 지역문학으로부터 세계문학이 일어난다"[4]는 언급은 괴테적인 세계문학의

3 세계화, 세계문학, 민족문학의 관계에 대한 압축적이고 비판적인 검토로는 백낙청, 「세계화와 문학: 세계문학, 국민/민족문학, 지역문학」, 『안과밖』 29호(2010 하반기) 참조. 괴테의 세계문학론에 대한 상세한 소개로는 임홍배, 「괴테의 세계문학론과 서구적 근대의 모험」, 『창작과비평』 2000년 봄호; 윤지관 · 임홍배 대담, 「세계문학의 이념은 살아 있다」, 『세계문학론』 등을 참조. 괴테의 세계문학론에 대한 소개로는 David Damrosch, "Goethe coins a phrase," *What is World Literature?* (Princeton: Princeton UP, 2003) 1-36면 참조.

4 Karl Marx and F. Engels, "Manifesto of the communist party," *The Marx-Engels*

생산, 운동으로서의 세계문학과 궤를 같이한다. 카자노바도 비슷한 문제의식을 표명한다.

> 세계문학은 오늘날 실제로 존재한다. 새로운 형태와 효과를 동반하고 있는 세계문학은 사실상의 동시적 번역을 통해서 쉽고 빠르게 유통되고 그것의 탈민족화된 내용이 일말의 오해의 위험조차 없이 흡수될 수 있다는 사실에 의존하여 특별한 성공을 거두고 있다. 그러나 이러한 환경에서 진정한 문학적 국제주의는 더 이상 가능하지 않고 국제적 사업의 물결에 휩쓸려 버리는 것이다. (Casanova 172)

카자노바는 현재 쉽게 빠르게 유통되는 국제적 사업 성격의 세계문학이 진정한 문학적 국제주의에 걸맞는 것인지 묻는다. 요는 진정한 문학적 국제주의의 성격이다. 모레티(Franco Moretti)의 설명은 이에 대한 답변으로 꼽을 만하다.

> 이로부터 세계문학은 정말로 체제, 즉 다양한 변이들의 체제라는 사실에 도달하게 된다. 체제는 하나이지만, 그렇다고 해서 체제를 구성하는 모든 부분들이 동일하다는 것, 즉 일률적이거나 획일적이지는 않다는 것이다. 영국과 프랑스라는 중심으로부터의 압력은 그것을 일률적이거나 획일적인 것으로 만들려고 하겠지만, 절대로 차이의 현실을 지워 버리지는 못한다. 그렇기 때문에 세계문학에 대한 연구는 세계를 가로질러 상징적 헤게모니를 위한 투쟁에 대한 연구라고 할 수 있다. 이를 다음과 같이 말해 볼 수 있다. 1750년 이후 소설은 어느 곳에서나 서유럽의 패턴들과 지역적 현실들 사이의 타협으로 나타나는데, 지역적 현실이란 다양한 지역마다 다르고 서구의 영향이라는 것도 한결같지 않다.[5]

모레티는 "세계문학에 대한 연구는 세계를 가로질러 상징적 헤게모니를 위한 투쟁"이라는 것을 지적하는데 이 점에서 카자노바의 세계체제론적 세

Reader, ed. Robert C. Tucker (New York: Norton, 1978) 477면.

5 Franco Moretti, "Conjectures on world literature," *New Left Review* 1 (2000); 박성창, 「민족문학, 비교문학, 세계문학」, 『안과밖』 28호(2010년 상반기) 156면에서 재인용.

계문학공화국론과 자리를 같이한다. 문학적 중심국가나 도시(런던, 파리, 뉴욕 등)와 주변부 국가나 도시(조이스의 경우는 아일랜드나 더블린) 사이의 상징적 헤게모니를 위한 투쟁을 분석하는 것이 요구된다. 조이스가 감행했던 자발적인 문학적 망명의 의미도 상징적 헤게모니 투쟁의 맥락에서 제대로 이해할 수 있다.

카자노바는 출판자본이 세계시장을 장악하는 힘이 더욱 강해지는 현상과 아울러 문학성의 외양을 갖춘 국제적인 인기 작가들의 도래를 지적한다. 한국의 경우를 보더라도 원작출간에 맞춰 거의 동시에 번역이 이뤄지는 영미권의 베스트셀러나 문학상 수상작들이 좋은 예가 된다. 카자노바는 미국이 지닌 상징적 헤게모니를 주목한다. 상업적인 형태의 세계문학의 중심은 이제 미국이 되었다. 조이스를 매혹시켰던 파리나 런던이 아니라 뉴욕이 우리 시대 세계문학 공간의 중심이다. 무엇이 위대한 문학인가? 이 질문을 둘러싼 각국의 민족문학들의 정전(正典)투쟁이 1960년대를 분기점으로 출판시장에서의 경쟁 국면으로 전환되었다. 그 중심에는 뉴욕의 출판자본과 상징적 헤게모니가 있다. 세계문학의 문학적 · 문화적 중심이었던 파리의 몰락과 새로운 중심도시로서 뉴욕의 등장을 진정한 문학적 국제주의의 표현이라고 볼 수 있는가. 괴테나 맑스가 기대했던 민족경계를 초월한 진정한 국제주의적 세계문학의 도래가 자본의 헤게모니가 관철되는 세계시장을 통해 실현되는 착잡한 현실을 우리는 목도한다. 이런 착잡한 현실을 타개하려면 현재 관철되는 세계문학공화국의 중심국가나 중심도시가 발휘하는 상징적 헤게모니의 본성을 이해하는 것이 관건이 된다.

카자노바에 따르면 주변부 문학이 헤게모니를 갖고 있는 중심부 문학과 맺는 관계는 크게 세 가지로 구분되는데, 이런 상이한 패턴이 등장하는 배경에는 "문학적으로 존재를 인정받기 위한 진입 경로들이 이미 불평등하게 존재한다는 기본적인 사실"(Casanova 355)이 깔려 있다. 첫째는 동화의 패턴이다. 작가가 활용할 문학적인 자산이 부족할 때 풍부한 문화적 유산을 지닌

다른 문화권으로 편입된다. 두 번째는 반항의 패턴이다. 이것은 일종의 문화적 토착주의로서 지역적이고 특수한 문화로 돌아가려는 경향이다. 19세기 말에서 20세기 초에 아일랜드에서 벌어졌던 아일랜드 문예부흥운동(the Irish Revival)이나 지배문화를 거부하고 자신의 토착 언어를 고집하는 아프리카 작가들이 해당한다. 셋째는 혁명의 패턴이다. 이 패턴에 속하는 작가들은 주어진 주류 문화적 코드를 해체하면서 새로운 문화적 코드를 생산하여 세계문학의 지형도를 바꾼다. 이런 해체작업은 작가의 탈근대적 사유와 맞물린다. 카자노바에 따르면 이들 작가들은 당대의 대표적 근대담론이었던 민족주의 담론이나 식민주의 담론에 거리를 두면서 동시에 주류문학이었던 영국문학의 규범들을 비판하고 해체한다. 이를 통해 이들은 문학적 자율성을 획득한다. 카자노바는 세 가지 유형이 전형적으로 드러나는 문학으로 식민경험을 가졌던 아일랜드 문학을 언급하고 그 대표자로 조이스와 베케트(Samuel Beckett)를 꼽는다. 일종의 아일랜드 패러다임이다.

카자노바는 민족문학의 형성과 발전이 어떻게 다른 민족문학들과의 경쟁, 투쟁, 불평등한 세력관계에 따라 달라지는가를 조명한다. 카자노바의 설명이다. "세계문학공화국은 그 나름의 작동양식을 지닌다. 위계와 다양한 폭력의 방식을 생산하는 그만의 고유한 경제, 무엇보다 문학적 수준의 인식에 있어 단지 체계적인 것의 흉내를 내는 데 그치는 민족적인(그러므로 정치적인) 이해 때문에 오랫동안 가려져 온 세계문학공화국의 고유한 역사는 그동안 제대로 기록되지 못했다"(Casanova 11-12). 세계문학공화국의 고유한 역사는 투쟁과 경쟁의 역사다. 카자노바가 많은 사례분석을 통해 입론을 펼치는 세계문학공화국의 내적 경쟁은 세계문학공화국 안에서 각 민족문학이 고유한 입지를 차지하려는 투쟁이며, 문학시장에서 더 많은 상징자본을 획득하거나 자신의 위상을 높이려는 싸움으로 귀결된다. 이것이 근현대문학의 세계화가 지닌 성격이다. 이런 세계문학의 양상은 괴테가 구상했던 세계문학과 거리가 멀다. 괴테는 민족문학들이 연대한 세계문학을 꿈꿨지만, 다양한 민족문학들 사이의 소통에는 경쟁과 대립이 가로막고 있다. 그 배경에는 각 민족문학 사이의 헤게모니가 작동한다. 제임슨(Fredric Jameson)도 비슷한 문제의식을 개진했다. 2008년 홀베르그상 수상 기념 심포지움에서 제임슨은 「세계문학은 외무부서를 가지는가?」라는 발표를 한다. 이 발표에서 제임슨은 세계문학을 "투쟁의, 경쟁과 적대의 공간과 터"로 보자는 제안과 함께 "작품은 형태적 돌연변이로서 그 자체의 내부적인 문화적 서식처나 생태계에서 살아남으려고 노력하는 동시에 인정과 종족보존에 목말라 하는 다른 나라들의 경쟁자들에 맞서서 세계적인 차원에서 스스로를 주장해야 하는 이중적인 투쟁을 해내야 한다"고 주장한다.[6]

세계문학공화국에도 상징자본의 등락이 있다. 발레리(Paul Valery)의 지적대로 "이 모든 [정신적이며 문학적] 가치들은 등락을 거듭하며, 인간행위의 거대한 시장을 구성한다"(Casanova 13). 부르디외의 예술의 과학론이 설명했듯이, "[문학적] 자본은 그것을 전파하고, 소유하고, 변형시키고, 갱신하는 모든 이들에 의해 구현된다. 그것은 다양한 형태로 존재한다. 문학제도들, 아카데미, 심사위원회, 비평가들, 리뷰, 그리고 문학학교 등이다. 이런 제도들의 정당성은 이들이 내세우는 [문학적] 인정의 연륜과 권위에 따라 평가된다"(Casanova 15). 카자노바는 문학연구의 통상적인 이분법인 내재적 연구와 외재적 연구를 해체하면서 비교문학연구의 안팎이 과연 손쉽게 구분될 수 있는가를 묻는다.

> 지금까지 이 책에서 제안한 국제적이고 역사적인 모델, 특히 16세기 이래로 문학과 민족/국가(the nation) 사이에 성립된 역사적 연결 관계를 고려하는 입장만이 주변부에서 활동하는 작가들의 문학적 기획들을 정당하게 평가할 수 있고, 그들의 미학적, 정치적 입장을 일관되게 평가할 수 있다. 문학세계[공간]의 지도를 그림으로

6 Fredric Jameson, "Does world literature have a foreign office?," A Keynote Speech for Holberg Prize Symposium 2008; 윤지관, 「경쟁하는 문학과 세계문학의 이념」, 『안과밖』 29호(2010년 하반기) 38-39면 참조.

> 써, 그리고 문학적으로 큰 영향력을 행사하는 국가와 그렇지 않은 국가 사이에 존재하는 간극을 조명함으로써, 중심부에서 활동하는 비평가들에 의해 주입된 편견에서 벗어날 수 있다. 예컨대 새롭게 등장하는, 그동안 지배당해 온 국가들의 작가들에게서만 고유하게 공통적으로 발견되는 특징들을 카프카가 지니고 있다는 것을 받아들일 때, 우리는 [특정한 문학적 기준과 작품을] 신화화하는 권위가 내재적으로 지닌 맹목에서 벗어난다. 정치적이며 역사적인 고유성이 부인되는 비슷한 사례들을 입센, 야신, 조이스, 베케트, 그리고 베넷에게서 발견할 수 있다. 비록 이들 작가들이 다른 [문학적] 경로를 걸었지만, 이들 작가 각각이 얻은 보편적 인정은 실제로 그들이 시도했던 것들에 대한 커다란 오해에 따른 것이었다. 이들의 문학적 경력은 어떻게 문학적 보편성이 만들어지는가를 보여 주는 사례들이다. [중략] 중심부 비평가들이 의도적이면서도 세심하게 시도하는 탈역사화는 그만큼이나 의도적이고 명백한 무지에 따른 보편화를 선호한다. 문학사의 새로운 개념에 바탕을 두고 문학 텍스트를 해석하는 새로운 방법론을 적용하는 것이 새로운 문학적 보편성을 구성하는 데 긴요한 도구인 까닭이 여기 있다. 문학기획들이 지닌 극단적인 특수성들을 이해할 때에만 그들이 지닌 보편적인 호소력의 참된 원칙들을 진술할 수 있기 때문이다.
>
> (Casanova 354)

카자노바의 주장은 한국의 근현대문학의 성립과정에서 외국문학・문화가 수용되고 접속되는 과정의 의미를 논구할 때도 유용하다. 예컨대 유럽 모더니즘의 한국적 수용양상을 어떻게 설명한 것인가라는 문제를 사유할 때 새로운 문제틀을 제공한다. 한국문학 혹은 영문학계에서 이뤄진 모더니즘 수용연구에서는 비교대상이 되는 외국작가와 한국작가 사이의 텍스트 내적 유사점이나 차이점들을 작품의 비교분석을 통해 추출하고 그를 통해 일방적인 영향관계를 도출하려는 연구경향이 지배적이었다. 그리고 이런 비교문학적 연구조차도 양적인 면에서만 봐도 미흡하다. 통상 한국근대문학 100년을 언급하지만, 여전히 한국근대문학의 발전에서 다른 나라의 민족문학들, 특히 한국문학 근대성의 성립과정을 사유할 때 빼놓을 수 없는 대상인 유럽문학의 수용양상 연구, 그리고 그런 수용을 통해 한국문학이 어떻게 자신의 근대적 정체성을 세웠는가라는 중요한 문제는 깊이 있게 다뤄지지 못했다는 판단이다. 카자노바에 기대어 말하면 한국 근대문학의 형성은 단지 내재적 발전론이나 정체성론, 혹은 일방적인 수용의 시각에서만 설명될 수 없다. 한국 근대문학의 형성에 압도적인 영향을 끼친 유럽문학과 한국문학이 맺었던 경쟁, 투쟁, 그리고 불평등한 영향관계의 세밀한 분석이 이루어질 때 한국근대문학 형성의 안팎이 온전하게 조명될 것이다.

3. 조이스의 문학적 편력기

카자노바가 세계문학공화국 안에서 벌어지는 중심국가/도시와 주변부 국가/도시 사이의 상징적 헤게모니 투쟁에 분석의 초점을 맞추는 이유는 세계문학공화국의 현실을 수동적으로 추수하기 위해서가 아니다. 카자노바는 세계시장에서의 단기적 유통가치라는 시각에서 문학의 가치를 평가하지는 않는다. 초점은 주어진 현실의 구체적 분석을 통해 진정한 국제주의 문학을 세울 실마리를 찾는 데 있다. 이 점에서 그의 문제의식은 탈식민주의와도 통한다.

> 역사를 부정하고 무엇보다도 문학공간의 불평등한 구조를 부정하는 일은 자산이 상대적으로 빈한한 문학공간들을 구성하는 민족적, 정치적, 민중적 범주들의 이해 및 수용을 저해하며 결과적으로 문학공간의 변두리 지역에서 진행되는 많은 작업의 목적을 파악할 수 없게 만든다. [중략] 그리하여 위계적 구조, 경쟁관계, 문학공간의 불평등성 등을 부인함으로써 [중심부의] 종족중심주의적 무지의 오만한 시선은 보편주의의 틀에 맞춘 인증 아니면 대대적인 축출선고를 낳는다. (Casanova 352-53)

문학적 · 문화적 헤게모니를 쥐고 있는 국가나 도시는 그들과 주변부 국가나 도시 사이에 존재하는 “위계적 구조, 경쟁관계, 문학공간의 불평등성 등을 부인”한다. 따라서 주변부 출신 작가가 작가로서의 입지를 세우고 “인증”을 얻기 위해서는 "종족중심주의적 무지의 오만한 시선"에 굴종해야 한다. 그렇지 않으면 "축출선고"를 받는다. 이 두 가지의 선택지를 돌파하여 자신만의 문학적 공간을 창조하는 제3의 길은 없는가? 카자노바도 비슷한 고민을 피력한다.

> 나의 희망은 이 저서가 문학세계 주변부의 모든 빈한하고 지배받는 작가들에게 도움이 될 일종의 비평적 무기가 되었으면 하는 것이다. 뒤벨레이, 카프카, 조이스, 포크너의 텍스트에 대한 나의 읽기가, 문학으로 성립하는 상태에 접근하는 과정 자체의 불평등성이라는 기본적 사실을 무시하는 중심부 비평가들의 주제 넘은 가정과 오만과 독단적 판정에 대한 투쟁의 도구가 될 수 있기를 바란다.
>
> (Casanova 354-55)

그렇다면 주변부 아일랜드 출신인 조이스 작품은 어떻게 당대 유럽문학지형에서 "문학으로 성립하는 상태"에 이르게 되었는가? 조이스는 어떤 과정을 통해, "중심부 비평가들의 주제 넘은 가정과 오만과 독단적 판정"을 돌파하여 거장으로 인정받게 되었는가?[7] 모든 창조적 작가가 그렇듯이 조이스의 창조성은 평지돌출한 것이 아니다. 그는 자신이 물려받은 문학적 전통, 특히 아일랜드 밖의 작가들에 지대한 관심을 기울였다. 자신만의 고유한 목소리를 발견하기 위해서는 먼저 어떤 목소리들이 이미 존재하는지, 그들로부터 무엇을 배우고 버릴 것인지를 알아야 했다. 조이스에게 그 출발점이 된 것이 19세기 말 유럽을 대표하는 극작가였던 입센(Henrik Ibsen)에 대한 지대한 관심이다. 입센의 극을 통해 조이스는 현실에 대한 냉철한 관찰과 묘사의 중요성을 배웠다. 1900년 4월에 조이스는 18세의 나이로 「입센의 새로운 드라마」("Ibsen's new drama")라는 서평을 『포트나이틀리 리뷰』(*Fortnightly*

7 이하 조이스의 문학적 이력에 대한 소개는 Richard Ellmann, *James Joyce* (London: Oxford UP, 1982); Stanislaus Joyce, *My Brother's Keeper* (London: Faber and Faber, 1958), 조이스의 비평문, 편지글 등에 기대어 서술하며, 따로 인용면수를 병기하지 않는다.

Review)에 싣는다. 그리고 입센의 칭찬을 받고 매우 고무된다. 그는 당대 최고작가의 후원 아래 문학의 세계에 들어섰다. 이 점에서 조이스는 운이 좋았다. 조이스는 입센의 인증을 얻고 세계문학공화국에 들어설 수 있는 입장권을 손에 쥐었다.

입센에 대한 서평을 발간한 이후 조이스는 아일랜드인을 넘어선 유럽인이 되었다. 여기서부터 아일랜드 민족문학과 유럽문학 사이의 긴장관계가 조이스에게 발생한다. 이후 조이스는 다양한 언어와 문학 공부에 착수했다. 그의 독서범위는 매우 넓었다. 19세기 말에 출간된 중요한 작품의 상당수를 조이스는 탐독했다. 광범위한 독서편력을 통해 조이스 당대 문학세계를 조감할 수 있는 안목을 얻었고, 이후 자신의 문학세계를 어떻게 세울지를 고민할 수 있었다. 그가 읽은 작가들은 하우프트만(Gerhart Hauptmann), 베를렌(Paul Verlaine), 위스망스(Joris-Karl Huysmans), 톨스토이(Leo Tolstoy), 주더만(Hermann Sudermann), 로제티(Dante Gabriel Rossetti), 단테(Dante Alighieri), 플로베르(Gustave Flaubert), 그리고 입센이 있다. 이들 작품을 1900년과 1901년에 걸쳐 조이스는 읽었다. 그가 특히 매혹된 작가는 톨스토이였다. 조이스는 다양한 외국어를 공부했는데, 예컨대 입센을 원서로 읽으려고 표준 노르웨이어를 공부했다. 외국어 공부는 그에게 강제로 주어진 지배자의 언어인 영어를 낯설게 볼 수 있는 시야를 조이스에게 제공했으며, 이는 후에 『피네건즈 웨이크』(*Finnegans Wake*)에서 시도된 영어의 내파(implosion)로 결실을 맺는다. 젊은 시절에 조이스가 경험한 다양한 독서편력과 언어공부는 세계문학 속에서 자신의 위치를 자리매김하려는 조이스의 고심의 결과였다.

조이스는 무엇을 읽든 그것의 자연주의적인 정확성, 목적의 정직함, 그리고 스타일을 꼼꼼하게 평가했다. 이런 맥락에서 그는 와일드(Oscar Wilde)를 비판했다. 1906년 8월 16일에 조이스는 와일드의 『도리언 그레이의 초상』(*The Picture of Dorian Gray*)을 읽었는데, 와일드가 강인한 정신을 결여하고 있다고 강하게 비판했다. 대략 1906년에 이르러 20세기소설의 전체적인 어법이 조이스의 마음에 정립되었다.

낭만주의를 높이 평가한 것은 아니지만 조이스는 낭만주의가 내세운, 사실에 대한 정신의 지배를 옹호하였다. 그러면서도 디포우(Daniel Defoe) 소설에서 보이는 사실의 지배, 블레이크(William Blake)의 상상력의 지배에 조이스는 똑같이 관심을 기울였다. 다양한 독서를 통해 조이스는 당대의 문학적 지형에 민감하게 반응했지만 자신만의 세계를 지키려는 고집은 꺾지 않았다. 좋은 예가 예이츠(W.B. Yeats)와의 관계다. 1902년 조이스는 예이츠를 처음 만난다. 조이스는 예이츠에게 문단에서의 입지를 세우기 위해 많은 도움을 받는다. 당시 조이스는 20세, 예이츠는 37세였다. 조이스는 이제 문학적 경력을 시작한 단계였고 예이츠는 시인으로서의 경력을 한창 쌓아가는 과정이었다. 이 만남에서 조이스는 자신과 예이츠가 매우 다른 문학적 경향을 지닌다는 걸 즉시 간파하였다. 조이스는 특히 예이츠가 이상화한 무지한 소작인과 속물적인 귀족을 경멸하였다. 조이스는 기본적으로 '도시의 작가'였다.

예이츠와의 만남 이후 조이스는 자발적 망명을 통해 1903년 처음 파리에 도착했고, 그곳에서 주로 책을 읽고, 메모하고, 글을 쓰는 데 시간을 보냈다. 그는 국립도서관과 생 주느비에브 도서관에서 방대한 독서를 했다. 당시 그의 독서는 형식주의에 대한 욕구를 보여 준다. 그는 셰익스피어(William Shakespeare)의 형식이 느슨하다고 판단하여 벤 존슨(Ben Jonson)의 작품들을 읽었다. 뿐만 아니라 아리스토텔레스(Aristotle)의 『영혼론』(*On the Soul*), 『형이상학』(*Metaphysics*), 『시학』(*Poetics*)도 읽었다. 아리스토텔레스는 주제뿐만 아니라 방법의 측면에서도 조이스를 매혹시켰다.

당대 문학공간에서 조이스는 모더니즘운동의 주요작가들의 도움을 얻는다. 이 도움은 조이스가 의도하거나 요청한 것이라기보다는 외부로부터 주어진 것이었다. 조이스는 경제적 어려움에 처한 경우에도 자신의 문학적 고집이나 자존심을 꺾을 생각은 없었다. 조이스의 문학적 성공에는 상당한 행운도 따랐다. 무엇보다 당대의 문화적 동향이 그에게 유리하게 작용했다. 조이스가 문학적 거점으로 삼은 프랑스 파리가 당대 유럽문학계의 주요 거점이었다는 것도 있지만, 그가 활동한 시대가 구시대의 문학이 거부되고 새로운 문학에 대한 기대가 충만한 시대였다는 것도 변방 출신의 젊은 작가였던 조이스가 세계문학공화국의 더 높은 자리로 올라서는 데 유리하게 작용하였다. 조이스 또한 당대의 문학공간이 낳은 아들이다. 그는 이 문학공간을 통해 무서운 아이(앙팡 테리블)에서 거장으로 성장한다. 그가 작가로 성장하는 과정에는 다양한 인물들이 개입한다. 특히 모더니즘 운동의 좌장 격이었던 파운드(Ezra Pound)와의 관계는 주목할 만하다. 파운드는 조이스의 『젊은 예술가의 초상』(*A Portrait of the Artist as a Young Man*)이 잡지 『에고이스트』(*The Egoist*)에 연재되는 데 결정적 도움을 준다. 엘리엇(T.S. Eliot)과 조이스의 관계도 주목할 만하다. 엘리엇은 1922년 조이스의 『율리시스』(*Ulysses*)가 출간된 이후 울프(Virginia Woolf)와 나눈 대화에서 조이스야말로 19세기를 매장하고 모든 문체의 무익함을 들추어냈으며, 자신의 미래를 파괴한 작가라고 평했다. 이 작품 이후에 자신은 더 이상 쓸 것이 없다고 엘리엇은 믿었다. 조이스는 자신의 작품만으로 그만의 입지를 구축했다. 그러나 그 작품이 호의적으로 수용될 수 있는 파리라는 사회문화적 중심공간에 조이스는 운 좋게 놓여 있었다는 점도 간과할 수 없다.

조이스는 일반독자들이 그의 작품에 보이는 반응에는 큰 관심이 없었지만, 작품의 진가를 알아주는 문단의 주요작가들이 다행히 주위에 있었고 그들의 성원과 기대를 받았다. 그리고 새로운 문학을 대망하는 당대의 욕구와 부합했다. 조이스의 경우에도 그를 제대로 이해하기 위해서는 그의 아비투스만이 아니라 당대의 문학 장의 이해가 필요한 까닭이다. 조이스는 아일랜드를 떠난 이후 유럽 대륙의 파리, 취리히, 트리에스테 등을 떠도는 '유목민'의 삶을 산다. 이런 자발적 유목을 통해 조이스는 격변하는 당대의 문화운동

분위기를 실감하는 기회를 얻는다. 조이스가 아일랜드에 머물렀다면 얻을 수 없는 경험이었다. 하나의 예를 들어 보자. 1916년에서 1918년에 걸쳐 조이스는 취리히에 머물렀다. 이 도시는 통화나 물자의 투기꾼, 유럽 각지에서 몰려온 피난민, 정치 망명가, 예술가들로 붐볐다. 조이스는 이 도시의 후덥지근한 기후를 좋아하지 않았지만 이 도시가 꽤 재미있다고 생각했다. 그가 머물기에 앞서 1915년 이 도시에서 차라(Tristan Tzara) 등이 주도하여 초현실주의 운동이 시작되었다. 취리히가 지닌 문학적 실험의 분위기가 『율리시스』를 쓰도록 이끈 한 요인이었다. 이렇게 조이스는 당대 문학 장의 깊은 영향을 받았다. 그러나 걸작으로 인정받고 있는 조이스 작품들이 당대에도 그렇게 인정받은 것은 아니었다. 자신의 작품을 출판하는 과정에서 조이스는 당대의 고루한 문학적 관습에 사로잡힌 출판권력, 검열체제와 심한 갈등을 빚는다. 조이스의 편지에 따르면, 1905년에 쓴 『더블린 사람들』은 출간을 위해 9년간의 법률 다툼 끝에 1914년에야 비로소 출판되었다. 물론 그의 발언을 감안해서 들어야 하지만, 조이스는 이 다툼에서 오직 파운드만이 자신을 도와주었을 뿐 다른 작가들은 도와주지 않았다고 한탄한다. 『더블린 사람들』은 마흔 명이나 되는 출판업자들로부터 거절당했다. 『젊은 예술가의 초상』도 비슷한 출판의 어려움을 겪었는데, 영국과 스코틀랜드의 약 스무 명의 인쇄업자가 인쇄를 거부했고 결국은 미국에서 인쇄되어 출판되었다.

4. 세계주의자 조이스?

지금까지의 논의는 조이스를 규정하는 통상적인 시각, 즉 조이스는 협애한 민족문학, 민족성을 넘어선 국제주의자, 세계주의자였다는 견해와 상통하는 것으로 보인다. 예컨대 조이스의 다음 발언이 그렇다.

> 더블린 사람들은 나의 동포들인 것은 분명하지만 냉정히 말해서 '사랑스럽고 더러운 더블린'에 대해 다른 사람들처럼 얘기할 생각은 없다. 더블린 시민은 섬나라나 대륙에서 내가 만난 사람 중에 가장 무기력하고 쓸모없고 지조 없는 허풍선이 민족이다. 영국 국회가 세계에서 가장 수다스러운 사람들로 가득찬 것은 바로 이 때문이다. 더블린 사람들은 술집이나 식당이나 매음굴에서 지껄이고 술을 돌리면서 시간을 보내는데 위스키와 아일랜드의 자치라는 두 가지 약에 결코 물리지 않으며, 밤에 더 이상 먹을 수 없게 되면 두꺼비처럼 독으로 부어올라 옆문을 통해 비틀대며 나와서 쭉 늘어선 집들을 따라 안정에 대한 본능적인 욕구에 인도되어 벽이나 구석들에 등을 대고 미끄러지듯 간다. 영어로 말한다면 휘청거리며 간다. 이것이 더블린 사람들이다. 그리고 이 모든 것에도 불구하고 아일랜드는 여전히 연합왕국의 두뇌다. 현명하게 실질적이고 지루한 영국인들은 배를 꽉 채운 인간들에게 완벽한 고안물인 수세식 화장실을 제공한다. 자기 고유의 언어가 아닌 다른 언어로 표현하도록 저주받은 아일랜드인들은 그 위에 그들이 지닌 천재성의 인장을 찍고 신의 영광을 위해 문명화된 국가들과 경합한다. 이것이 이른바 영문학이라고 하는 것이다.
>
> (Ellmann 217)

조이스는 그가 떠나온 아일랜드 문화의 편협성에 질렸다. 예이츠가 주도했던 아일랜드 문예부흥운동을 비롯한 민족주의적/국수주의적 민족문화 혹은 지역문화 옹호에 강하게 반발한 이유다. 이런 태도는 근본적인 차원에서 조이스가 지녔던 무정부주의적 태도에서 기인한다.

> 나는 예술가로서 모든 국가에 반대한다. 물론 국가를 인정해야 되겠지. 실제로 모든 행위에 있어서 국가의 제도와 관계를 맺고 있기 때문에, 국가는 중심으로 모든 것을 모으려고 하며 인간은 중심에서 벗어나려 한다. 이렇게 해서 끝없는 싸움이 일어난다. 수도사, 독신자, 무정부주의자는 같은 범주에 들어간다. 물론 나로서는 극장에 폭탄을 던지며 왕과 그의 자녀들을 살해하려 드는 혁명가의 행위를 인정할 수는 없다. 그러나 세계를 피바다 속에 빠뜨리는 국가가 그보다 낫다고 말할 수 있을까?
>
> (Ellmann 446)

『젊은 예술가의 초상』이나 『율리시스』에서 주인공 스티븐을 통해 보여 주듯이 조이스는 모든 형태의 사회적 억압체계를 거부한다. 그의 거부대상은 단지 아일랜드만이 아니다. 그는 아일랜드를 지배했던 영국식민주의 체제와 로마 카톨릭도 거부한다. 이런 태도는 유럽으로의 자발적 망명 이후에도 유지된다. 조이스가 불편한 유목적 삶을 선택한 이유도 "세계를 피바다 속에 빠뜨리는 국가"에 대해 그가 가졌던 불편함 때문이다. 조이스는 편협한 국수주의자가 아니지만, 그렇다고 민족과 국가의 의미를 외면하는 소박한 국제주의자도 아니다. 조이스는 이렇게 주장한다.

> 그들도 처음에는 민족주의자들이었습니다. (중략) 투르게네프의 경우처럼 끝에 가서 그들을 국제적으로 만든 것은 그들의 민족주의의 힘입니다. 투르게네프의 『사냥꾼일기』를 기억합니까? 얼마나 지방색이 강합니까? 그 바탕 위에서 그는 위대한 국제적 작가가 된 것입니다. 나의 경우에는, 나는 언제나 더블린을 쓰고 있는데, 더블린의 핵심에 도달할 수 있다면 세계 모든 도시의 핵심에 도달할 수 있기 때문이지요. 특수성에는 보편성이 내포되어 있습니다. (Ellmann 505)

아일랜드를 대하는 조이스의 양가적 감정이 어디서 비롯되는지를 이 대목에서 볼 수 있다. 그에게 "지방색"과 "국제적 작가"라는 개념들은 양립불가능한 것이 아니다. 조이스에게 보편성과 특수성은 통일되어 있다. 마치 프라하가 카프카에게 그랬듯이, 더블린의 세계는 조이스에게 애증의 감정을 불러일으켰다. 하지만 프라하를 결국 떠나지 못했던 카프카와는 달리 조이스는 아일랜드를 떠났고, 그런 떠남을 통해 오히려 아일랜드를 제대로 그릴 수 있는 비범한 안목을 얻었다. 그렇다면 조이스가 또 다른 문화중심지였던 런던이 아니라 굳이 파리를 택한 이유는 무엇일까? 조이스가 아일랜드의 편협한 민족문화와 식민지배 국가의 수도였던 런던의 문학적 헤게모니를 모두 거부했다는 것이 주요한 이유다.

이 지점에서 조이스는 예이츠와 다른 길을 걷는다. 예이츠가 거둔 문학적 명성은 기본적으로 그가 런던의 문학적 헤게모니에 의존했기 때문에 가능했다(Casanova 307). 조이스는 예이츠가 거둔 양자택일의 선택지를 거부한다. "이것이 예컨대 조이스가 궁극적으로 파리를 망명지로 선택하였고 이중의 거부전략을 택한 이유다. 조이스는 런던의 망명객들이 대표했던 식민권력에 종속되는 것을 거부했을 뿐만 아니라 마찬가지로 아일랜드의 민족적인 문학규범의 순응성도 거부함으로써 자유롭게 유례가 없는 대담하고 신선한 기획을 펼칠 수 있었다"(Casanova 95). 조이스나 베케트는 파리를 그들의 문학적 망명지로 선택함으로써 국제적인 문학공간의 중심지였던 파리에서 자신의 실험적 문학의 가능성을 발견한다. 그들은 민족문학의 외부에서 민족문학을 새롭게 사고하는 과정을 통해 주변부문학인 아일랜드 문학을 세계문학공간으로 진입시켰고 세계문학공간의 역학관계를 변화시켰다.

5. 민족문학과 세계문학의 이분법을 넘어서

민족문학과 세계문학의 이분법적 대립구도를 넘어서려는 조이스의 문제의식은 다시금 세계문학론이 논의되는 한국문학계에도 여전히 유효한 시사점을 지닌다. 소설가 김영하는 세계무대에서 한국문학의 경쟁력을 고민하면서 '보편적인 문제를 다루어야 하고 번역에 견딜 수 있는 작품을 써야 한다'는 생각을 언급한 바 있다.[8] 그러나 내가 보기에 김영하는 문제의 핵심을 놓치고 있다. 작가에게 '보편적인 문제'는 없다. 항상 자신이 부딪치는 개별적이고 특수한 문제만 있을 뿐이며, 그 특수성을 최대한 깊이 파고들 때 보편적인 영역이 열릴 뿐이다. 이런 맥락에서 "하루키를 비롯하여 대중적인 일본 현대소설가들의 이름은 해외 출판사들의 관심대상이 된 지 오래인데, 이 같은 세계시장에서의 성공에는 일본문학에서 1990년대 이후 급격하게 탈민족

8 정홍수, 「세계문학의 지평에서 생각하는 한국문학의 보편성」, 『세계문학론』(창비, 2010) 119면.

적인 성향이 짙어지는 추세와도 관련이 있다. 이것은 국가나 민족의 경계를 넘는 대중문화의 확산과 지배, 그리고 획일적인 소비문화의 세계적인 팽창으로 이어지는 지구화의 대세에 문학이 종속되어 가는 흐름과도 맺어져 있다"[9]는 지적도 꼭 맞는 지적은 아니다. 물론 무라카미 하루키의 소설에는 "탈민족적인 성향"이 있다. 그러나 그의 작품을 "지구화의 대세에 문학이 종속되어 가는 흐름"의 예로만 간주하는 것은 무리다. 무라카미의 작품이 갖는 세계성은 섣불리 보편적인 문제를 다루었기 때문이 아니라 분명 일본적인 현실과 문제를 다루면서도 그 안에서 다른 문화에도 호소력이 있는 어떤 핵심 사안을 집요하게 천착하기 때문이다.[10]

한 명민한 젊은 소설가도 비슷한 지적을 한다.

> 코즈모폴리턴이라고 하나요. 이제 또 그런 콤플렉스를 가진 것 같아요. 뭘 하든 세계적인 걸 해야만 할 것 같고, 외국을 생각해야 할 것 같고 이러는 거죠. 제가 왜 이런 이야기를 하느냐면, 이를테면 멜빌이든, 고골리든 누구든, 개인의 작업을 했다는 거예요. 본인이 쓰고 싶은 걸 썼지, 이걸 써서 저 어디 들어 보지도 못한 한국에서까지 자기 책이 번역돼서 읽히는, 그런 코즈모폴리턴은 환상이죠. (중략) 한 작가가 한 개인으로 독자화할 때, 즉 개인화의 레벨이 어마어마하게 올라가는 것, 그게 곧 세계화라는 거죠.[11]

조이스의 작품이 훌륭하게 예증하듯이, 작품의 세계화는 박민규의 지적대로 "개인화의 레벨"이 올라갈 때만 가능하다. 그런 개인화는 관념적으로 세계화를 생각한다거나, 보편적인 문제를 다룬다거나, 번역에 견디는 작품을 쓰겠다는 의도가 아니라, 작가가 붙잡고 있는 구체적 현실을 얼마나 깊이 파고드는가에 있다. 세계화의 시대이고 전지구적 자본주의인 우리 시대는 민족국

9 윤지관, 「한국문학의 세계화를 둘러싼 쟁점들」, 『세계문학론』 206면.

10 이런 분석의 예로는 김홍중, 「무라카미 하루키, 우리시대의 문학적 지진계」, 『마음의 사회학』(문학동네, 2009) 참조.

11 황정아, 「박민규라는 문학 발전소」(인터뷰), 『창작과비평』 151호(2011 봄) 377면.

가의 현실과 세계자본주의의 현실이 뒤얽혀 있다. 하지만 어쨌든 작가는 추상적 세계가 아니라 자신이 일상적으로 부딪치는 민족국가의 현실에 철저히 개인으로서 대면한다. 다시 박민규의 말을 들어 보자. "이 세계화의 콤플렉스. 아무튼 나는 '나'라는 개인만 생각한다. 또 이것이 다른 무엇도 아닌 개인의 작업이라는 생각이고. 그러니까 충실히, 언제까지고 자신의 내부에 더 연연하고 싶다."**12** 세계주의자가 되기 위해서는 먼저 철저한 개인주의자가 되어야 한다. 나는 소설가 김훈이 한국문학의 독보적인 개인주의자라고 생각해왔다. 거기에 박민규라는 이름을 추가해야겠다. 박민규의 개인주의는 단지 "자신의 내부에 더 연연하"고 침잠하는 개인주의가 아니라, 현실과 세계로 열린 사회적 개인주의이다. 조이스로 대표되는 모더니즘 작가들을 비롯해서, 모든 훌륭한 작가는 어떤 의미에서든 탁월한 사회적 개인주의자다.

세계문학 개념이 주목받는 이유에는 세계시장에서 문학의 경쟁력을 높여야 한다는 문제의식도 작용한다. 노벨문학상에 대한 한국문단과 문학계의 과도한 관심도 이 문제와 관련된다. 먼저 이들에게 알려주고 싶은 사실 하나는 20세기 유럽문학계의 판도를 좌우했던 거장들인 조이스, 카프카, 프루스트, 로런스, 울프, 콘래드 등은 노벨문학상과 거리가 멀었다. 노벨문학상은 마라톤 경주가 아니며 문학의 가치평가의 유일한 잣대도 아니다. 여기에도 '세계문학공화국'에서 작동하는 문학적 상징자본의 역학관계가 작동한다. 그래서 조이스는 비웃듯이, 자신이 받을 상은 노벨문학상이 아니라 노벨평화상이라고 말했던 것이다. 그의 비웃음에는 노벨상으로 대표되는 문학의 경쟁력에 대한 비판이 깔려 있다. 문학의 경쟁력은 무슨 의미인가? 그 경쟁력의 판단주체는 누구인가? 이런 질문에 구체적으로 답하지 않으면 "한국문학은 다시 한 번 서양문학의 고정된 중심을 향한 욕망의 우울한 경주와 마주칠 수밖에 없지 않겠는가". 이런 태도는 문화적 식민주의의 전형적인 예다. 예컨대 중국의 소설을 영화로 각색한 장이머우의 영화가 보여 주는 변형된 오

12 「박민규-신수정 대담」, 『문학동네』 66호(2011년 봄) 114면.

리엔털리즘이 그렇다. 장이머우는 소설을 영화로 각색하면서 세계인, 특히 서구인의 중국에 대한 기억에 맞게 원작의 내용을 바꾼다. 영화 속의 중국은 유럽인들 기억 속의 중국이었고 영화를 통해 기존의 이미지를 재확인했다.[13] 세계적인 작품을 논하기 전에 우리 안의 식민주의가 무엇인지를 먼저 논해야 한다. 그러므로 한국문학작품이 해외에 적게 소개된 것이 문제라고 말하기 전에 우리가 알고 있는 나라의 문학이 얼마나 되는지 살펴보는 것이 필요하다.[14] 항상 문제는 저들이 아니라 우리다.

조이스와 베케트를 비롯한 아일랜드 문학이 주변부 문학을 넘어서 세계문학공간에서 자리를 찾아가는 과정을 치밀하게 분석하여 카자노바가 보여 주듯이, 지금 한국문학에 필요한 것은 섣부르고 공허한 세계문학론이 아니다. 박민규의 지적대로, "한 작가가 한 개인으로 독자화할 때, 즉 개인화의 레벨이 어마어마하게 올라가는 것, 그게 곧 세계화"가 되도록 작품을 쓰는 것이 관건이다. 다시 말해 우리 시대의 시민문학을 깊이 사유하는 것이 필요하다. 그런 고민이 깊어질 때 한국문학의 세계화는 자연스럽게 이뤄질 것이다.[15] 조이스의 말을 되풀이하자. "나는 언제나 더블린을 쓰고 있는데, 더블린의 핵심에 도달할 수 있다면 세계 모든 도시의 핵심에 도달할 수 있기 때문이지요. 특수성에는 보편성이 내포되어 있습니다." 세계문학을 고민하는 한국작가들이 깊이 새겨야 할 조언이리라.

13 이욱연, 「세계와 만나는 중국소설」, 『세계문학론』 141면.
14 방현석, 「서구중심의 세계문학 지형도와 아시아문학」, 『세계문학론』 266면
15 문학의 정치론과 관련하여 시민문학론의 현재성을 살펴보는 글로는 졸고, 「시민문학과 정치」, 『크리티카』 4호(올, 2010) 참조.

제2부

조이스와 (탈)근대성

제1장 조이스, 민족문학, 세계문학

제2장 조이스, 계급, 식민현실

제3장 조이스와 성적 관계의 윤리:
「이블린」과 「노지키어」 읽기

제4장 젊은 예술가와 여성들:
『젊은 예술가의 초상』과 『영웅 스티븐』 읽기

제5장 성적 관계는 있는가?: 블룸과 거티

제1장

조이스, 민족문학, 세계문학

다섯 개의 장으로 구성되는 제2부에서는 조이스 문학이 보여 주는 미덕, 즉 근대성을 관통하여 근대를 초극하려는 사유-모험(thought-adventure)의 면모를 심층적으로 검토한다. 유럽 근대성을 지탱하는 개념들인 계급, 민족/인종, 성/젠더를 사유하는 조이스의 다층적 면모를 주요 작품 분석을 통해 조명한다. 또한 최근에 새롭게 부상한 비평적 시각들, 예컨대 탈식민주의, 여성론의 시각에서 조이스 문학의 혁신적 성격을 검토한다. 데리다, 라캉, 들뢰즈 등의 탈근대 사상가들은 조이스의 작품에서 그들 이론의 선구적 면모를 확인한다. 통상 조이스는 모더니즘의 대표자, 20세기 문체혁명의 대표자로 평가된다.[1] 틀린 말은 아니지만 조이스 작품의 일면만을 지적한 평가다. 조이스는 통념과는 달리 협애한 형식주의자, 혁신적 기법의 실험자에 머물지 않는다. 조이스가 종종 자랑스럽게 토로했듯이, 그의 작품에는 19세기 말 아일랜드, 특히 더블린의 일상이 생생하게 살아 있는 세계로서 나타난다. 모더니즘의 비정치성 혹은 형식주의 미학의 전형적인 예로 평가하며 모더니

1 1999년에 『타임즈』(*Times*)에서는 20세기를 대표하는 인물 100인을 선정했다. 조이스는 소설가로는 유일하게 선정된다. 시인으로는 T.S. 엘리엇이 뽑혔다. 이 선정작업에서도 조이스는 20세기 언어혁명을 일으킨 작가로 평가되었다.

즘에 덧씌운 왜곡된 이미지를 해체하고 내용-형식의 통일적 이해라는 시각에서 조이스 문학을 다시 읽는 것이 주요 목표다.

1. 동질성의 모티프와 식민주의 비판

제1장에서는 민족/인종 문제를 중심으로 먼저 탈식민주의 비평과 조이스의 관계를 검토한다. 아일랜드 식민 상황의 맥락 안에 조이스의 작품을 배치하면서 역사성과 구체성을 복원하려는 탈식민적 읽기는 비슷한 식민경험을 갖고 있는 한국문학과의 비교문학적 분석에서도 흥미로운 주제다. 조이스 작품이 당대 아일랜드 현실에 결부되는 탈식민적 개입의 양상들을 복원하면서 민족의 현실을 외면한 추상적인 세계주의자가 아니라 탈식민운동의 강력한 옹호자로 조이스의 새로운 면모를 부각시킨다는 점에서 탈식민주의 독해는 미덕이 있다. 그러나 조이스는 손쉽게 탈식민주의의 옹호자로만 평가될 수 없는 다층적 면모를 보인다. 결론을 당겨 말하면, 조이스는 세계주의-민족주의의 근대적 이분법을 해체한다.

『젊은 예술가의 초상』에서 민족, 언어, 종교라는 그물을 넘어서려는 스티븐의 모습은 좋은 예다. 창조적 예술가의 정신을 옥죄는 아일랜드의 식민 상황, 그리고 편협한 남성적 국수주의(male chauvinism)에 사로잡힌 당대 민족운동에 대한 거부감이 일관되게 작품에 그려진다. 이런 면에서는 분명 조이스는 세계주의자라 할 만하다. 그러나 국제주의자 스티븐에게 조이스는 전적으로 공감을 하지는 않는다. 『젊은 예술가의 초상』에서 "경험의 현실"인 아일랜드의 현실, 특히 가족의 고통스런 삶을 치기어린 예술가의 관념으로 외면하는 스티븐에게 조이스는 비판적 거리를 유지한다. 아일랜드의 척박한 식민현실은 젊은 예술가에게 질곡이다. 스티븐은 탈출의 욕망을 불태운다. 그러나 스티븐의 예술적 망명이 그가 꿈꾸는 예술의 뿌리이고 경험의 현실인 아일랜드를 외면하는 도피에 그친다면 그것 또한 문제라는 복합적 시선을 조이스는 견지한다.

『율리시스』에서 자발적 망명의 길을 떠났던 스티븐은 어머니가 위독하다는 소식을 듣고 더블린으로 돌아온다. 귀환 뒤에 고뇌에 차 있고 뭔가 답답해 보이는 스티븐의 생활을 『율리시스』는 입체적으로 보여 준다. 스티븐을 형상화하는 작가의 태도에는 비판과 연민이 섞여 있다. 스티븐과 조이스가 갈라지는 지점이고 손쉽게 탈식민주의 작가로 조이스를 못 박기 어렵게 만드는 이유다. 조이스는 『더블린 사람들』에서 『피네건즈 웨이크』에 이르기까지 식민착취의 양상들에 냉철한 분석과 강렬한 비판을 시도한다. 그러나 조이스가 겨눈 비판의 칼날은 유럽 식민주의와 한 몸체를 이루는 민족주의 흐름에서 정점에 이른 근대주의의 핵심인 동질성의 모티프를 찌른다. "탁월하게 신학적인 주제인 이런 동질성의 모티프야말로 반드시 파괴해야만 한다."[2] 동질성의 모티프는 내부자와 외부자, 고유한 것과 낯선 것, 자아와 타자를 이분법적으로 나누는 힘으로 작동한다. 조이스는 동질성의 논리와 이항대립구도에 뿌리박은 순수주의를 해체한다. 관계 없는 정체성은 존재할 수 없다. 정체성을 관계 속에서 움직이는 유동적인 것으로 보지 못할 때 동질성의 모티프가 출현한다. 조이스의 식민주의 비판은 동질성의 모티프를 비판하는 것이며, 근대성의 근거를 해체하는 작업이다.

2. 조이스의 순수주의 비판

다시 묻자. 조이스는 민족주의자인가? 세계주의자인가? 민족주의자/세계주의자라는 대립항 중에서 하나의 선택을 요구하는 이런 질문은 조이스 작품을 이해하는 데 얼마나 타당한가? 조이스 작품의 이해에서 논란거리인 세

2 Jacques Derrida, *Positions* (London: Continuum 2002) 63-64면.

계주의-지방주의의 대립구도는 조이스 당대에도 문제였다.

> 세계주의적인 것과 지방적인 것은 그 당시에 아일랜드인의 정체성과 관련하여 논쟁의 대상이 되었던 것이었다. (중략) 시골(특히 아일랜드)의 농부가 순종 아일랜드인으로 이상화되는 민족주의적 분위기에서 당연히 그 반대편에 있는 도시적이고, 세계주의적인 것은 비아일랜드적이고 혼종적인 것으로 여겨졌다. 말할 필요도 없이, 시골이 아닌 도시만을 작품의 소재로 다루었을 뿐만 아니라 프랑스, 이탈리아, 스위스의 외국 도시에서 작가 생활을 한 조이스는 후자의 범주에 속한 작가였다.[3]

도시적이고, 세계주의적 작가인 조이스. 지역과 국가의 협소한 틀을 뛰어넘어 보편적 가치를 혁신적인 기법으로 표현한 위대한 모더니스트 조이스. 농부가 순종 아일랜드인으로 이상화되는 민족주의적 분위기와는 거리를 두었던 세계주의자 조이스. 이런 틀에 박힌 조이스의 이미지는 1980년대 이후 본격적으로 대두된 수정주의 비평의 영향으로 변화를 겪고 있다. 아일랜드 식민 상황의 맥락 안에 조이스 문학을 배치하면서 역사성과 구체성을 복원하려는 탈식민적 읽기는 왕성한 연구성과를 조이스 산업에 보태고 있다.

조이스 작품이 세기전환기 아일랜드 현실에 결부되는 탈식민적 개입의 양상들을 복원하면서 민족의 현실을 외면한 세계주의자가 아니라 탈식민운동의 강력한 옹호자로 조이스를 부각시키는 점에서 탈식민주의적 읽기는 분명 의미가 있다. 그러나 조이스가 이런 새로운 자신의 자리를 얼마나 반겨했을지는 의문이다. 세계주의와 민족주의의 이분법은 조이스가 그의 작품들에서 지속적으로 해체하려는 대상이었다. 조이스는 민족주의와 세계주의의 어느 한 쪽에 일방적으로 서지 않고 둘 모두에 맞서는 이중투쟁을 전개했다. 그가 펼치는 이중투쟁은 언어나 민족 등의 순수성을 강조하는 순수주의(purism)에 주요전선이 설치된다.

3 민태운, 「조이스에게 있어서 민족/민족어와 영어」, 『제임스조이스저널』 9권 1호 (2003) 94면.

우리의 문화는 가장 다양한 문화가 서로 섞여 있는 거대한 피륙이다. (중략) 그런 피륙에서 이웃한 실의 영향을 받지 않고 순수하고 순결하게 남아 있는 실을 찾는 것은 부질없다. 오늘날 어떤 인종, 어떤 언어가 (중략) 순결함을 자랑할 수 있는가? 그리고 지금 아일랜드에 살고 있는 인종이야말로 이런 자랑을 하기 힘든 인종이 아닌가? 민족성은 현대의 과학자들이 그들의 예리한 해부칼로 멋지게 만들어내는 편리한 허구 중 하나가 안 되려면 피와 언어처럼 변화하는 것을 넘어서서 이들의 의미를 알려주는 어떤 것에서 자신의 존재 이유를 찾아야 한다.[4]

조이스와 그의 이론적 후계자인 데리다에 따르면 성, 종교, 민족 등 어떤 정체성이든 고정된 것은 없다. 정체성은 다른 존재의 흔적을 지니며 "언제나 이미 분열되어 있고, [무엇인가의] 반복이며, 오직 자신의 부재를 통해서만 자신의 존재를 드러"낸다.[5] 조이스는 단일한 의미로 표현되는 단순화된 정체성 개념을 비판한다.[6] 조이스가 (컨)텍스트(text/context)의 울림을 지닌 피륙(fabric)의 비유를 사용하는 것이 흥미롭다. 다양한 색과 굵기의 실이 모여 피륙을 짜듯이 문화도 혼종성의 성격을 띤다. 이웃한 실의 영향을 받지 않고 순수하고 순결하게 남아 있는 실을 찾는 것은 부질없듯이 다른 민족과 문화의 영향을 입지 않은 순수하고 순결한 문화적 정체성은 없다. 그러니 "오늘날 어떤 인종, 어떤 언어가 순결함을 자랑할 수 있겠는가?" 조이스의 비판대상에서 아일랜드 민족주의도 벗어나지 못한다. 「싸이클럽스」("Cyclops") 에피소드에서 전개되는 블룸(Bloom)과 시민(Citizen)의 논쟁에서 선명하게 부각되듯이 민족주의가 지닌 어떤 맹목을 조이스는 날카롭게 파고든다.

4 James Joyce, *The Critical Writings of James Joyce* (Ithaca: Cornell UP, 1959) 165-6면. 이하 『비평집』으로 약칭.

5 Jacques Derrida, *Of Grammatology* (Baltimore: Johns Hopkins UP, 1976) 112면.

6 Colin MacCabe, "The voice of Esau: Stephen in the library," *James Joyce: New Perspectives* (Bloomington: Indiana UP, 1982) 117면; Terry Eagleton, "Joyce and mythology," *Essays for Richard Ellmann* (Montreal: McGill-Queen's UP, 1989) 316면.

그렇지만 조이스는 식민 현실을 외면한 낭만적 세계주의자도 아니다. 조이스가 비판의 과녁으로 삼은 것은 식민주의와 민족주의가 공히 빠져 있는 순수주의다. 언어나 민족(성) 등의 동질적이며 단일한 순수 정체성을 강조하는 논리, "정립된 정체성이나 문화적으로 권위를 부여받은 규정들의 고정된 견해"[7]를 내세우며 다른 존재를 배제하는 주체-타자의 이분법이 문제다. 「싸이클럽스」 에피소드에서 블룸이 제기하는 열려 있는 민족 개념은 조이스의 주장대로 "피와 언어처럼 변화하는 것"을 넘어선 어떤 것의 표현이다. 블룸의 정신적 아들인 스티븐도 편협한 민족주의나 국가주의를 거부하며 이런 거창한 개념들이 억압하는 개별 존재의 가치를 내세운다. "자네[영국병사]는 자네의 조국을 위해 죽는거야. 상상해 봐. (중략) 난 자네에게 다음과 같은 일을 바라지는 않아. 그러나 나는 이렇게 말해: 나의 조국은 나를 위해 죽어달라고. 지금까지 쭉 그랬어."[8] 민족주의와 식민주의가 표나게 강조하는 집

7 Edward Said, "Representing the colonized: Anthropology's interlocutors," *Critical Inquiry* 15 (Winter 1989) 223면.

8 James Joyce, *Ulysses* (1922), eds. Hans Walter Gabler et al. (New York: Vintage 1986) 482면. 『율리시스』의 최초 번역본은 김종건 번역으로 1968년에 나왔다. 1988년에 같은 역자에 의해 개정판이, 2007년에는 두 번째 개정판이 나왔다. 한 명의 역자가 수십 년에 걸쳐 동일 작품의 새로운 번역본을 연이어 낸 것은 드물다. 그만큼 이 작품번역에 기울인 역자의 노력과 인내가 돋보인다. 2007년에 나온 개정 번역본에서는 기존 번역본에서 누락되거나 간과된 요소를 보완하고 원작의 형식과 언어적 실험을 최대한 되살리는 데 주안점을 두었다는 것이 역자의 설명이다. 하지만 역자는 이것 또한 완결본과는 거리가 멀고 『율리시스』 번역은 앞으로 계속되어야 할 '진행 중 작업'(work in progress)이라고 번역의 어려움을 토로한다. 『더블린 사람들』이나 『젊은 예술가의 초상』과 마찬가지로 『율리시스』의 경우도 일본어 완역본은 한국보다 훨씬 앞서 나왔다. 최초 일본어번역은 1931년에 이뤄졌다. 이것은 독일어본(1927)과 불어본(1929)에 뒤이은 세 번째 비영어권 번역본이다. 첫 번째 『율리시스』 일어 완역본은 1931년부터 1934년에 걸쳐 출간되었다. 『율리시스』의 두 번째 일어 완역본은 1932년부터 1935년에 걸쳐 나왔고, 세 번째 완역본은 1955년에 나왔다. 그런데 이들 번역본은 내부검열을 피하기 위해 음란하다고 판정될 수 있는 문장과 단락을 삭제한 번역이었다고 한다. 박태원 소설 「소설가 구보씨의 일일」(1936)에서 언급되는 『율리시스』는 1930년대 초엽에 출간된 일역본을 가리키는 것으로 판단된다. 『율리시스』의

단, 민족, 국가는 시민들이 목숨을 바칠 가치가 있는 것일까? 이 질문에 스티븐은 "나의 조국은 나를 위해 죽어 달라고" 도발적으로 반박한다. 확고한 민족의 근원이나 토대가 있다고 믿는 민족주의자들에게는 반동적인 발언으로 들릴 발언이다. 그러나 실은 민족-국가는 확고한 정체성의 토대를 갖고 있지 않으며 상상의 공동체에 가깝다. 민족국가의 구성원들은 서로 공유한다고 믿는 공통의 이미지에 따라 동질적인 민족과 민족국가를 상상한다. 민족은 실체가 아니다.[9] 이 점에서 조이스는 예이츠나 싱(J.M. Synge) 등의 문예부흥론자들과 분명한 거리를 둔다.

신교도계 출신인 예이츠나 싱은 문예부흥운동에 적극 참여하면서 민족 정체성의 확립을 고대 아일랜드 신화의 복원이나 거의 죽은 언어가 되어 버린 게일어의 부활 등에서 찾았다. 죽어가는 민족언어의 부활이 아일랜드를 탈식민화하는 유력한 방도라는 주장이다. 그러나 가톨릭계인 조이스는 다른 태도를 취한다. 『더블린 사람들』의 단편 「어느 어머니」("A mother")의 키어니 부인(Mrs Kearney)이나 『율리시스』의 「텔레마커스」("Telemachus") 에피소드에 등장하는 우유배달 노파의 형상화에서 드러나듯이, 조이스는 민족이나 언어의 순수주의를 신랄하게 비판한다. 언어순수주의는 역사적 연유가 어떻든 영어가 아일랜드의 지배언어로 현실적으로 사용되고 있는 상황을 외면한다. 『젊은 예술가의 초상』에서 스티븐은 이 점을 지적한다.

> 나는 영혼의 흔들림 없이는 이 [영어] 단어들을 말하거나 쓸 수가 없다. 그의 언어는 너무 낯익으면서도 또한 너무 낯설기에 내게 항상 습득한 언어로 남아 있

최초 중국어 번역본은 부분 번역으로 중국에서 1987년에 처음 나왔고, 1994년에 완역본이 출간되었다. 대만에서는 1996년에 완역본을 출간하였다. 중국에서 완역된 『율리시스』는 상당한 대중적 관심과 호응을 불러일으켜서, 약 20만 권이 판매되었고 1판은 5쇄를 찍었다고 한다. 중국에서의 율리시스 번역현황에 대해서는 Keli Diao, "The ecology of the writer and James Joyce", 『제임스조이스저널』 16권 2호(2010년 겨울), 89-94면 참조.

9 Benedict Anderson, *Imagined Communities* (New York: Verso, 1991) 6면.

을 것이다. 나는 그 언어의 단어들을 만들지도, 받아들이지도 않았다. 내 목소리는 그 낱말들을 경계하며 거리를 둔다. 내 영혼은 그의 언어의 그늘에서 초조해 한다.10 (『젊은 예술가의 초상』 189)

10 James Joyce, *A Portrait of the Artist as a Young Man* (1916) (New York: Viking Press, 1968) 189면. 『더블린 사람들』과 마찬가지로 『젊은 예술가의 초상』은 영문과의 영소설 수업에서 가장 많이 다뤄지는 작품이다. 그 이유는 20세기에 출간된 가장 대표적인 성장소설 혹은 예술가소설 중 하나인 이 작품의 주인공 스티븐이 보여 주는 고뇌와 예술을 향한 열정, 착잡한 아일랜드 식민현실과 그곳에서 고통받는 사람들의 모습 등이 아일랜드처럼 식민지 경험을 겪었던 한국근현대사의 아픈 기억과 더불어 스티븐과 비슷한 연령대의 학생들에게 주는 공감대가 크기 때문이겠다. 이런 이유 때문에 이 작품의 번역도 활발하게 이뤄진 편이다. 현재까지 출간이 확인된 번역본의 총 판본이 약 30여 개에 이른다. 이 작품의 국내 최초의 번역본은 1959년에 동아출판사에서 출간한 여석기 역 『젊은 예술가의 초상』으로 파악된다. 여석기의 첫 번역이 나온 후 최근까지도 계속 새로운 번역본이 나오고 있다. 영문과 수업에서 많이 다뤄지는 작품이지만 번역은 쉽지 않다. 조이스가 즐겨 구사하는 말장난, 리듬을 통한 청각적 효과, 시적인 이미지, 그리고 수시로 급변하는 어조를 적절한 한국어로 옮기는 것은 번역자의 세심한 주의와 공력을 요구한다. 그리고 다른 고전소설의 경우도 마찬가지겠지만, 19세기 말에서 20세기 초에 이르는 세기전환기의 아일랜드 더블린의 삶을 충실히 재현하는 조이스 작품 번역의 경우, 다른 문화권의 독자에게는 자세한 역자 주석이 긴요하다. 『젊은 예술가의 초상』은 조이스의 자서전적인 소설로서 작가는 실존 인물과 역사적 사건, 그리고 실제 장소를 작품에 그대로 사용했기 때문에 이들에 대한 어느 정도의 지식이 없이는 작품의 함의를 파악할 수 없기 때문이다. 『젊은 예술가의 초상』의 최초 일본어 번역본은 1932년에 나왔다. 『더블린 사람들』과 마찬가지로 30년 정도 먼저 일본에 소개되었다. 대만의 경우 최초 완역본은 1975년에 출판되었다. 1986년에는 이 두 작품의 새로운 번역본이 나왔다. 『더블린 사람들』과 『젊은 예술가의 초상』의 번역현황에 관해서는 영미문학연구회 번역평가사업단 『영미명작, 좋은 번역을 찾아서』(창비, 2005)와 「영미고전문학번역평가사업 연구결과보고서」(2004)를 참고하였는데, 수십 명의 영문학 연구자가 참여해 협업으로 이뤄진 영미고전문학 번역평가작업에는 나도 공동연구원으로 참여하였다. 공동평가작업을 통해 조이스 작품의 번역현황과 쟁점을 파악할 수 있는 기회를 얻을 수 있었다. 일본과 대만에서의 조이스 작품번역현황의 소개로는 Ito Eishiro, "Two Japanese translations of *Finnegans Wake* compared: Yanase(1991-1993) and Miyata(2004)," 『제임스조이스저널』 10권 2호(2004 하반기); Kun-liang Chuang, "Glocalization: James Joyce in Taiwan," 『제임스조이스저널』 12권 2호(2006 하반기) 참조.

영어의 위상은 스티븐에게 양가적이다. 영어는 "너무 낯익으면서도 또한 너무 낯"선 언어다. 조이스는 "유럽대륙의 매개체"[11]인 영어를 현실적으로 쓸 수밖에 없다. 하지만 동시에 그는 자신의 언어가 아닌 "습득한 언어"인 영어를 "경계하며 거리를" 둘 수밖에 없다.

『더블린 사람들』의 「죽은 사람들」("The Dead")에서 그려지는 국제주의자 게이브리얼(Gabriel)과 민족주의자 아이버스(Miss Ivors) 사이의 논쟁은 조이스의 영어에 대한 양가적 태도를 집약적으로 보여 준다. 많은 평자들은 이 논쟁에서 아이버스의 경직된 민족주의를 비판하며 조이스가 게이브리얼 편에 서 있다고 주장한다. 그러나 이 장면을 좀 더 꼼꼼히 읽으면 다른 해석도 가능하다. 아이버스가 목청 높여 주장하는 게일어 살리기 운동에 조이스가 비판적인 것은 분명하다. 그러나 조이스는 아일랜드의 현실에 염증을 내는 얼치기 국제주의자 게이브리얼의 태도에 대해서도 비판적이다. 『피네건즈 웨이크』에서 벌어지는 언어의 향연은 현란한 말의 축제만이 아니라 조이스가 비판한 언어순수주의의 해체작업이다. 언어는 언제나 다른 언어의 흔적을 지닌다. 언어는 순수하지 않으며 그 본성상 "훔친/도둑맞은 말하기"(stolentelling)[12]이다. 그래서 조이스는 "숲/언어의 정글/뒤범벅 속에서

11 James Joyce, *Stephen Hero* (New York: New Directions, 1963) 58면.

12 James Joyce, *Finnegans Wake* (1939) (New York: Penguin Books, 1976) 424면 35행. 종종 『피네건즈 웨이크』가 다른 언어로 번역이 불가능한 작품이라는 평가도 받지만, 이 작품의 번역본으로는 이미 불어, 독일어, 네덜란드어, 일본어, 그리고 한국어 번역본이 나와 있다. 2002년에 김종건이 『피네간의 경야』라는 제목으로 최초의 한국어 완역본을 출간했다. 『피네건즈 웨이크』의 기본모태가 되는 언어는 영어다. 거기에 조이스는 전 세계 40여 개국의 언어를 결합시켜 새로운 언어를 창조한다. 그중에는 일본어와 중국어도 포함된다. 『율리시스』의 번역도 매우 힘든 일이지만 『피네건즈 웨이크』의 번역은 더욱 어렵다. 『율리시스』에 이은 조이스 최후의 대작으로, 서구 수천 년의 역사를 주인공의 하룻밤의 꿈속에 압축한 20세기 문학의 일대 사건이라 불리는 책이 이 작품이다. 조이스가 대략 17년간에 걸쳐 완성한 이 작품은 말 그대로 문학에서 가능한 모든 기법과 문체의 실험장이다. 번역이 가능하리라고는 아무도 생각하지 못했기에 한국어 번역본이 나왔다는 것만으로도 놀랍다. 그리고 조이스가 구사하는 언어의 놀라운 실험과 다의적 의미를 전달하기 위해 한자어를 이용한 실험적 번역을 시도한

길을 잃기를"(a puling sample jungle of woods [pure and simple jumble of words])(『피네건즈 웨이크』 112면 2-3행) 우리에게 권유한다.

문예부흥론자들의 언어순수주의는 영국문화의 우월성을 비판하면서 대안으로 아일랜드의 고유 문화, 특히 농촌문화를 옹호하는 민족순수주의로 귀결된다.**13** 켈틱 문화야말로 가장 순수하고 우수한 문화로 칭송된다. 성공한 민족주의는 자신에게 진리의 위치를 부여하고 자신이 맞선 식민주의, 그리고 그것이 포용하지 못하는 내부의 이질적 존재들, 특히 사회적 소수자들에게 악의 이미지를 부여한다(Said 176). 언어순수주의와 민족순수주의는 동전의 양면이다. 언어/민족 순수주의는 자신에게 선의 이미지를 부여하고 다른 존재에게는 악의 이미지를 덧씌운다. 언어나 민족(성)의 단일한 정체성을 강조하는 동질성의 모티프(데리다)의 결과다. 「싸이클럽스」와 「써시」("Circe") 읽기에서 드러나겠지만 조이스는 주체-타자의 이분법을 문제 삼지 않고 자신이 주체 혹은 주인의 위치를 차지하면서 주체였던 쪽을 타자로 밀어버리는 식의 동질성 모티프를 해체한다.**14** 조이스가 시도하는 해체의 기획은 순

역자의 고투는 이해할 만하다. 그러나 그 결과 이 번역본은 적어도 원작을 읽지 않았거나, 한문에 익숙하지 않은 독자가 읽기에는 가독성에서 문제가 있다. 물론 『피네건즈 웨이크』의 번역본에서 원문충실성과 가독성을 동시에 만족시키는 번역본을 내기는 거의 불가능하다. 이 번역본의 경우 역자는 동음이의어의 효과를 낼 수 있는 한문을 활용하여 원문의 다의적 의미를 가능한 충실하게 전달하는 데 강조를 두었고 나름의 효과도 거둔다. 하지만 일본의 『피네건즈 웨이크』 번역본 출간사례가 보여 주듯이, 한국의 경우에도 가독성에 중점을 둔 새로운 번역본의 출간이 필요해 보인다.

13 이상화된 아일랜드 농민 문화를 스티븐은 통렬하게 비판한다. "나는 정말로 아일랜드의 농민이 매우 존경할 만한 문화를 대변한다고 생각하지 않아"(『영웅 스티븐』 54). 이런 스티븐의 태도는 아일랜드적인 것의 핵심이 타락하지 않은 농민들에 있다는 문화적 복고주의를 거부하는 조이스의 입장을 대변한다. 스티븐은 영국 도시인들의 지성이 "아일랜드 농민들의 정신적 후진성"(『영웅 스티븐』 55면)보다 낫다는 도발적 주장을 펼친다.

14 민족주의 이데올로기의 동질성 모티프를 비판하는 조이스의 입장은 민족주의가 아니라 민족의식(national consciousness)의 탐색이 이루어질 때 진정한 국제주의가 가능하다는 파농의 문제의식과 통한다. Frantz Fanon, "On national culture," *The Wretched of the Earth* (London: MacGibbon & Kee, 1965) 198면.

결한 민족(성)이 아니라 "이종족혼성(異種族混成) 위의 이종족혼성(異種族混成)"(miscegenations on miscegenations)(『피네건즈 웨이크』 18면 20행), 혹은 "인종들의 혼란스런 뒤섞임"(the confusioning of human races)(『피네건즈 웨이크』 35면 5행)의 옹호로 표현된다. 민족과 언어의 이질성과 혼성성을 조이스가 어떻게 옹호하는지를 「싸이클럽스」 에피소드와 「써시」 에피소드를 통해 살펴보자.

3. 새로운 예루살렘의 꿈: 「싸이클럽스」 읽기

주지하다시피 『율리시스』는 호머(Homer)의 『오딧세이』를 해석해 다시 쓴 것이다. 조이스는 영웅 서사시인 『오딧세이』를 뒤집어 식민지 일상을 사는 현대의 율리시스 블룸을 창조한다.[15] 그렇다면 오딧세이가 맞서는 외눈박이 거인 싸이클럽스의 모티프는 『율리시스』에서 어떻게 변용되는가? 외눈박이 거인 싸이클럽스가 자신의 맹목으로 파멸하듯이 민족주의의 완강한 옹호자 시민(Citizen)의 맹목과 편협성을 조이스는 풍자한다. 시민은 아일랜드 민족 신화의 영웅들과 아일랜드의 영광된 역사를 허풍스럽게 열거하면서 영국이 더럽힌 순결한 아일랜드의 현실을 비통해한다. 순수하고 영광스런 민족 신화와 영웅찬미는 민족주의 이데올로기에 필수적이다. "성공적인, 성취된 민족주의는 회고적으로, 그리고 미래를 전망하면서, 서사 형태로 추려진 선택적 역사를 정당화한다. 따라서 모든 민족주의는 건국의 아버지, 의사종교적인 텍스트들, 소속감을 고취하는 수사장치들, 역사적이며 지리적인 지표들, 공식적인 적과 영웅들을 갖고 있다"(Said 176).

15 비록 블룸이나 스티븐은 서사시적 영웅은 아니지만 식민지 현실에서 그들의 개인적 이야기는 민족의 알레고리가 된다. 식민지 삶에서는 사적인 욕망의 분출조차 정치적 의미를 띤다. Fredric Jameson, "Third-world literature in the era of multinational capitalism," *Social Text* 15.3 (Fall 1986) 69면.

시민은 유대인 블룸을 아일랜드의 "이방인"(『율리시스』 265, 이하 면수만 명기)으로 판정하는 분명한 지표, 혹은 "공식적인 적과 영웅"을 판정하는 잣대를 갖고 있고 아일랜드 민족주의 운동에 "소속감을 고취하는 수사장치들"을 구사한다. 이 수사장치들의 뼈대는 주체-타자의 이분법이다. 블룸은 이런 민족주의 이데올로기의 맹목에 도전한다.

- 박해야, 하고 그는 말한다. 세계의 모든 역사는 그것으로 가득차 있어. 민족들끼리 서로 증오하는 것, 그게 끊임없이 계속 되지.
- 하지만 민족이 무슨 뜻인지 아나? 존 와이스가 말한다.
- 알다 말고. 블룸이 말한다.
- 뭔데? 존 와이스가 말한다.
- 민족 말이지? 민족이란 같은 장소에서 살고 있는 사람들을 말하지, 블룸이 말한다.
- 아이구, 그렇다면 내가 민족이겠네. 난 지난 5년 동안 같은 곳에서 살았거든, 네드가 웃으며 말한다.

  그래서 당연히 모두가 블룸을 비웃었고 그러자 블룸은 궁지에서 벗어나려고 애쓰면서 말한다.
- 혹은 다른 장소에 살고 있는 사람들도 포함하지.
- 그러면 내 경우도 포함되는군, 조가 말한다.
- 당신 나라는 어디인지 물어보아도 될까? 시민이 말한다.
- 아일랜드이지. 난 여기 아일랜드에서 태어났거든, 블룸이 말한다. (271-2)

시민과 그의 추종자들은 어떤 이유로 "당연히 모두가 블룸을 비웃"는 걸까? 그들은 자신들이 아일랜드 민족운동의 대의를 대변한다는 분명한 소속감을 공유한다. 소속감의 핵심은 무엇보다 피와 언어의 순수주의다. 그렇다면 블룸이 내세우는 독특한 민족개념, 민족은 피의 순수성이 아니라 단지 "같은 장소에서 살고 있는 사람들"을 뜻한다는 주장은, 『율리시스』에 나오는 전투적 민족주의자 '시민' 등이 비웃듯이 순진한 발상에 불과한 것일까? 오히려 블룸의 열려 있는 민족개념이 언어와 피, 혹은 어떤 고정된 준거점으로 민족 동질성을 확인하려는 태도보다 더 설득력이 있지 않은가. 시민은 영국과 벨기에가 흑인을 차별한다고 맹렬히 비판한다. 그러나 시민은 자신이 비판하는 식민주의 논리를 따라 유대인 블룸을 흑인과 동일시하며 차별한다. 블룸은 "하얀 눈을 가진 카피르"(274)요 "검은 말"(275)이 된다. 카피르(kaffir)는 동남아프리카에 살던 반투(Bantu)족의 일족을 가리키는 말로서 백인들이 아프리카 흑인을 경멸적으로 일컫던 말이다. 유대계 아일랜드인 블룸은 흑인화된다. 시민의 흑인 이미지 만들기는 영국인들이 아일랜드인들을 하얀 검둥이요 원숭이로 규정했던 식민 상징화 작업의 재연이다. 민족주의는 자신의 적수인 식민주의 논리를 자기 내부의 타자를 배제하기 위해 베낀다.

블룸은 예수의 산상 수훈을 빌려 "다른 사람의 눈 속의 조그만 티끌은 보면서도 그들 눈 속의 들보는 보지 못하는"(267) 민족주의 이데올로기의 한계를 날카롭게 지적한다. 이런 맹목은 시민이 공공연하게 드러내는 반(反)유대주의에서 전형적으로 나타난다. "그놈들은 참 지긋지긋한 놈들이야, 하고 시민이 말한다. 이곳 아일랜드까지 다가와서 이 나라를 빈대로 득실거리게 하다니"(265). 순수 아일랜드인들이 아닌 영국인이나 유대인들은 아일랜드의 순수한 피를 더럽히는 "빈대"와 같은 존재들이다. 따라서 그들은 제거되어야 한다. "더 이상 우리나라에 이방인들은 필요하지 않아"(265). 「네스터」("Nestor") 에피소드에서 완고한 민족주의자인 디지 교장은 스티븐에게 그의 반유대주의를 자랑스럽게 털어 놓는다.

> - 나는 방금 이렇게 말하고 싶었네, 하고 그[디지 교장]는 말했다. 아일랜드는 명예롭게도 유대인을 결코 박해하지 않은 유일한 나라라고 모두들 말하고 있지. 자네는 이 사실을 알고 있는가? 모른다고. 그리고 그 이유를 알고 있나? (중략)
> - 아일랜드는 그들[유대인]을 결코 받아들이지 않기 때문이야, 하고 그는 엄숙하게 말했다. (중략) 결코 그들을 들여보내지 않기 때문이지, 하고 그는 자갈밭 위를 각반을 찬 발로 걸어가며 웃음 섞인 목소리로 다시 부르짖었다. 그것이 이유야. (30)

전투적인 이미지의 표식인 “각반을 찬 발로 걸어가”는 디지 교장의 투쟁적 민족주의는 역설적이게도 부정을 저질렀다는 이유만으로 자신이 옹호하는 민족운동의 영웅인 파넬을 용서하지 못하는 경직성, 아일랜드 민족의 순수성을 더럽히는 유대인의 존재를 인정하지 않는 편협함에 갇혀 있다. 유대인 블룸은 동질성의 문화인 아일랜드 사회에서 눈에 보이지 않는 존재, 배척받은 존재가 된다. 시민이나 디지 교장의 형상화에서 조이스가 드러내는 민족주의 이데올로기의 편협성은 아일랜드 사회를 지배하는 반유대주의의 면모, 그리고 민족운동이 기본적으로 중산층에 기반한 “남성파벌주의”[16]에 빠질 수 있는 위험을 예증한다. 「써시」의 인상적인 첫 장면이 보여 주듯이 유대인, 여성, 아이들, 도시 빈민 등의 사회적 소수자들은 민족주의 운동이 내세우는 자랑스럽고 순결한 아일랜드 민족의 순수주의에서 배제된다.[17] 이런 배제의 메커니즘은 연극의 서사장치를 채용한 「써시」의 도입장면에서 인상적으로 제시된다.

왜 조이스는 민족운동의 전투적 대변자의 이름을 하필 시민이라고 붙였을까? 조이스의 독특한 이름 붙이기는 앞서 지적한 중산층 중심의 아일랜드 민족운동의 문제점을 예시한다. 그러나 시민의 여러 부정적 면모는 더 나아가 프랑스 혁명 이래의 유럽 근대주의가 상정해 온 객관적이며 보편적인 시민주체개념의 한계 지점을 파고든다.[18] 편협한 민족주의 이데올로기로 무장한

16 James Fairhall, *James Joyce and the Question of History* (New York: Cambridge UP, 1995) 94면.

17 민족주의 이데올로기 안에 작동하는 배제의 논리, 주체-타자의 이분법에 기반한 배제의 논리를 성찰하지 못할 때 민족(주의)적 부르주아가 기존 식민권력의 형식과 제도를 인수하여 제3세계를 착취하며 과거의 식민지 지배자에게 봉사하게 된다(바트 길버트-무어, 『탈식민주의: 저항에서 유희로』[한길사 2001] 137면). 민족운동은 다른 계급이나 계층, 특히 사회적 소수자들을 배제한 민족 부르주아 ‘그들만의 잔치’가 될 가능성이 높다. 예컨대 아일랜드 여성에게 투표권을 부여하지 않은, 1913년에 채택된 아일랜드 자치법안(The Home Rule Bill)은 한 예다. Carol Shloss, “Molly's resistance to the union: Marriage and colonialism in Dublin, 1904,” *Molly Blooms* (Madison: The U of Wisconsin P, 1994) 114면.

시민이 블룸을 이방인으로 배척할 때, 다시 말해 시민계급이 자신이 내세운 혁명적 이상이었던 자유, 평등, 연대의 원뜻을 망각하는 순간, 그들은 손쉽게 폭도, "저 끔찍한 청중들"(254), 혹은 "어리석은 녀석들: 세상 무서운 줄 모르고 덤비던 젊은 애송이 폭도들"(134)로 변질된다. 「써시」 에피소드에서 그려지는 블룸의 재판 장면은 좋은 예다. 민족운동의 지도자였던 파넬(Parnell)에게 그랬듯이 민족주의자들은 블룸을 민족의 지도자인양 받들다가 신부들의 말 한 마디에 그를 파렴치범으로 몬다. 다른 정체성을 지닌 존재나 의견의 존중이 아니라 선동과 폭력만이 득세한다. "사나이답게 힘으로 거기에 대항"할 것을 요구하는 시민 등의 자칭 민족주의자들에 맞서 블룸은 평화주의를 제시한다.

> - 그런데 나도 역시 한 종족에 속해요, 하고 블룸이 말한다. 미움받고 박해를 당하고 있는. 지금도 역시. 지금 바로 이 순간에도. 바로 이때에도. (중략)
> - 당신은 새로운 예루살렘에 관해서 얘기하고 있는 거요? 하고 시민이 말했다.
> - 나는 불의에 관해서 얘기하고 있소, 하고 블룸이 말한다.
> - 좋아, 하고 존 와이즈가 말한다. 그러면 사나이답게 힘으로 거기에 대항하게. (중략)
> - 그러나 그건 소용없는 짓이야, 하고 그는 말한다. 힘이든, 증오든, 역사든, 그따위 모든 것. 그건 남녀를 위한 삶은 아니지, 모욕 그리고 증오. 그리고 모든 사람은 그것이 진정한 삶의 정반대라는 걸 알고 있지.
> - 그게 뭔데? 앨프가 말한다.
> - 사랑이야, 하고 블룸이 말한다. 내가 뜻하는 것은 사랑은 증오의 정반대라는 뜻이지. (273)

18 근대 시민 혁명의 상징격인 프랑스 혁명이 내세운 혁명적 이상들, 자유, 평등, 연대의 이념이 자유주의, 사회주의와의 관계 속에 어떻게 역사적으로 변형 혹은 변질되어 왔는가. 이 문제는 조이스가 시민이라는 인물로 형상화한 민족-국가, 민족주의 이데올로기, 그리고 식민주의의 역사적 의미와 관련해 주목을 요한다. Etienne Balibar, "Rights of man and rights of citizen: The modern dialectic of equality and freedom," *Masses, Classes, Ideas* (New York: Routledge, 1994) 55-56면 참조. 발리바르는 근대적 시민 주체는 보편적이며 객관적인 주체가 아니라 백인 중산층 남성을 모델로 한 제한적 주체였다고 강조한다.

블룸의 평화주의를 듣고 시민은 "보편적 사랑"(273)은 허울 좋은 얘기라고 비아냥댄다. 그에게 중요한 것은 오직 힘이다. 그러나 "남녀를 불문하고 삶"의 의미를 논하며, "진정한 삶"은 "증오의 정반대"라는 블룸의 견해가 세상물정 모르는 이상주의자의 견해에 불과한 것인가? 시민이나 존 와이즈가 주장하듯이 "사나이답게 힘으로 거기에 대항하"는 것이 문제의 현실적 해결책일까? 오히려 "두 나라가 당장은 그 양극이 서로 떨어져 있다 하더라도 상호존중하려고 애쓰는 것이 당분간은 정말이지 현명하리라는"(524) 블룸의 판단이 오히려 현실의 실상을 정확히 포착한 것에 가깝다. 블룸은 리얼리스트다.[19]

> 서로 간에 우월성을 자랑하는 것은 그럴 수 있다고 치고 상호의 평등성에 대해서는 어떻지. 나는 어떤 형태든지 폭력이나 불관용에 대해서는 분개하네. 그따위 것은 어떤 것도 달성하거나 저지시키지 못하지. 혁명도 적당한 분납계획에 입각하여 일어나야만 해. 그런 점에서 바로 근처에, 말하자면 옆집에 사는데 단지 그들이 다른 말을 사용한다고 증오한다는 것은 확실히 말이 안 되는 짓거리지. (525)

"어떤 형태든지 폭력이나 불관용에 대해서는 분개"하면서 보편적 형제애를 대안으로 내세우는 블룸의 견해, 혹은 "옆집에 사는데 단지 그들이 다른 말을 사용한다고 증오한다는 것은 확실히 말이 안 되는 짓거리지"라고 관용의 정신을 강조하는 블룸의 입장은 힘을 앞세우는 식민주의와 동일한 힘의 논리로 그에 맞서는 민족주의 이데올로기 앞에 무력해 보인다. 그러나 힘의 논리와 블룸의 평화의 대안 사이에 어느 쪽이 더 현실적인 방도일까. 블룸이 민족주의 이데올로기가 포용할 수 없는 이단적 견해를 제기하는 것은 블룸이나 스티븐이 "교조적인 종교적, 민족적, 사회적, 그리고 윤리적 독단들"(544)을 거부하기 때문이다. 이런 이유로 블룸은 더블린 사회에서 "오해

19 따라서 "블룸이 지닌 보편적 형제애의 애매한 인본주의적 신념은 부르주아 공적 영역의 무기력하고 추상적인 보편주의와 궤를 같이한다"(Terry Eagleton, "Joyce and mythology," 318면)는 해석은 보편적 형제애에 담긴 블룸의 리얼리스트적인 면모를 제대로 간파하지 못한 무리한 독법이다.

받는 인간"(373)이 된다. 블룸 같은 인물이 배척되는 상황이야말로 민족주의 운동으로 대변되는 아일랜드 문화의 척박함의 증표라는 것을 조이스는 보여 준다.

4. 우주적인 형제애: 「써시」 읽기

「써시」 에피소드의 도입부는 민족주의 운동이 대변하는 아일랜드 문화가 포용하지 못하는 다른 공간, 어두운 환상의 공간을 보여 준다. 「써시」 에피소드는 다루는 주제만이 아니라 조이스가 구사하는 독특한 연극적 서사와 블룸의 환상이 표현되는 극적 형식도 주목을 요한다. 이 에피소드는 환상도 현실의 일부분이라는 것,[20] 정체성은 고정된 것이 아니라 극적 역할처럼 달라질 수 있다는 조이스의 생각을 극적 형식으로 제시한다. 이 장의 배경은 중산층을 중심으로 전개된 민족운동에서 배제된 사회적 소수자들이 거주하는 "밤의 마을", "매춘부들의 거리"(466)이다.[21] "밤의 마을"은 더블린의 '정상적' 삶이 배제시킨 "이질적 공간"이다. 아일랜드 민족주의는 자신의 타자로 정립한 영국식민주의에 맞서 강력한 동질화의 이데올로기를 자신에게 부여하면서 사회적 소수자들을 배제한다.

● ● ● ● ●

20 조이스는 표면에 드러나지 않지만 심층에서 작동하는 환상과 무의식의 역할을 강조한다. 「써시」장에서는 환상과 무의식이 극적으로 펼쳐진다. Arthur Power, *Conversations with James Joyce* (London: Millington, 1974) 54면.

21 매춘부의 거리는 이질적 공간들(heterotopias) 혹은 다른 공간들(the other space)이다(Michel Foucault, "Of other spaces," *Diacritics* 16.1[1986] 22-27면). 이 음울한 거리는 슬럼화된 더블린의 한 단면이다. 당시 더블린 인구의 1/4에 가까운 2만 가구가 방 하나짜리 셋집에 거주했으며, 이들 가구의 2/3에 달하는 1만 4천 가구가 주급 2실링의 수입으로 살아야 했다(Mary Daly, *Dublin, the Deposed Capital: A Social and Economic History, 1860-1914* [Cork: Cork UP, 1984] 199면).

> 한 난쟁이 여인이 숫자를 헤아리면서, 두 난간 사이에 걸려 있는 밧줄에서 그네를 타고 있다. 쓰레기통에 몸을 기대고 팔과 모자로 얼굴을 가린 사람의 형체가 코를 곤다. 이빨을 갈며, 으르렁거리면서, 신음 소리를 낸다. 그리고 다시 코를 곤다. 계단 위에서 쓰레기 잡동사니 사이를 배회하던 한 늙은 난장이가 넝마조각과 뼈 따위가 든 부대를 어깨에 둘러메려고 허리를 구부린다. 연기가 어린 석유램프를 들고 곁에 서 있는 한 할멈이 그녀의 맨 마지막 병을 그의 부대 밑바닥에 쑤셔 넣는다. (중략) 종이제기를 들고 문간에 비스듬히 웅크리고 있던, 무릎이 꾸부정한 아이가 갑자기 그녀의 뒤로 살금살금 기어가서 그녀의 스커트를 움켜쥐고 기어오른다. 술 취한 막일꾼 하나가 몸을 무겁게 비틀거리며, 빈터의 울타리를 양손으로 움켜쥔다. (중략) 여인이 비명을 지른다; 아기가 운다. 사나이의 욕지거리 소리가 으르렁거린다, 투덜거린다, 멎는다. 사람들의 모습이 빈둥거린다, 숨는다, 소굴에서 엿본다. (351)

더블린의 이질적 공간에는 사회적 소수자들, 매춘부, 난장이 여인과 늙은이, 막일꾼, 가정 폭력으로 고통받는 여인과 아기 등이 출몰한다. 더블린 사회의 이방인들인 블룸과 스티븐이 낯선 이 거리를 헤매는 것은 자연스럽다. 블룸은 "증오받고 탄핵받는 (중략) 민족"(273)인 유대인이다. 그는 남성적 국수주의의 담론에서 배제된 "여성스런 남성"(403)이요 세 번이나 개종을 거듭해 종교적 입장도 불분명한 애매한 존재다. 『젊은 예술가의 초상』에서 결행한 의기양양한 망명을 어머니의 위독 소식 때문에 중단하고 더블린으로 돌아온 스티븐 또한 예술가의 영혼을 억압하는 더블린의 삶에서 스스로를 유배시킨다. 블룸과 스티븐은 그들의 "이름, 나이, 인종, 신조"(554)는 다르지만 동질성의 논리가 지배하는 아일랜드 문화의 이방인들이다.

블룸은 공적 영역이 부재하는 아일랜드 문화에서 배제된다. 블룸의 재판 장면은 공적 영역의 부재, 선동주의로 억압된 상호대화의 공간, 서로 다른 정치적 입장들을 포용하지 못하는 아일랜드 정치문화의 척박함을 극화한다. 조이스가 보기에 아일랜드는 제대로 된 시민계급의 자유주의적이며 개인주의적인 저항의 전통이 없는 나라다.22 이런 상황에서 편협한 민족주의가 아니라 민주주의에 토대를 둔 민족의식(파농)이 꽃필 수 있을까? 조이스가 묻는 질문이다. 파넬이 변덕스런 군중의 배신으로 몰락했듯이 블룸도 재판장면에서 비슷한 운명에 처한다.

> 법정 정리: (소리 높이) 그런가 하면 주거가 일정치 않은 리오폴드 블룸은 실은 널리 알려진 다이너마이트 제조자, 문서 위조자, 여러 번 결혼한 남자, 포주 그리고 오쟁이진 남편 그리고 더블린 시민들에게 공적인 위해가 되는 자이기에. (중략)
> 지구 법원 판사: 본인은 이런 백인노예 거래에 대하여 종지부를 찍고 이 자처럼 끔찍한 독소를 더블린에서 제거시킬 것이오. 파렴치한 일이야. (중략) 저 자를 퇴장시키시오. (384)

왜 블룸은 "더블린 시민들에게 공적인 위해가 되는 자"인가? 그의 이질적 정체성이 동질성의 논리로 짜여진 아일랜드 문화를 혼란스럽게 만들기 때문이다. 동질성의 모티프는 자신의 구조를 흐트러뜨리는 이질적 요소를 용납하지 않는다. 강력한 동질성의 논리를 추종자들에게 요구하는 민족주의가 좋은 예이다. 동질성의 문화는 그만큼 선동주의에 손쉽게 휩쓸린다. "팔리 신부: 그는 감독교회 회원이요 불가지론자이며 우리들의 성스러운 신앙을 전복하려는 부정한 신앙가다"(400). 파넬에게 그랬듯이 신부의 선동에 그때까지 블룸을 찬양하던 대중들은 폭도로 돌변하여 그를 비난한다. "리오던 부인: (유언장을 찢는다). 나는 당신에게 실망했어요! 당신은 나쁜 놈이야!" (400).[23] 이렇게 『율리시스』에서 "거의 모든 일들이 공적으로 일어나지만, 정확하게 공적 영역의 언어는 부재한다."[24] "공적 영역의 언어"가 없는 식민

---

22 Joseph Valente, "The politics of Joyce's polyphony," *New Alliances in Joyce Studies* (Newark: U of Delaware P, 1988) 65면; Emer Nolan, *James Joyce and Nationalism* (New York: Routledge, 1995) 44면; Terry Eagleton, *Heathcliff and The Great Hunger* (New York: Verso, 1995) 73면.

23 선동주의가 득세하는 아일랜드 문화에 대한 조이스의 비판적 태도는 그의 에세이 「소요의 날」("The day of rabblement")에 잘 나타난다(『비평집』 68-72면).

24 Franco Moretti, *Modern Epic: The World System from Goethe to Garcia Marquez*

지 상황에서 블룸이 꿈꾸는 "미래의 새로운 아일랜드의 블룸성지"(395)는 가능할까? 그의 이상은 얼마나 현실적인가?

> 나는 시정(市政) 도덕의 개혁과 검박한 십계명을 지지하오. 낡은 것 대신에 새로운 세계. 유대교도, 회교도, 그리고 이교도들, 만인의 연합. 자연의 모든 아이들에게 3에이커의 토지와 한 마리의 암소. 세단형 자동영구차. 모든 사람에게 의무적인 수공노동. 민중을 위해 모든 공원의 종일 개방. 접시 씻는 전기기계. 폐결핵, 정신병, 전쟁 그리고 구걸행위는 지금이야말로 끝내야 할 시기가 되었소. 일반 사면, 가면이 허락되는 매주 1회의 카니발, 모든 사람들에게 상여금, 우주적인 형제애와 함께하는 보편언어인 에스페란토어. 주점에서 술이나 얻어 먹는 인간들이나 수종에 걸린 사기꾼이 떠벌리는 애국심은 더 이상 그만. 자유 화폐, 자유 임대, 자유 연애, 그리고 자유 평민국가에서 누리는 자유 속인 교회. (399)

언뜻 보기에 블룸성지의 꿈은 헛된 이상처럼 보인다. 그러나 "우주적인 형제애"를 뿌리로 하는 이 "새로운 세계", "모든 인종의 혼합과 잡혼"(400)의 기획은 주체-타자의 이분법에 사로잡힌 식민주의와 민족주의의 힘의 논리에 맞선 진지한 고민의 결과다. 그래서 블룸은 "전쟁과 구걸행위"의 근본적 해결을 모색하고 "주점에서 술이나 얻어 먹는" 시민 같은 얼치기 민족주의 "사기꾼들이 떠벌이는 애국심"을 비판한다. 블룸이 꿈꾸는 우주적인 형제애는 다른 민족에 대한 지배의 욕망에 사로잡힌 식민주의-민족주의가 아니라 상호 존중에 기반한 새로운 민족 관계의 탐색, "당신이 다른 이의 노예나 주인이 되지 않을"(37) 새로운 사회의 표현이다.[25] 블룸의 이상은 당장 실현될 수 없다. 그도 이상과 현실의 거리를 느낀다. 블룸은 철없는 낭만주의자가 아니다. 그는 "자본의 문제"(526)와 "몸을 파는 노동"(391)이 식민지 현실의 핵심 모순이라는 걸 냉철히 분석하는 리얼리스트이기에 때로는 좌절감을 느

(New York: Verso, 1996) 208면.

25 조이스는 폭력과 힘의 한계를 날카롭게 지적한다. "힘으로 다른 이를 복속시키는 것은 단지 사람들의 정신과 열망을 파괴하는 데 성공할 뿐이다"(『비평집』 17면).

낀다.

> 왜 그는 다시 찾아온 좌절감을 한층 침울하게 느꼈는가? 왜냐하면 인간존재의 결정적 전환점에서 그는 많은 사회적인 조건들, 불평등의 산물과 탐욕 그리고 국가 간의 증오를 개선할 것을 바랐기 때문이다. (571)

다시 묻자. 블룸이 꿈꾸는 블룸성지의 이상은 단지 헛된 꿈인가? 그렇다면 무엇이 현실주의적인 방안인가? 블룸이 꿈꾸는 평화와 상호존중의 문화야말로 식민주의-민족주의의 대립구도를 근본적으로 해체하는 현실적 대안이 아닌가.**26** 새로운 차이의 윤리에 근거한 공동체, "서로 침범하지 않는 개인의 자유를 무정부적으로 존중하는"(『피네건즈 웨이크』 72면 16-17행) 공동체는 "나를 이해할 사람이 있을까"(『피네건즈 웨이크』 627면 15행)라는 깊은 물음에서만 가능하다. 이 곤혹스런 질문은 블룸의 "좌절감"이 표현하듯 손쉬운 답을 허락하지 않는다. 그러나 이런 질문을 스스로에게 던지지 못하는 현실(추수)주의, 식민주의, 민족주의의 가치는 무엇인가? 조이스 문학의 깊이는 이런 질문을 던지게 한다는 점에서도 새삼 확인된다.

●●●●●

26 조이스는 상호존중의 윤리에 뿌리 박은 새로운 인류 공동체의 싹을 블룸과 아내 몰리(Molly)의 관계에서 탐색한다. 블룸은 헨리 플라워(Henry Flower)라는 필명으로 마사(Martha)와 은밀한 연애편지를 교환한다. 보일런이 대변하는 남근주의/식민주의/민족주의의 폭력성은 꽃이 피는(Flower Blooms) 모습으로 그려지는 블룸의 평화주의와 대조된다.

제2장

조이스, 계급, 식민현실

1. 조이스와 루카치

제2장에서는 루카치(Georg Lukács)[1]로 대표되는 리얼리즘 미학과 조이스의 모더니즘 미학론을 비교분석하면서 구체적인 지역 혹은 국가적 맥락을 무시하고 추상적 보편성을 내세우는 인간주의적 모더니즘 이해의 문제점을

1 조이스를 비롯한 당대의 유럽 모더니스트들에게 매우 적대적인 리얼리스트였던 루카치는 1885년생이니 1882년생인 조이스, 울프, 카프카와 거의 동년배이다. 1920-30년대 유럽 모더니즘의 거장 중에서 프루스트는 1871년생이고 조이스의 『율리시스』가 출간된 1922년에 사망했다. 그의 대표작 『잃어버린 시간을 찾아서』는 1913년에서 사후인 1927년에 걸쳐 발간되었다. 카프카는 1883년생이고 1924년에 사망했다. 조이스는 1941년에 세상을 떴다. 버지니아 울프가 조이스와 같은 해인 1882년에, D.H. 로런스가 루카치와 같은 해인 1885년에 태어났다. 모더니즘의 대표시인 T.S. 엘리엇은 1888년생이다. 1870-80년대생들인 이들이 앞서거니 뒤서거니 1920-30년대에 걸쳐 소위 '본격 모더니즘'(high modernism)의 대변자 역할을 하거나, 루카치처럼 그에 비판적인 문학 활동을 펼치게 된다. 그렇게 세계문학사에서 가장 빛나는 한 시대를 연다. 근대 사실주의 문학의 대표자격이었던 플로베르가 1880년에 세상을 뜬 것도 1880년대에 주로 태어난 작가들이 이후 펼치게 될 새로운 현대문학의 전개와 관련해서 기록해 둘 만하다. 한국근대문학의 대표자들은 대개 이들보다 약 10-20년 늦게 태어났다. 이광수가 1892년생, 염상섭이 1897년생, 채만식과 김소월이 1902년생이다. 임화가 1908년생, 박태원이 1909년생, 이상이 1910년생이다.

검토한다. 이를 통해 특정한 지역적 혹은 국가적 맥락에서 다르게 나타날 수 밖에 없는 역사적 특수성을 지닌 모더니즘의 상이한 형태들을 구분하여 연구할 수 있는 토대를 마련할 수 있을 것이다. 조이스 문학의 비교문학적 읽기도 특정한 역사적 맥락의 차이들을 섬세하게 구분하고 재구성할 때 가능하다. 조이스가 어떤 작가보다도 많은 연구대상이 되는 까닭은 어느 하나의 연구방법을 들이대서는 포착하기 힘든 다층적인 작품세계, 인간과 세계의 이면을 탐구하는 시야의 깊이와 넓이 때문이다. 최근 각광받는 현대비평이론들인 여성론이나 해체론, 탈식민주의 비평에서도 조이스의 작품이 주목받는 것도 이런 이유 때문이다. 비유컨대 그의 작품은 끊임없이 퍼내도 신선한 물을 계속 공급해 주는 문학의 샘과 같다. 조이스를 일컫는 말들인 20세기의 셰익스피어, 언어의 연금술사라는 평가는 허언이 아니다. 그렇다면 조이스 작품의 어떤 면모가 높은 평가를 받는 것일까.

20세기의 셰익스피어라는 말이 보여 주듯이 조이스 문학은 현란한 말놀이의 경쾌하고 혁신적인 실험장이며, 수많은 언어가 우글대고 서로 대화를 나누고 다투는 세계어의 백과사전이다. 조이스는 그가 부리는 수많은 언어들의 힘과 한계를 동시에 시험한다. 그래서 다양한 상징과 인유, 현재와 과거의 교차와 섞임, 현실과 이미지의 몽타주와 콜라주, 의식, 감각, 환상, 무의식의 관계의 탐색을 실험한다. 그리고 내적 독백 기법이 보여 주듯이 근대적인 시공간 개념의 파괴를 통한 새로운 현실개념의 창안을 도모한다. 끝으로 주체의 (무)의식에 투영된 현실의 의미와 한계를 탐색한다. 조이스는 그와 동시대작가였던 독일어권의 카프카, 불어권의 프루스트와 함께 20세기 문학의 한 전범이 되었다. 조이스 문학의 혁명성은 단지 모더니즘의 대표자로서 그의 작품이 보여 주는 현란하고 혁신적인 형식실험이나 형식파괴에만 있지 않다. 조이스 문학에는 식민지 아일랜드의 착잡한 현실에 대한 냉철하고 철저한 묘사와 통렬한 현실비판이 있는가 하면 동시에 아일랜드인이 보여 주는 특유의 유머와 해학, 현실의 어려움에도 꺾이지 않는 여유의 정신을 드러낸다. 탁월한 작가들이 그렇듯이 조이스 문학에서도 작품의 내용과 형식은 따로 놀지 않고 통합된다. 형식과 기법은 내용과 주제의 내적 표현이다.

조이스가 시도한 혁신적 형식과 기법 실험은 형식이나 기법을 물신화하는 형식주의적 태도에서 나온 것이 아니다. 이것이 조이스 문학에 대해 널리 퍼진 오해 중 하나다. 이런 오해를 풀려면 모더니즘 문학론에서 다루는 언어의 의미를 재고해야 한다. 모더니즘에서는 있는 그대로의 사실이 아니라 그 사실을 다루는 방법, 다시 말해 변화무쌍하고 물신화된 현실을 파악하는 미학적 매개를 고민한다. 언어는 가장 중요한 미학적 매개체다. 그 점이 모더니즘에서 언어와 형식을 강조하는 배경이다. 새로운 언어와 형식의 탐구는 모더니즘이 탄생한 근대의 새로운 경험에서 나온다. 경제적으로는 자본주의, 정치적으로는 민주주의와 파시즘, 문화적으로는 인간주의로 대변되는 근대(성)의 경험은 변화무쌍하고 물신화된 현실의 경험을 가져온다.

이런 근대(성)의 현실은 기존의 리얼리즘 작품에 나타나는 상투화된 언어관, 지각의 고정화, 인식의 정형화에 맞선 새로운 사유와 미학적 매개를 필요로 한다. 모더니즘 문학은 현실 자체의 존재를 인정하되, 그것을 각 인물이 경험하는 인상과 감각으로 새겨진 정신적 현실로서 파악한다. 현실적인 것, 리얼한 것의 내용이 새롭게 정의된다. 모더니즘 문학의 특징적 기법 중 하나인 내적 독백은 정신적 현실을 효과적으로 전달하고 리얼한 것의 요구에 충실하려는 노력의 산물이다. 내적 독백이 전하는 정신적 현실의 진실은 부분적 진실이다. 그러나 각각의 부분적 진실이 모여 현실 자체의 브리콜라주를 구성한다. 현실은 단일한 이미지로 포착될 수 없다. 가능한 것은 조각들의 우연한 연결이다. 그것이 브리콜라주다.

> 하지만 이런 불완전함에도 불구하고 이러한 구조물들[조이스와 T.S. 엘리엇의 작품들]은 동시에 한 세기 동안이나 서구 모더니즘의 주요한 정전이었다. 이것들을 생

> 산한 브리콜라주에도 불구하고 그렇게 된 것인가? 아니다. 그와 정반대이다. 바로 그것이 브리콜라주이기 때문에 그럴 수 있었다. 문학이 도대체 완전할 수 없는 것이 사실이라면 인간 사회 또한 거의 절대적으로 완벽함을 요구하지 않는 것도 사실이기 때문이다. 엔지니어링보다는 브리콜라주가 훨씬 더 낫다. 브리콜라주는 도달할 수 없는 (때로는 더 나쁜) 최종 해결책을 꿈꾸는 것이 아니라 근대 세계 체제에 내재하는 이질성을 받아들이기 때문이다. (Moretti, 190-91)

현실은 파편적으로만 접근가능하다. 그 파편들이 모여 현실의 근사치, 현실의 윤곽을 어슴프레하게 드러낸다. 모더니즘 작가들은 자신이 구성한 현실의 근사치적 이미지를 현실 자체의 총체적 재현이라고 주장하지 않는다. 이 지점에서 모더니즘은 리얼리즘과 갈라진다. 인식과 사유의 절대주의를 부인한다는 점에서 조이스를 대표로 하는 모더니즘 문학론은 데리다의 해체론의 문제의식을 선취한다.

2장에서는 계급, 사회현실 등의 키워드를 중심으로 리얼리즘-모더니즘 논쟁의 문제의식을 살핀다. 먼저 조이스의 문학론을 맑스주의 비평의 핵심 개념인 리얼리즘 문학론(루카치, 벤야민, 아도르노)과 비교 검토한다. 이어서 울프, 프루스트, 카프카 등 조이스 당대의 주요 모더니즘 작가들의 문학론을 조이스 문학론과 연결해 조감하면서, 그들이 공유하는 지점과 갈라지는 지점을 검토한다. 조이스는 사회계급의 의미를 천착하는 맑스주의 비평의 문제의식에 기본적으로 공감한다. 그는 주체의 사회적, 계급적 조건이 어떻게 개별 주체의 사유와 삶에 영향을 미치는가를 날카롭게 조명한다. 조이스는 다른 모더니스트들보다 훨씬 정치적이다. 하지만 조이스는 계급적 조건으로 환원되지 않는 (무)의식의 다층성을 동시에 파고든다. 인간의 의식은 사회적, 경제적 조건으로 환원될 수 없다. 조이스는 개념으로 포착되지 않는 의식의 혼란스러움, 위선, 이중성에 주목한다. "더블린의 핵심"을 올곧게 재현하려는 조이스의 욕망은 자연주의적인 세밀한 묘사가 두드러지는 『더블린 사람들』만이 아니라 『율리시스』나 『피네건즈 웨이크』에서도 확인된다. 조이스는 그의 현실 자체였던 더블린의 핵심에 도달하려고 애썼다. 조이스 작품의 인물은 현실을 도외시한 채 자신만의 세계에 침잠하지 않는다. 조이스 작품의 인물들은 무시간적인 인간 자체가 아니라 극히 역사적인 인간이 기반을 이룬다. 비록 아일랜드의 민속적인 요인들을 훌륭하게 보여 주지만 조이스는 자기가 묘사한 세계의 피안에 존재하는 초월적 신화를 꾸며놓지는 않는다. 블룸은 서사적 영웅이 아니라 20세기 초엽 식민지 자본주의의 산문적 현실을 사는 현대의 율리시스다.

2. 모더니즘론의 쟁점들

모더니즘을 둘러싸고 벌어진 버먼(Marshall Berman)과 앤더슨(Perry Anderson)의 논쟁은 모더니즘과 관련한 쟁점을 제기한다.[2] 모더니즘은 통일적이고 유기적인 내포성을 지닌 개념이 아니며 단일한 공통점으로 묶기 곤란한 다양한 예술적 경향의 느슨한 연합체다. 따라서 "20세기 초의 문학에는 공통분모가 존재하지 않는다는 생각을 받아들이기보다는 '모더니즘'이라는 존재하지도 않는 통일성"(Moretti 201)을 루카치 같은 모더니즘 비판자들이 사후적으로 구성했을 가능성이 제기된다. 단일한 모더니즘의 이념을 거부하는 모레티의 견해는 모더니즘의 통일적 이데올로기를 전제하면서 비판하는 루카치와는 대비된다. 공동연구로 출간한 어느 영미문학 개설서에서 모더니즘을 다룬 대목을 읽어 보면 모더니즘 평가가 여전히 문제라는 걸 알 수 있다. 우선 모더니즘을 강력하게 비판하는 입장이 있다. "당대 삶의 문제와 모순을 특정시대의 역사적 산물로 보기보다는 초역사적이고 영원한 인간

2 Marshall Berman, *All That is Solid Melts into Air: The Experience of Modernity* (New York: Penguin, 1988); 페리 앤더슨 「근대성과 혁명」, 『마르크스주의와 포스트모더니즘』(이론과 실천, 1993) 참조.

조건으로 보는 경향"이 "모더니즘의 전형적인 사고"[3]라는 신랄한 비판이 있다. 또한 "현실을 도외시한 의식의 자유라는 모더니즘의 이데올로기"(『길잡이』 184)라는 비판도 눈에 띈다. 모더니즘에 대한 긍정적 평가도 있다. 예컨대 포크너(William Faulkner)의 "작품에는 남부방언이 생생하게 재현되어 리얼리티를 더해줄 뿐 아니라 남부의 토속적인 구술전통과 독창적이고 실험적인 서술기법이 어우러져서 모더니즘적 주체를 성공적으로 담아낸다"(『길잡이』 274)는 평가가 그렇다.

모더니즘을 강력히 비판하는 사람들 중 한 명인 루카치는 모더니즘이 현실을 도외시했다는 손쉬운 판단을 하지는 않는다. "모더니즘 형식은 다른 문학형식들과 마찬가지로 사회적이며 역사적인 현실들을 반영한다. 비록 그 반영이 왜곡되고 또 왜곡하는 방식이지만."[4] 모더니즘도 "사회적이며 역사적인 현실들을 반영한다." 그렇다면 어떤 이유로 왜곡된 방식을 통한 반영인가. 루카치가 보기에 모더니즘 문학의 이데올로기적 퇴행성은 현실의 표피적 묘사에 집착해서 현실의 총체성을 반영하지 못한다. "모더니즘 작가는 필연적으로 주관적인 경험일 수밖에 없는 것과 현실 자체를 동일시함으로써 전체적으로 현실의 왜곡된 그림을 제시한다(버지니아 울프는 그 극단적인 예다)"(Lukács 51). 루카치의 비판은 대상/현실과 주체/의식의 관계를 규명하려는 서구 근대철학의 해묵은 난제를 제기한다. 루카치는 유물론자답게 현실 자체와 필연적으로 주관적인 작가의 경험을 날카롭게 구분한다. 조이스도 이런 구분을 모르지 않는다. 그는 현실의 의미를 누누이 강조한다.

3 영미문학연구회 엮음, 『영미문학의 길잡이』 하권(창작과비평사, 2001) 181면. 이하 『길잡이』로 약칭. 한국 영문학계에서 최초의 공동연구와 집필로 이뤄진 영문학사 개설서인 『영미문학의 길잡이』의 성취와 한계를 평가한 글로는 졸고, 「새로운 영미문학사 쓰기의 가능성과 한계: 『영미문학의 길잡이』의 비판적 읽기」, 『영미문학연구』 2호(2002) 참조.

4 Georg Lukács, *Realism in Our Time* (New York: Harper Torchbooks, 1964) 49면.

'당신은 아일랜드 사람이므로 당신 자신의 전통에 따라서 글을 써야 합니다. 모방한 문체는 좋지 않아요. 당신의 피 속에 있는 것을 써야지 머릿속에 있는 것을 써서는 안됩니다'라고 조이스는 단호하게 말했다. 파워(Arthur Power)가 민족주의에는 진저리가 났고 모든 위대한 작가들처럼 국제적이고 싶다며 한때 조이스 자신도 말했을 법한 반대의견을 내세우자, 조이스는 이렇게 주장했다. "그들도 처음에는 민족주의자들이었습니다. 투르게네프(Turgenev)가 예증하듯이 궁극적으로 그들을 국제적으로 만든 것은 그들이 지닌 민족주의의 강렬성입니다. (중략) 내 경우에 나는 언제나 더블린을 쓰고 있는데 더블린의 핵심에 도달할 수 있다면 세계 모든 도시의 핵심에 도달할 수 있기 때문이지요. 특수성에는 보편성이 들어 있습니다."(Ellmann 505)

조이스는 루카치의 오해와는 달리 현실과 주관적 경험을 뒤섞지 않는다. 루카치가 혹독하게 비판하는 울프의 답변을 들어 보자.

속을 들여다보면 인생은 '이렇다'는 것과는 매우 거리가 멀다. 한 평범한 날의 한 평범한 마음 속을 한순간 조사해 보라. 그 마음은 무수히 많은 인상들을 받아들인다. 그 인상들은 하찮은 것, 놀라운 것, 덧없는 것, 또는 강철의 날카로움으로 새긴 것들이다. (중략) 인생은 균형 있게 열을 맞추어 늘어선 일련의 마차등이 아니다. 인생은 희미한 광채요, 우리 의식의 처음부터 끝까지를 감싸고 있는 반투명의 봉투이다.**5**

루카치는 현실에 관해 작가나 비평가가 명확한 판단을 내릴 수 있다고 본다. 그 판단이 작품의 성취를 결정하는 관건이다. 울프의 견해는 다르다. 울프에게 현실은 쉽게 자신의 모습을 드러내지 않는다. 예술은 현실에 관한 최종적 판단을 내리는 것이 아니라 그것을 경험하는 인물들의 무수히 많은 인상을 다룬다. 모더니즘 소설의 다양한 기법과 형식 실험은 무수히 많은 인상을 가능한 한 정확히 전달하려는 예술적 고투의 산물이다.

5 Virginia Woolf, "Modern fiction"(1919), *20th Century Literary Criticism*, ed. David Lodge (London: Longman, 1972) 88면.

'저것'으로만 그[작가]는 자신의 작품을 구성해야만 한다. 현대인들의 '저것', 즉 관심의 대상은 심리학이라는 어두운 장소에 놓여 있기 쉽다. 그러므로 강조점은 약간 다르게 놓여진다. 이제까지 무시되던 그 무엇이 강조된다. 우리가 파악하기 어렵고 우리 선배작가들에게는 이해불가능 했던 것, 이제까지와는 다른 윤곽이 필요하다.

(Woolf 90)

작가가 포착해야 하는 무수히 많은 인상은 우리의 의식에 새겨진다. 따라서 작가의 관심의 대상은 "우리의 행동과 사유가 기대고 있는 병리학적이고 심리학적인 내적 구성"[6]의 세계가 된다. 그 세계는 "삶의 비밀스러운 흐름들이 물결치는 곳이고 겉으로 보기에 단단해 보이는 표면 밑을 흐르는 숨겨져 있는 흐름들"(Power 74)이 있는 곳이다. 비밀스러운 흐름들은 단숨에 포착되지 않는다. 모더니즘 문학은 현실을 최종적으로 혹은 총체적으로 판단하지 않는다.

3. 프루스트와 울프의 문학론

모더니즘은 무엇인가? 혹은 모더니즘의 이념은 무엇인가? 질문을 이렇게 제기하는 방식은 옳은가? 모더니즘의 단일한 성격이 있다는 것을 전제로 한 물음이기 때문이다. 질문은 다르게 제기될 수 있다. 왜 모더니즘의 단일한 이념이나 성격을 규정하려 드는가? 모더니즘의 이념을 규명하려는 시각은 대개 그 비판자들에게서 발견된다. 모더니즘의 이념을 전제한 루카치의 시각은 한국문학계에서 리얼리즘의 강력한 옹호자이자 모더니즘 비판자인 백낙청의 언급에서도 확인된다. "로런스 같은 예외적 존재를 빼놓고도 20세기초 모더니즘 운동의 실제 업적은 모더니즘의 이념과 구별되어야 한다."[7] 백

6 Arthur Power, *Conversations with James Joyce*, ed. Clive Hart (London: Millington, 1974) 56면.

낙청은 루카치식의 리얼리즘 옹호나 모더니즘 비판에 무조건 동의하지는 않는다. 루카치의 반영론을 비판하면서 "미리 독립적으로 존재하는 어떤 현실 내지 실제가 작품이라는 별개의 실체 내지 현실 속에 담긴다는 반영론의 기본 전제"를 문제 삼고 "그 과정이 좀 더 복잡해졌을 뿐 반영론이 관념적 실체론이라는 기본적인 약점"(「모더니즘 논의에 덧붙여」 444)을 지적하는 대목이라든지, 모더니즘의 이념과는 별개로 그들이 거둔 실제 업적을 정당하게 평가해야 한다고 주장한 것에서 조이스나 카프카 등이 거둔 예술적 성취를 폄하하는 루카치와는 차이가 있음을 알 수 있다. 그렇지만 백낙청도 모더니즘 이념의 근본적 한계를 지적하는 데서는 루카치와 자리를 같이한다. 따라서 "그러한 부분적 진실의 회복으로 작가의 임무를 다했다고 믿는 것 자체가 모더니즘의 병폐"**8**이며 "모더니즘의 본질적 안이성"(백낙청, 같은 글 420)의 표현이고 결과적으로 "모더니즘의 좁은 테두리"**9**를 극복하지 못한다고 평가한다.

무엇이 모더니즘의 본질적 안이성인가? "본질적"이라는 표현에서도 알 수 있듯이 백낙청은 모더니즘 안에는 자체의 논리로는 해결되기 힘든 근본적인 문제가 있다고 판단한다. 모더니즘은 "그 기교적 혁신이나 지엽적, 감각적 참신성에도 불구하고 인류의 참으로 새로운 삶을 창조하는 데 전위가 되지 못하는 문학이며 그만큼 왜소해지고 어찌 보면 퇴영한 예술"(「현대문학을 보는 시각」 145)이다. 그렇다면 왜 모더니즘은 왜소해지고 어찌 보면 퇴영한 예술에 불과한가? 앞의 인용문이 답이 될 수 있다. 현실을 총체적으로 보지 못하고 부분적 진실의 회복에 만족하기 때문이다. 부분적 진실의 회복에 만족하는 문학이 거둔 성취는 제한적이다. 모더니즘 문학은 "외부현실의 본질적 불모성, 역사행위의 근본적 무의미성이라는 모더니즘의 기본적 체험"(「현대문

7 백낙청, 「모더니즘 논의에 덧붙여」, 『민족문학과 세계문학 II』(창비, 1985) 464-65면.
8 백낙청, 「모더니즘에 관하여」 『민족문학과 세계문학 II』 398면.
9 백낙청, 「현대문학을 보는 시각」, 『민족문학과 세계문학 I』(창비, 1978) 147면.

학을 보는 시각」 148)에 갇혀 있고 "모더니즘적 파편화"(「모더니즘 논의에 덧붙여」 459면)를 드러내는 데 만족한다. 백낙청의 모더니즘 비판은 (포스트)모더니즘을 주요 비판대상으로 삼고 자신의 입론을 다듬어 온 리얼리즘론이 한국의 문학 장(場)에서 이론적 우세종(제임슨)으로 자리 잡는 데 결정적 기여를 했다. 그러나 이렇게 논박될 수 있는 모더니즘의 이념은 실제 존재하는가?[10] 설사 공통된 이념이 있다고 쳐도 굳이 모더니즘의 이념과 모더니즘 운동의 실제 업적을 분리하려는 이유는 무엇인가? 모더니즘 운동의 실제 업적이 있다면 그것을 모더니즘의 이념과 분리해서 사고할 것이 아니라 그 연관성을 탐색하는 것이 자연스럽지 않을까. 백낙청의 모더니즘 비판은 이런 질문에 흡족한 답은 주지 않는다. 그래서 다음의 질문이 따라 나온다. 모더니즘 문학이 부분적 진실의 회복으로 작가의 임무를 다했다고 믿는다는 주장은 얼마나 근거 있는 비판인가? 설사 이런 비판이 일면 타당하더라도 그것이 "모더니즘의 본질적 안이성"을 비판하는 논거가 될 수 있을까?

10 버먼과의 논쟁에서 모더니즘 개념의 성립 가능성을 비판한 앤더슨의 주장이나 그와 유사한 모레티의 다음과 같은 입론은 주목을 요한다. "20세기 초의 문학에는 공통분모가 존재하지 않는다는 생각을 받아들이기보다는 '모더니즘'이라는 존재하지도 않는 통일성을 찾아왔기 때문이다. (중략) 하지만 그것을 모더니즘으로 부르건 아방가르드라고 부르건 혹은 다른 무엇이라고 부르건, 이런 장(field)을 통일시키려는 쪽으로 선택해 보았자 잘 되지 않는다. 호프만슈탈, 파운드, 스타인, 피란델로, 그리고 실로 카프카와 조이스처럼 서로 너무나 다른 작가들을 하나로 묶으려면 우리가 써 왔던 개념들은 너무나 일반적인 것이 되어 인식 내용이 거의 없어지게 된다. 그렇다면 문제가 되는 이 현상의 다양성을 인정하는 쪽이 더 낫다"(Moretti 201). 모레티는 한 대담에서도 비슷한 견해를 피력한다. "모더니즘이란 건 없어요. 우리가 그냥 모더니즘 작가라고 뭉뚱그려 말하는 작가들은 서로 너무 다르고 공통점이 거의 없어요. 그냥 1915년에서 1925년 사이를 모더니즘 시대라고 부르면 거기까진 좋아요. 그렇지만 본래적인 의미에서 모더니즘이라는 것은 없다고 생각합니다. 그건 하나의 운동이 아니라 패러다임이 무너지고 혼돈 가운데 이행하는 어떤 순간이거든요"(「소설의 형식과 근대성: 프랑코 모레티와의 대화」, 『안과밖』 12호[2002년 상반기] 274면). 나는 모더니즘의 공통분모나 통일성을 부인하는 모레티의 견해에 원칙적으로 동의한다. 그러나 "혼돈 가운데 이행하는 어떤 순간"에 이들 작가들이 느꼈던 변화된 현실관이나 문학론에는 공통된 문제의식의 지반이 있지 않을까.

직설적으로 표현하면 모더니즘의 단일한 이념은 없다. 그러나 대상과 주체의 관계, 재현의 (불)가능성, 감각과 기호의 가치, 언어의 창조성의 탐색 등의 쟁점을 바라보는 시각에서 모더니스트들은 문제의식을 공유한다. 그리고 이들의 공유된 문제의식과 작품의 성취는 "예술의 예술성 내지 창조성"(「모더니즘 논의에 덧붙여」 446)을 다시 사유하려는 노력의 결과다. 모더니즘 작가들은 주체와 대상 사이에 개입하는 언어의 의미와 불충분성에 대해 강한 자의식을 드러낸다. 그들은 리얼리즘 문학에서 자명하게 여겨지는 전제들에 질문을 던진다. 무엇보다 현실의 투명한 재현 가능성에 회의적이다. 우리의 인식이 대상과 일치하는지를 어떻게 알 수 있는가? 대상은 주체가 대상을 받아들이는 방식에 따라서 다르게 해석되지 않는가? 모더니즘은 "변화무쌍하고 물신화된 현실을 파악하는 미학적 매개를 확보하는 지난한 탐색의 과정"**11**의 산물이다. 그 탐색의 과정은 모더니즘이 탄생한 근대의 새로운 경험에서 나온다. 변화무쌍하고 물신화된 현실의 경험은 기존의 리얼리즘 작품의 상투화된 언어관, 지각의 고정화, 인식의 정형화에 맞선 새로운 사유와 미학적 매개를 필요로 한다. 거울이라는 사유의 이미지로 구현된 근대의 반영론적 인식론에 기반한 리얼리즘 소설의 인과적 서술이나 전지적 작가시점의 사용은 현실을 명료하게 파악할 수 있다는 자신감의 표현이다. 그런 시대는 지나갔다. 우리 시대의 모더니스트인 이인성의 표현대로 "돌이킬 수 없는 것은 돌이킬 필요가 없는 것이 되어야 한다."**12**

모더니즘은 현실의 총체적 인식을 전제하는 태도에 대해 회의적이다. 여기서 모더니즘 예술론의 현실 불가지론을 언급하고 객관적 현실의 존재 운운하는 것은 생산적이지 않은 반박이다. 주체에게 그 현실이 의미를 지니려면 감각을 통해 받아들여지고 인식되어야 한다. 인식과정에서 애초의 원초

11 김명인, 「자명성의 감옥: 최근 리얼리즘 모더니즘 논쟁에 부쳐」, 『창작과비평』 117호(2002년 가을) 350면.

12 이인성, 『낯선 시간 속으로』(개정판)(문학과지성사, 1997) 313면.

적 감각성은 사라지고 이성적 판단에 따른 기억만이 남는다. 모더니즘 문학은 잊혀진 원초적 감각성, 비합리적이고, 비의지적이고 우연적인 것에 관심을 기울이면서 서구 예술론의 전제, 즉 인식론적 관점에서 모든 것을 구분하고 두뇌화하려는 이성적 사유에 앞서는 원초적인 사건으로서 감각의 부활에 주목한다.[13] 주체는 현실 자체가 아니라 각자가 감각으로 받아들이고 인식한 세계를 현실로 인식한다. 객관적 현실로서의 외적 현실은 존재하되 그것은 각자에게 "정신적 현실"[14]로서만 의미 있다. 모더니즘 문학은 "현실의 순전히 정신적 성격"[15]을 부각시킨다. 모더니즘 문학은 현실 자체의 존재를 인정하되, 그것을 각 인물이 경험하는 인상과 감각으로 새겨진 정신적 현실로서만 파악한다. "모더니즘이라는 범주에 포함된 수많은 문학예술운동의 추진자들은 자신들의 작업이 '리얼한 것'을 추구한다고, '리얼한 것'의 요구에 충실하다고 주장했기 때문이다."[16] 모더니즘 문학은 현실 자체를 판단하지

13 들뢰즈가 제기한 감각의 논리론을 정치하게 분석하면서 리얼리즘 예술론의 반영론적 전제를 문제 삼는 다음의 비판은 주목할 만한다. "근대의 리얼리즘 미학이 의식철학의 에피스테메 위에서 의식과 대상의 이분법을 설정하고, 예술과 세계 사이에 반영의 관계를 상정했다면, (중략) 리얼리즘은 새로 정식화되어야 한다. 그리고 그것은 '리얼리티'에 대한 재(再)정의로부터 시작해야 한다. 정신의 눈을 통해 의식에 주어진 리얼리티가 아니라 감각을 통해 몸에 주어진 리얼리티가 있을 수 있다. 이 두 리얼리티의 차이를 표상하려면 보통의 카메라로 찍은 사진 속의 세계와 열(熱)감지 적외선 카메라로 찍은 사진의 차이를 생각해보라. 하나는 데까르뜨가 말한 연장의 세계, 즉 공간적으로 조화롭게 배열된 씰루엣의 세계이지만, 다른 하나는 눈에는 보이지 않으나 분명히 존재하는 역동적인 에네르기의 세계다"(진중권 「미학에서 감각론으로」, 『창작과비평』 116호[2002년 여름] 341면). 이 지적은 의식화되기 이전의 감각이나 인상이 예술의 진정한 대상일 수 있음을 지적한다. 감각의 논리를 규명하려는 예술적 노력이 울프, 조이스, 프루스트 예술론의 핵심적 문제의식이다.

14 아르놀트 하우저, 『문학과 예술의 사회사 4: 자연주의와 인상주의 영화의 시대』(개정판)(창작과비평사, 1999) 217면.

15 Marcel Proust, *Remembrance of Things Past*, Vol III. Trans. C. K. Scott Moncrieff and Terence Kilmartin; and by Andreas Mayor (Vintage Books, 1982) 953면. 세 권으로 된 이 책은 『시간』으로 약칭하고 면수 병기.

16 황종연, 「모더니즘에 대한 오해에 맞서서」, 『창작과비평』 116호(2002년 여름) 251면.

않는다. 모더니즘 문학은 현실을 경험하는 주체들의 경험과 인상, 즉 정신적 현실에 관심을 기울인다. 프루스트의 말대로 "진정한 현실은 오직 우리의 마음이 발견한 것이고 우리 마음의 대상이기에, 우리는 각자의 마음이 다시 창조한 대상들, 일상생활에서 우리에게 숨겨진 그런 사물들에 대해서만 진실한 지식을 얻을 수 있다"(『시간』 2권, 797면). 예술의 대상은 우리의 마음이 발견한 정신적 현실이다.

프루스트는 사물과 주체의 관계에 관한 모더니즘 문학론의 핵심을 명료하게 표현한다. "나는 모든 것이 정신 속에 있는 데 반해, 거칠고 그릇된 지각만이 모든 것을 대상 속에 둔다는 사실을 이해하게 되었다"(『시간』 3권 950). 대상의 사실적 재현에 만족하는 문학은 그것이 아무리 복잡한 재현의 과정을 전제한다고 해도 거칠고 그릇된 것이다. 주체와 대상의 관계에서 의식의 주도성을 인정하는 이런 시각은 낭만주의 시인들의 시론에서 이미 그 단초를 발견할 수 있다. 의식의 창조적 능력을 강조하는 낭만주의 시론의 상상력 개념은 18세기 이성론의 객관주의적 인식론에 반기를 들며 근대 예술론의 길을 연다. 낭만주의 시론의 핵심은 주체가 단지 현실을 반영만 하는 것이 아니라 대상에 형태를 부여하고 현실을 구성한다는 것이다. 이런 시각은 조이스의 '에피퍼니'(epiphany), 울프의 '존재의 순간들'(the moments of being), 프루스트의 '의도되지 않은 기억'(involuntary memory)에서도 발견된다. 장시 『서곡』(*The Prelude*)에서 워즈워스(W. Wordsworth)가 제시한 '시간의 점들'(spots of time) 개념은 낭만주의 시론의 요체로 대상에 가치를 부여하는 주체의 기억, 인상의 역할을 예시한다.

> 우리의 존재에는 시간의 점들이 있다.
> 그것은 뚜렷하게 돌출되어
> 생기를 주는 미덕을 지닌다.
> 그릇된 의견과 논쟁적인 생각들로,
> 혹은 그보다 더 심각하고 파괴적인 무게를 가진 어떤 생각들로,

사소한 일거리들, 그리고 일상적인 교류들 때문에
우리가 짓눌려 있을 때, 우리의 마음에 양분을 주고, 어느새 회복시키는 그런 미덕을.**17**

이 구절에는 시간의 점들의 존재, 그리고 그것이 우리에게 미치는 "생기를 주는 미덕"이 요약된다. 생기를 주는 미덕은 시간의 점들이 객관적으로 소유한 것이 아니다. 시간의 점들에서 미덕을 발견하는 것, 더 정확히 말해 미덕을 부여하는 주체는 시간의 점들을 회상하는 현재의 시적 화자다. 시간의 점들이라는 객관적 사실이 아니라 그 점들을 회상하면서 화자가 부여하는 인상, 기억이 중요하다. 기억이 되살리는 이미지는 실제 사건의 재현이 아니다. 그것은 과거를 회상하는 현재의 화자가 부여한 것이다. 대상의 가치는 주체가 부여한다. 그 힘이 상상력이다. 새롭게 스스로 부여한 이미지가 "우리의 마음에 양분을 주고 어느새 회복"시킨다. 마치 『잃어버린 시간을 찾아서』의 주인공/화자인 마르셀(Marcel)이 의도하지 않은 기억을 통해 진정한 작품을 쓰기 위한 힘과 원천을 얻듯이. "화자의 회고, 즉 적극적인 과거 읽기에 의해 글자나 이미지의 역사적 내용은 시간과 공간의 제한을 벗어나 화자의 의지에 따라 새로운 의미를 부여받는다. 주인공의 경험을 새롭게 읽어내는 화자에게 중요한 것은 원경험의 사실적 내용이 아니라 그것을 회고할 때 얻어지는 새로운 경험, 즉 그것에 따르는 감정이다."**18** 이것이 워즈워스가 제시한 낭만주의 시론의 요체다. 행위와 상황보다는 그것이 촉발시키는 감정이 더 중요하다. "원경험의 사실적 내용"은 오직 그 내용을 주체가 되새길 때, 그리고 거기서 어떤 정서를 발견할 때만 가치가 있다. 그래서 다음과 같은 주장이 가능해진다.

17 William Wordsworth, *The Prelude: 1799, 1805, 1850*, ed. Jonathan Wordsworth, M.H. Abrams, and Stephen Gill (New York: W.W. Norton & Company), 11권 208-14행. 1805년 판본의 인용.

18 박찬길, 「근대적 자서전과 시적 고백」, 『안과밖』 11호(2001년 하반기) 189면.

이 효율적인 정신은 주로
삶의 행로들에서 모습을 드러내는 바
그 행로들에서 우리는 가장 심오한 감정,
곧 마음이 주인이고 지배자라는 사실, 그리고 외부 감각은
단지 그 마음의 충직한 종에 불과하다는 감정을 가졌었다.

(『서곡』 11권 219-223행)

우리가 살아가면서 걸어가는 "삶의 행로"에서 마주치는 것들이 시간의 점들이다. 그 시간의 점들과의 조우를 통해 우리는 "마음이 주인이고 지배자라는 사실" 그리고 "외부감각은 단지 그 마음의 충직한 종에 불과하다는" 사실을 깨닫는다. 예술의 가치는 현실의 재현에 있지 않다. 그것은 현실의 경험을 곱씹으면서 그것이 마음에 남긴 인상을 되살리는 데 있다. 시간의 점들 자체가 아니라 현재 그 순간을 기억하는 주체가 회고하면서 부여하는 인상과 이미지가 중요하다. 과거 삶의 행로는 그 시간의 점들을 회고하는 주체의 기억에 의해서만 되살아난다. 그 되살림에서 과거의 그 순간은 영원히 남는다. 인간은 기억의 깊이에서 자신을 발견한다. 그 기억은 의식의 경계에 있다.[19]

대상은 고정된 존재로 있는 것이 아니라 주체의 감성, 믿음, 관념에 따라 변화한다. 시간의 점들, 혹은 삶의 행로는 객관적으로 존재한다. 그러나 그것이 우리에게 현실성을 지니는 것은 우리의 마음에서다. 주체는 대상을 발견하고 재현하는 데 그치는 것이 아니라 대상에게 욕망을 투사하고 이미지를 부여한다. 대상의 현실성이 주체가 지닌 욕망의 투사라면 수많은 현실이 각 개인에게 존재한다. 절대적인 대상으로서의 실재는 존재하지 않는다. 각각의 현실은 그것을 진실로 느끼는 각 주체에게 그 나름의 진실성을 부여한

19 George Poulet, *Studies in Human Time*, trans. Elliot Goleman (Baltimore: The Johns Hopkins UP, 1956) 34면.

다. 이것이 인간화된 현실이다. 이렇게 리얼리즘 문학에서 전제되는 현실의 객관적이며 총체적 인식 개념이라는 근거를 모더니즘 문학은 해체한다.

모더니즘 문학이 보여 주는 서술방식의 고유성에 주목하는 아우어바흐(Erich Auerbach)가 강조하는 것도 전통적인 객관적 서술의 해체다.

울프의 『등대로』(*To the Lighthouse*)의 램지 부인(Mrs Ramsey)의 형상화에 관한 아우어바흐의 분석을 보자. "우리가 여기에서 듣는 것은 저자가 어떤 등장인물에 대하여 하는 객관적 발언이 아닌 것이다. 여기에서는 아무도 아무것에 대해서도 분명히 알고 보지 못하며, 따라서 모든 것은 가정에 불과하고, 마치 어떤 사람이 다른 어떤 사람에게 거듭 던지는 의문의 눈길과도 흡사한 것이었다."**20** 모더니즘 문학에서 "모든 것은 가정에 불과하"다. 한 개인의 분석과 판단은 그의 정신적 현실의 표현이다. 그렇다면 한 개인은 자신과 다른 정신적 현실을 지닌 다른 사람을 얼마나 정확히 재현할 수 있는가? 그들 사이에 교류와 소통은 얼마나 가능한가? 이것이 모더니즘 문학론을 관류하는 질문이다. 모더니즘 소설에서는 현실 자체에 대한 섣부른 판단이 아니라 각 주체의 고유한 경험의 근거를 탐색한다. "여러 사람의 관점을 제시했다는 것은 작가가, 하나의 객관적 현실, 즉, 여기에서는 램지 부인의 실체라는 현실적 과제를 놓고, 거기에 대한 답을 열심히 연구 조사하고 있는 것을 말해 주고 있다"(아우어바흐 253). 램지 부인의 실체는 드러나지 않는다. 램지 부인도 자신의 정체성을 명확히 알지 못한다. 그녀는 그녀의 가족과도 단절되어 있다. 가족들은 그녀의 정신적 현실을 이해하지 못한다.

고립된 인물의 시점과 그 시점에 포착된 현실의 이미지를 전달하는 데 내적 독백 같은 기법이 긴요하다. 현실을 거칠게 뭉뚱그리는 단일하고 통합적인 관점, 리얼리즘적 관점이 아니라 "각각 다른 때에 생기는 여러 개의 질서와 해석일 수도 있는 것들을 서로 중복, 보충, 또는 부정해 가며 어떤 종합적인 우주관이라고도 부를 수 있는 포괄적인 관점"(아우어바흐 269-70). 이것이

20 에리히 아우어바흐, 『미메시스: 근대편』(민음사, 1999) 246-47면.

전지적이며 객관적인 시점이 아닌 다양한 인물들의 복합적 시점을 강조하는 모더니즘 서술기법의 특징이다.

울프는 고정되고 안정된 자아의 개념을 믿지 않는다. 우리의 자아는 언제나 유동적인 흐름(flux) 속에 놓여 있다. 자아는 자신에게 영향을 미치는 외부의 힘에 예민하게 반응하면서 계속 변화한다. 현실도 마찬가지다. 현실은 고정된 것이 아니라 그 대상을 떠올리고 기억하는 주체의 의식에 따라 변화한다. 울프에게 회상(memoir)이 중요한 이유가 이것이다. "두 명의 사람, 지금 여기 있는 '나'와 [실제 그 일을 경험했던] 당시의 '나'. 이 둘을 서로 대조시켜 보면 흥미롭다. 그리고 더 나아가 과거는 지금 이 순간에 영향을 받는다."[21] 과거의 어느 순간의 회상이 현실의 흐름에 따라 불안정하게 흔들리는 자아에게 피신처를 제공한다. 주체가 의미를 부여할 때 (과거의) 사건은 살아난다. 그러나 우리는 이런 경험을 자주 하지 못한다. 그것은 일상생활 속에서 문득 '충격'처럼 다가온다. 그 충격에서 잊고 지내던 어떤 기억이 떠오르고 현실의 진실이 드러난다. 마치 계시처럼. 작가의 역할은 '존재의 순간들'을 되새기면서 거기에 적합한 장면(scene)을 만드는 것이다. 그 장면 만들기를 통해 존재의 순간들의 가치가 되살아난다.

> 그 이유가 무엇이든 간에, 나는 장면 만들기가 과거를 가장 자연스럽게 드러내는 방식임을 발견했다. 언제나 중요한 것은 정돈되고 어떤 것을 표상하는 장면이다. 비록 [내 주장이] 비합리적으로 보이고 논박을 이겨내지 못할지라도, 나는 본능적으로 다음의 사실을 확인한다. 우리는 종종 편리하게 현실이라고 불리는 것 위를 떠다니는, 물이 새지 않게 막음된 배라는 사실. 어떤 순간들에 분명한 이유나 우리의 애쓴 노력도 없이 이 봉인에 금이 간다. 그 틈으로 현실이 홍수처럼 밀려들어온다. 그 순간이 장면이 된다. (Woolf 142)

21 Virginia Woolf, "A sketch of the past," *Moments of Being*, ed. Jeanne Schulkind (New York: A Harvest Book, 1985) 75면.

우리는 평상시는 물막음된 배와 같이 그 배가 떠 있는 현실이라는 물결의 흐름을 느끼지 못한다. 그렇게 우리는 현실의 진실을 알지 못하고 살아간다. 그러나 그런 삶이 깨어지는 순간이 있다. 그것이 존재의 순간들이다. 그 순간에 현실은 우리에게 파도처럼 밀려들어온다. 그것은 일종의 충격이다. 그 충격을 통해 '나'의 자아는 변화한다. 그러나 자아만 흐름 속에서 변모하는 것이 아니다. 현실도 물결처럼 끊임없이 움직인다. 우리는 그 흐름의 어떤 단면만을 순간적으로 포착할 뿐이다. 그러나 포착된 단면에 담긴 물결을 통해 우리는 전체 현실의 진실을 느낀다. 이런 진실을 전달하는 것이 예술의 역할이다.

4. 모더니즘과 일상성의 미학

조이스는 『더블린 사람들』의 스타일이 "불편할 정도로 사실에 정밀하게 접근하는 것"이라고 주장한다. 자연주의적 경향이 강하게 남아 있다고 평가되는 이 작품에서도 인물의 세밀한 묘사는 인물의 내면에 존재하는 삶의 비밀스러운 흐름들을 드러내려는 수단으로 기능한다. 예컨데 단편 「이블린」("Eveline")의 장면 묘사를 보자.

> 그녀는 노쓰 월 선착장의 떠들썩한 사람들 사이에 서 있었다. 그가 그녀 손을 잡고 있었고, 그녀는 그가 항해에 대한 무슨 얘기를 거듭하고 있다는 것을 알고 있었다. 선착장은 갈색의 행낭을 든 군인들로 만원이었다. (중략) 그녀는 아무 대답도 하지 않았다. 뺨이 창백하고 차게 느껴졌다. 번민 속에서 헤매며 그녀는 자기를 인도해 달라고, 어느 쪽이 자기의 도리인지 보여 달라고 하느님에게 기도했다. 안개 속으로 배가 길고 애처로운 경적을 울렸다. 만약 간다면, 내일 그녀는 빠른 속도로 부에노스 아이레스를 향해 가는 배 위에 프랭크와 함께 있을 것이다. 배표는 이미 끊어 놓았다. 그가 그녀를 위해 해 준 모든 것을 그녀가 이제 와서 되돌릴 수 있을

까? 그녀의 번민이 몸에 구토를 일으켰고 그녀는 계속 입술을 움직이며 소리 없이 열렬히 기도를 드렸다. (중략) 그녀는 힘없는 짐승처럼 순순하게, 창백한 얼굴을 그에게로 돌렸다. 그를 향한 그녀의 눈빛엔 사랑이나 이별 혹은 그를 알아보는 아무런 기미도 보이지 않았다.[22]

서술자는 이블린의 삶을 억압하는 식민지 현실의 존재를 놓치지 않는다. 이블린을 둘러싼 "갈색의 행낭을 든 군인들"의 존재는 식민지 현실의 엄혹함을 선명하게 전달한다. 그러나 조이스의 관심은 현실 자체가 아니라 그 현실을 대하는 이블린의 마음과 고통이다. 이블린은 그녀의 번민이 어디서 오는지, 자신의 삶의 비밀스러운 흐름들이 무엇인지를 명확히 알지 못한다. 그래서 그녀는 떠나지 못한다. 이블린의 고통이 서술자의 정밀한 묘사에 담긴다.

22 James Joyce, *Dubliners* (1914) (New York: Penguin Books, 1992) 33-34면. 아마도 국내 대학의 영문과 수업에서 가장 많이 다뤄지는 단편집 중 하나인 『더블린 사람들』의 번역본은 그 인기만큼이나 다수 출간되었다. 최초의 완역서는 1960년 출간된 을유문화사간 박시인 역 『따브린 사람들』로 확인된다. 완역본의 역사와는 별도로 부분적으로 『더블린 사람들』에서 단편을 뽑아 번역한 예로는 1930년대에 "The boarding house"가 「하숙집」으로 최정우 번역으로 소개되었다. "Counterparts"도 1930년대에 양주동 번역으로 「샐러리맨」으로 출간되었으며, 역자는 밝혀지지 않았지만 "A little cloud"도 같은 시기에 번역, 소개되었다. 해방 이후 출간된 부분 번역본의 원조는 1960년 동아출판사간 여석기 · 나영균 공역 『더블린 사람들』(현문사에서 1975년에 재간행)이다. 이런 부분번역은 1990년대까지 유사한 부분 번역본의 선례가 된다. 단편들을 단순히 모아놓은 작품 단편집이 아니라 하나의 유기적인 구성물인 원작의 실상을 전하기에 부분번역으로는 한계가 있음은 당연하다. 그런데 이렇게 부분번역본이 여전히 출간되는 이유는 그만큼 『더블린 사람들』의 인기가 많다는 증거이기도 하다. 문체, 형식, 주제, 인물형상화, 이미지 등 단편작품의 진수를 맛보기에 이만한 작품집을 찾기가 힘들기 때문이다. 이후 완역본으로서 작품 전체에 대한 고른 이해를 바탕으로 비교적 새로운 번역을 시도한 예는 1977년에 나온 김병철 역 『더블린 사람들』(문예출판사)이 있다. 약 10년 뒤에 김종건이 옮긴 범우사 판본(1988)이 나왔다. 창작과비평사에서 1997년 김정환 · 성은애 공역으로 다시 번역이 이뤄졌다. 일본에서 『더블린 사람들』의 최초 완역본은 1933년에 출간되었다. 우리나라보다 약 30년 앞선다. 2차세계대전 이전 일본에서 조이스 작품의 번역은 활발하게 이뤄졌으며 이렇게 이뤄진 일본어 번역본들은 일제 식민지 시기 한국근대문학에도 적지 않은 영향을 끼친다. 대만의 경우는 한국보다 조금 늦게 번역본이 출판되었는데, 1970년에 첫 번째 중국어 번역본이 발간되었다.

조이스는 그만의 방식으로 이미 리얼리스트다. 그러나 그가 생각하는 리얼리티는 리얼리즘의 그것과는 다르다. 조이스는 묻는다. 무엇이 리얼리티인가? 현실을 경험하면서 그 경험이 제공한 이미지와 인상을 재료로 삼아 자신만의 세계를 내면에 세우고 살아가는 현대인들에게 리얼리티는 현실 자체가 아니라 그의 (무)의식에 새겨진 감각의 리얼리티이다. 예술의 세계는 현실을 경험하는 인물들의 기억, 죄의식, 인상, 감각 등의 주관적 인식의 세계다. 조이스가 보기에 "현대의 주제는 우리의 의식 밑에 깔려 있는 힘들, 그 숨겨진 흐름들인데 이것들이 모든 것을 지배하는 것이며 겉으로 드러나 보이는 의식의 흐름에 거슬러 인간을 움직이게 만든다"(Power 54). 표피적 사실이 아니라 "우리의 의식 밑에 깔려 있는 힘들, 그 숨겨진 흐름들"이 중요하다. 현실은 이 흐름들을 통해서만 자신을 드러낸다. 현실 자체나 라캉의 현실계(the Real)는 표현되지 못한 채 잉여로만 남는다.

루카치는 다르게 생각한다. 그는 완강하게 객관적 현실에 집착한다. "이와 유사한 현실의 희박화는 조이스의 의식의 흐름에 기초를 이룬다. 물론 의식의 흐름이 그것을 통해 현실이 표현되는 매체 자체일 경우에 현실의 희박화는 강화된다. (중략) 그러므로 현실의 희박화와 성격의 해체는 상호의존적이다"(Lukács 26). 현실의 희박화란 무엇인가? 현실이 작품에서 드러나지 않는다는 말인가? 아니면 전지적 시점의 작가나 서술자가 조망하는 총체적 인식이 아닌 각 인물의 의식의 흐름**23**에는 현실이 파편화되어 나타난다는 뜻인가? 루카치도 지적하듯이 현실은 죽어 있는 물리적 현실이 아니라 현실을 경험하는 주체의 운동에 따라 변화하는 현실이다. 일면 루카치의 견해는 온당하다. 그러나 그는 예술작품의 해석된 현실을 작가나 비평가가 총체적으로 파악한 현실과 견줄 수 있다고 본다. 그래서 모더니즘 문학에서 현실의 희박

23 의식의 흐름과 내적 독백은 종종 혼용된다. 의식의 흐름은 소설의 하부 장르로서 의식의 흐름을 다루는 현대적 심리소설을 가리킨다. 내적 독백은 의식의 흐름을 효과적으로 전달하는 기법이다. Robert Humphrey, *Stream of Consciousness in the Modern Novel* (Berkeley: U of California P, 1954) 참조.

화는 강화된다는 비판이 가능하다. 이것이 문제다. 각 인물의 의식의 흐름을 통하지 않고 현실이 표현되는 매체는 무엇인가? 우리는 어떤 경우에도 현실을 총체적으로 경험할 수 없다. 파편화된 현실에서 "서술의 유기적 통일성은 경험의 통일성을 표현하기 위한 상징으로 기능하지 못하며 서술 문장들을 만드는 형식적 한계 장치로도 기능하지 못한다."[24] 우리의 의식은 현실의 흐름 속에서 분열되어 있다. 조이스가 탁월하게 구사하는 내적 독백 기법은 분열된 의식을 표현하려는 시도이고 분열된 의식들 사이의 소통 (불)가능성을 묻는 탐색의 결과다. 조이스 작품의 주요 인물인 스티븐이나 블룸이 보여 주는 특징적인 면모들, 가령 언어에 기울이는 세심한 관심, 그리고 과거의 행복했던 가족사를 반복해서 회상하는 것은 파편화된 현실에서 생존하려는 노력의 표현이고 고립된 현재의 삶에 의미를 부여하려는 힘겨운 싸움의 산물이다. 그리고 그것은 식민지 현실이라는 구체적인 현실에서 이루어지는 싸움이다.[25]

『율리시스』에서 블룸의 의식에는 채 소화되지 않은 말과 인상들이 어지럽게 출몰한다. 블룸을 비롯한 『율리시스』의 인물들은 분열된 자아를 지닌 채 외롭게 더블린 거리를 헤맨다. 이 분열된 자아들 사이에 의견의 소통은 쉽지 않다. 블룸과 스티븐은 작품에서 내내 고립되어 있다. 파편화된 자아를 지닌 사람들의 세계는 사물들이 지배하는 세계다. 「이서커」("Ithaca") 에피

24 Fredric Jameson, "*Ulysses* in history," *James Joyce and Modern Literature*, eds. W.J. McCormack and Alistair Stead (London: Routeldge & Kegan Paul, 1982) 131면.

25 비슷한 예는 카프카의 작품에서도 찾을 수 있다. 그의 작품의 인물들은 무력한 개인들이다. 인물들의 이름이 대개 이니셜로만 표기되듯이 그들은 온전한 주체성을 지니지 못한다. 그들은 관료제로 대표되는, 무한대로 전개되는 사회 지배의 권력 앞에서 강한 무력감과 불안감을 느낀다. 카프카 문학의 힘은 이 알 수 없는 현실에서 인간들이 느끼는 공포와 무기력감을 효과적으로 전달한 데서 나온다. 조이스나 카프카 문학에 나타나는 반복의 모티프는 이 점에서 주목된다. 사회의 권력으로 관리되고 통제되는 무기력한 일상에서 조이스와 카프카 작품의 인물들은 수동적으로 반응하기에 급급하다. 그것이 바로 동일한 것의 반복이 지배의 원리로 전면에 부각되는 산업 사회와 관료제, 혹은 식민지 자본주의의 작동 원리다.

소드의 한 대목을 보자.

> 물을 사랑하는 자, 물을 긷는 자, 물을 나르는 자인 블룸은 취사용 스토브로 돌아오면서, 물의 어떤 속성에 대해 감탄했는가?
>
> 물의 보편성, 물이 지닌 민주적 평등성과 자신의 수평면을 견지하려는 타고난 성질, 메르카토르 투영도에서 다타나는 물의 광대함, 태평양 썬댐 해구의 8천 길이 넘는 거의 측정할 수 없을 정도의 깊이, 해안의 모든 지점을 순차적으로 방문하는 물의 파도 및 수면의 미립자의 끊임없는 운동. (549)

「이서커」 에피소드는 위와 같은 잡다한 사실에 집착하는 블룸의 의식을 세밀히 묘사한다. 아마 루카치라면 이런 묘사를 자연주의적인 표피성의 집착이라고 비판했을 것이다. 그러나 다른 읽기도 가능하다. 시시콜콜한 세부 사실이 블룸의 의식을 지배하고 있다는 점이 인간관계는 사라지고 모든 것이 사물화된 현실을 우회적으로 비판하는 것은 아닐까. 『율리시스』에는 공적 영역의 언어가 없다. 어떤 대화나 공동의 모색도 거부당한다. 『율리시스』의 인간관계는 사물화된 관계다. 사람은 사라지고 사물만이 남는다. 인물들은 고립되고 그들의 의식은 분열된다. 내적 독백은 분열된 의식의 흐름을 효과적으로 표현한다. 루카치는 서술의 유기적 통일성이 깨진 작품은 현실의 총체적 재현에 실패한 결과라고 비난한다. 그러나 "형식 자체의 급진적인 역사화는 독특하고 복잡한 텍스트 구성과 읽기를 위한 역사적 필연성"(Jameson [1982], 128)이다.

내적 독백의 탄생도 역사적 필연성의 산물이다. 블룸의 고독과 내적 독백은 사회적으로 매개된 것이다. 내적 독백의 기법은 고독감을 효과적으로 전달하는 장치다. 루카치는 "조이스에게 의식의 흐름이라는 기교는 단지 스타일상의 장치만이 아니라 그 자체가 서술방식이나 인물 형상화를 지배하는 구성원리"라고 비판한다. 조이스가 "감각에 주어진 자료들의 상세한 기록에 과대한 주의를 기울이고 있으며 인물들의 생각과 감정을 소홀히 한 것을 두고 예술적 실패라고 규정한다면 이는 그의 예술적 야망과 명백한 능력을 고려할 때 우스꽝스러운 평가"(Lukács 18)가 될 것이라는 조심스러운 유보사항을 루카치는 덧붙인다. 토마스 만(Thomas Mann)과 조이스를 비교하면서 루카치는 조이스 작품의 의도를 비판한다. 조이스의 현실관은 고정되고 굳어진 현실관이다. 따라서 조이스 작품에서 인물들의 생각과 감정이 소홀하게 취급된 것은 자연스러운 결과다. 루카치 비판의 요점이다. 그렇다면 인물들의 감각에 주어진 자료들의 상세한 기록과 인물들의 생각과 감정은 어떻게 관련되는가? 루카치에게는 명확한 평가의 기준이 있다. 서술방식이나 인물 형상화를 지배하는 구성원리가 관건이다. 서술 방식 자체를 내적 독백이 지배하는 조이스의 작품은 문제가 된다. 그러나 다른 해석도 가능하다. "의식의 흐름 가운데 하나는 서정적인 것으로 위장되어 있고 다른 것은 플롯에 종속되어 있다. 두 경우 모두 새로운 장치는 아주 중요한 뭔가를 얻는다. 그것은 기능, 즉 의미다. 하지만 그 대가는 자유의 포기다"(Moretti 179). 기법은 의미의 종속물이 아니다. "『율리시스』가 정전의 위치를 차지하게 된 것은 바로 이러한 이유 때문이다. 이 작품의 의식의 흐름은 자신을 부끄러워하지 않는 유일한 것이다. (중략) 이것은 통속적이고 조야한 것, 무가치한 것도 받아들인다. 이것은 고상하게 되려고 하지 않으며 따라서 타락을 피할 수 있었다"(Moretti 180). 내적 독백의 기법은 감각을 통해 몸에 주어진 리얼리티를 전달하는 데 효과적이다. 의식의 흐름은 인물에게 주어지는 미세한 감각을 기록한다. 중요한 것은 의식에 새겨진 감각 자체이지 거기에 들어간 의미내용이 아니다. 내적 독백의 기법은 그 자체가 의미가 된다. 조이스의 "독백에서 시대의 목소리가 울려 나온다."[26]

19세기까지의 리얼리즘 소설의 인과적 서술은 현실이 수미일관하며 통일적이고 파악 가능하다는 전제에서 가능한 구성법이다. 루카치가 비판하는

26 Theodor Adorno, "Reconciliation under Duress," *Aesthetics and Politics*, trans. Ronal Taylor (London: Verso, 1977) 166면.

현실의 희박화에는 오히려 현실을 인식한다는 행위가 무엇인가를 되묻는 미학적 자의식이 깔려 있다. 조이스의 경우 이런 자의식이 약하게 드러난 것이 『더블린 사람들』이나 『초상』에서 빈번하게 사용되는 자유간접화법이고, 강하게 구현된 것이 『율리시스』에서 두드러지는 내적 독백이다. 내적 독백에서 현실은 각 인물이 느끼고 해석하는 현실로만 존재한다. 단일한 통일적인 현실은 없다. 그렇다면 서로 다른 자신만의 현실을 내면에 지닌 인물 사이의 의사소통은 어떻게 가능한가. 현상학적 비평에서 이미 밝혔듯이, 개별 주체는 자신이 주관적으로 해석한 세계만을 인지한다. 현실은 의식이라는 스크린에 투영된 이미지로만 주체에게 다가온다. 우리가 인식한다고 믿는 대상의 '본질'은 언제나 우리의 인식에 의해 구성된 현실이다. 라캉에 기대면 우리는 상징계를 벗어나 현실 자체를 직접 알 수 없다. 어떻게 해석되고 인식된 세계 저편의 객관적 세계 자체를 알 수 있는가? 예술의 본령은 현실의 재현인가? 아니면 어떤 다른 위상을 지니는가? 이런 질문들이 모더니즘 작가에게는 중요하다. 예술작품의 내용은 실제 사회와 같은 의미에서 현실적이지 않다. "예술은 실제 세계에 대한 부정적/소극적 지식이다"(Adorno 160). "작품의 진실내용"(Adorno 172)은 현실과 관련을 갖지만 고유한 가치를 지닌다. 예술은 현실의 총체적 반영이 아니며 완벽한 반영은 불가능하다. 아도르노는 루카치의 반영론을 과녁으로 삼고 "한 예술작품의 구체적인 내용이 실제로 객관적 현실의 단순한 반영과 동일한가라는 철학적 문제"(Adorno 153)를 제기한다. 현실 자체가 아니라 현실이 어떻게 작품의 진실내용으로 변화되었는가? 아도르노에게는 이 물음이 중요하다.

작품의 세계는 객관적 현실에서 분리되었다. 이 분리로 작품의 세계는 현실을 재현할 때도 하나의 이미지, 혹은 가상으로 남는다. 라캉에 다시 기대면, 현실은 완전히 포섭되지 않는 잉여로 남는다.[27] 작가는 불완전한 재현에

27 라캉의 실재, 상징계 개념에 대해서는 홍준기, 「자끄 라깡, 프로이트로의 복귀」, 『라깡의 재탄생』 김상환, 홍준기 엮음(창비, 2002) 참조.

고정된 의미를 부여한다. 이 지점이 모더니즘 문학의 자의식이다. 그것은 실재의 불가능성을 인정하는 겸허함의 표현이다. "실재는 인간의 사유가 상징계를 매개로 현실을 구성한 후에도 항상 자투리로 남아 그 현실을 위태롭게 만드는 낯선 현실"(홍준기 73)이다. 현실은 자신의 본모습을 작품의 세계에 온전히 내놓지 않는다. "말하는 존재인 유한한 우리 인간은 결코 실재나 사물을 완전히 파악할 수 없다"(홍준기 69). 작품의 현실은 작품 밖 현실의 이미지고 가상이다. 아도르노에 따르면 역설적으로 작품의 가상적 특징 때문에 예술은 현실을 성찰한다. 예술은 자신이 구축한 세계의 이름으로 현실을 판단하는 미적 토대를 제공한다. 그것을 반영의 정확성이나 충실성으로만 이해할 때 루카치의 인식론주의가 싹튼다. 물론 예술은 현실을 인식한다. 조이스도 이 점을 강조한다.

> 아마도 이상주의가 인류의 무덤이라고 말할 수 있을지 모릅니다. (중략) 우리는 사실에 충실한 삶을 살아야 합니다. 그들이 그런 삶을 살았기에 오늘날 우리가 원시인들을 존중하는 것이지요. 그들은 현실에 뿌리박은 삶을 살았지요. 그리고 언제나 궁극적으로 승리하는 것은 현실입니다. (Power 98-99)

그러나 사실에 충실한 삶이 무엇인지를 규정하기는 만만치 않다. 여기서 조이스는 루카치와 갈라진다.

> 사실 입센은 지나치게 단순하다. 인생이란 입센이 재현하는 것처럼 그렇게 단순하지는 않다. (중략) 내[조이스]에게 청춘과 모성이란 (중략) 우리 옆에 있는 저 두 사람[조이스의 옆에 앉아 있던 어느 젊은 노동자와 그의 어머니를 가리키며]이다. 나는 저 젊은 친구의 마음 속에 있는 천 가지의 복잡한 생각들을 쓰고 싶다. — 절대적 리얼리즘이란 물론 불가능하다. 이것은 누구나 알고 있는 사실이다.
> (Ellmann 266)

조이스는 현실을 총체적으로[28] 재현할 수 있다고 믿지 않는다. 그의 말대로 "절대적 리얼리즘은 물론 불가능하다." 모더니즘 문학은 전지적 작가나 서술자의 손으로 이음매 없이 매끈하게 칠해진 풍경화가 아니다. 그것은 "브리콜라주와 재기능화"(Moretti 189)의 작품이다.**29** 현실의 재현이 아니라 현실을 경험하는 각 개인들의 인상과 기억의 브리콜라주를 구성하기. 이것이 반영론에 기반한 리얼리즘과는 대비되는 모더니즘 문학의 관심사다. 예술의 대상은 이성이 포착하지 못한 사소한 일상의 경험에서 생기는 느낌과 그 안에 숨겨진 진실이다. 현실 자체의 본질에 집착하는 것이 아니라 스쳐 지나가는 인상에 담겨 있는 부분적 진실을 포착하고 그 진실들의 집적을 통해 현실 자체는 아니되 그 현실에 근접하는 브리콜라주를 만드는 문학. 그런 점에서 모더니즘 문학론은 일상성의 미학이다. 조이스 문학론의 핵심적 개념인 에피퍼니 개념은 일상성의 미학의 한 표현이다.

에피퍼니는 "말이나 행동의 조야함이나 마음의 기억할 만한 순간들에 나타나는 정신의 갑작스러운 계시"(『영웅 스티븐』 211)다. 에피퍼니의 순간은 미묘하고 쉽게 사라지기에 그 계시의 순간을 극도로 세심하게 기록해야 한다. 그 미묘한 순간에 현실 자체가 잠깐 모습을 나타낸다. 에피퍼니는 "생생한 현실감과 인생의 심오한 진실로 가득한 매순간의 구현이 갖는 가치"

---

28 루카치는 외연적 총체성과 내포적 총체성을 구분하면서 예술적 총체성이 후자임을 지적한다. "예술작품의 총체성은 오히려 내포적이다. 묘사된 삶의 부분에서 객관적으로 결정적인 중요성을 지니면서 그 삶의 부분의 존재와 운동, 그리고 그것이 전체적 삶의 과정에서 지니는 특수한 성격과 위치를 규정하는 요인들을 제한된 범위에서 자족적이게끔 정렬한 것이다. 이러한 의미에서 가장 짧은 노래도 가장 거대한 서사시만큼이나 내포적 총체성에 해당한다"(Georg Lukács, "Art and objective truth," *Writer and Critic*, ed. and trans. Arthur Kahn [London: Merlin Press, 1978] 38면). 그러나 내포적 총체성론에도 이미 어떤 것이 작가가 재현하려는 현실에서 핵심적인 부분을 차지하며 그것을 형상화함으로써 현실의 총체성을 파악할 수 있다는 판단이 전제된다.

29 조이스의 지적은 흥미롭다. "제 머리에는 거의 모든 장소에서 주워 모은 조약돌, 잡동사니, 부러진 성냥, 유리 조각들로 가득 차 있습니다. 저의 동료 작가들은 알지도, 발견하지도 못한 열여덟 개의 상이한 관점과 그만큼 다양한 문체로 소설을 쓴다는 것, 그리고 이 책에 끌어온 전설의 성격은 사람들의 정신적 균형을 뒤집기에 충분할 것입니다" (Ellmann 512).

(아우어바흐 273)를 탐구한다. 일상적 사실은 진실이 드러나는 장소다. 그런 이유로 조이스는 사실에 충실한 삶을 거듭 주장한다. 일상적 사실과 그 사실이 우리의 마음에 새겨 놓은 인상과 기억에 충실할 때 사실에 숨겨진 진실이 드러난다. 그것은 종교적 각성의 순간에 비견된다. 조이스의 초기 예술론의 핵심적 개념인 에피퍼니를 『율리시스』에서는 더 이상 언급하지 않는다. 조이스는 일상성의 미학을 더 멀리 밀고 간다. "일상의 존재는 이것을 고상한 것으로 변형시키려는 젊은 예술가에게 저항한다. 일상은 굼뜨고 불투명하게 — 무의미하게 남아 있다"(Moretti 180). 에피퍼니는 일상의 비루함에서 "사물의 영혼"이나 "사물의 참된 성격"을 발견하려는 통로다. 이런 시각은 일상성을 가치 없는 것으로 치부하는 태도와는 선을 긋는다. 하지만 여전히 일상성의 가치를 그대로 인정하지 않고 그것을 다른 "고상한 것"으로 변형시키려는 욕망이 작용한다. 『율리시스』가 보여 주는 지루하고 반복적인 일상의 세계는 예술적 재현의 노력에도 불구하고 일상은 굼뜨고 불투명하게 남아 있다는 걸 예증한다. 일상사가 전해 주는 인상에 예민하게 반응하면서 그들이 전해 주는 어떤 계시의 순간을 잡는 것. 이것이 조이스가 강조하는 사실에 충실한 삶의 표현이다.

조이스가 낭만주의를 비판한 것은 사실이다. 그러나 그의 낭만주의 비판은 낭만주의가 지닌 왜곡된 이상주의에 대한 비판이지, 그의 에피퍼니론에서 알 수 있듯이 상징적 언어의 창조적 기능에 대한 비판은 아니다. 『영웅 스티븐』에서 스티븐은 에피퍼니를 상세히 설명한다.

> 미에 필수적인 요소 세 가지는 통합성, 즉 전체성과 균형 그리고 광휘겠지. 언젠가 나는 이 주장을 좀 더 분명한 논제로 정리할 계획이야. 어떤 아름답다고 가정된 대상을 네가 앞에 두고 너의 마음이 어떻게 반응하는가를 생각해 봐. 너의 마음은 그 대상을 이해하기 위해서 우주 전체를 두 부분, 네가 대면한 대상과 그 대상이 아닌 공간으로 분리해 인식하지. 사물을 인식하기 위해서는 그것을 모든 것으로부터 분리시켜야 되는 거야. 그때 비로소 그것이 하나의 통합된 것, 하나의 대상으로

> 인식하는 것이야. 너는 대상의 전체성을 인식하게 된 것이지. (중략) 마음은 대상을 전체와 부분, 대상 자체와 자신이 아닌 다른 대상과의 관계를 고려하고 대상을 구성하는 각 부분들 간의 균형을 조사하고 대상의 형식을 숙고하며 구조의 모든 틈새들을 살펴보지. 그렇게 해서 마음은 대상의 균형 잡힌 인상을 얻게 되는 거야. 마음은 대상을 말 그대로 하나의 사물, 정확히 구조화된 실체로 인식하지. (중략) 두 번째 특성을 발견한 후, 마음은 유일하게 논리적으로 가능한 종합을 이루면서 세 번째 특성을 발견하지. 이것이 내가 에피퍼니라고 부르는 순간이야. 우선 우리는 그것을 하나의 통합된 대상으로 인식하지. 그리고 나서 그것이 잘 조직된 하나의 구성체, 바로 하나의 사물임을 깨닫게 되지. 부분들 간의 관계가 정교할 때, 각 구성요소들이 자신이 위치한 곳에 제대로 맞춰지는 순간, 우리는 대상의 대상다움을 최종적으로 깨닫는 것이지. 사물의 영혼, 사물의 참된 성격이 외형이라는 의복을 벗고 우리 앞에 불쑥 나타나는 것이지. 매우 보잘 것 없는 사물도 그 구성요소의 조정이 이루어지면 사물의 영혼은 빛을 드러내는 것이야. 그 사물이 에피퍼니를 성취하는 것이지.
> (『영웅 스티븐』 212-213면)

작가는 자신이 창조하려는 작품의 세계 안에 예술적 대상으로 변용될 현실의 실제 대상을 선택한다. 대상을 대상이 아닌 것과 경계를 부여하는 것이 그래서 중요하다. 여기서 대상의 윤곽이 파악된다. 균형은 대상의 내적 구조와 관련된다. 그것은 조화된 구조다. 이 구조에 대한 인식이 대상의 대상다움을 인식하는 과정이다. “마음은 대상의 균형 잡힌 인상을 얻게” 된다.

여기서 중요한 것은 그것이 대상의 본질 자체가 아니라 “인상”이라는 것이다. 본질은 여전히 완전히 재현되지 못한 잉여로 남는다. 따라서 “대상의 대상다움”이나 “사물의 영혼”, “사물의 참된 성격”은 대상의 본질을 가리키는 개념이 아니다. 이 모든 과정에서 초점은 대상 자체가 아니라 대상을 바라보는 주체, 예술가의 정신에 놓여진다. 전체성과 균형의 단계는 대상의 대상다움을 객관적으로 인식하는 단계이며 에피퍼니의 단계는 대상의 영혼, 그 정신적 가치를 깨닫는 마지막 단계다. 그런 깨달음은 예술가가 앞에 둔 대상에 치밀한 관심을 기울일 때 어느 순간 종교적 계시처럼 주어진다. 이 순간은 대상의 재현이 아니라 그 대상의 가치를 발견하는 예술적 창조성의

순간이다.[30]

일상성의 미학을 강조하는 조이스의 예술론은 자연주의와 모더니즘의 연속성에 관한 문제와 관련된다.

루카치는 자연주의 문학과 모더니즘 문학 사이에 넘을 수 없는 단절의 벽을 세우는 문학사적 입장과는 분명한 차별성을 보인다. 전통적인 문학사적 평가에 따르면, 모더니즘은 종래의 사실주의나 자연주의적 현실 이해, 사실성의 과도한 집착을 비판하면서 혁신적인 문학기법, 스타일의 끊임없는 계발, 인간과 현실의 새로운 이해를 도모한다. 루카치는 양자 사이의 단절이 아니라 연속성을 주목한다. 이것이 자연주의와 모더니즘의 연속성을 통찰하는 루카치 문학사론의 미덕이다. "모더니즘 문학의 근본적으로 자연주의적인 성격"은 "한 예술작품에서 표현된 상황과 인물들의 중요성의 위계체계"(Lukács[1964] 34)가 없기 때문에 나타난다. 중요한 것과 그렇지 않은 것을 구별하는 선별의 원칙이 없기에 세부사항에 집착하게 된다.

> 그것만 떼어놓고 보자면 설명적 세부묘사는 충분히 현실의 진정한 반영일 것이다. 문제의 작가가 재능만 있다면. 그러나 이야기 서술의 전후관련과 구성이 객관적 현실의 적절한 이미지에 합당한가라는 문제는 전체로서의 현실에 대한 작가의 태도에 달려 있다. 왜냐하면 이 태도가 개별적 세부묘사가 전체의 맥락 속에서 부여받는 기능을 결정하기 때문이다. 만일 세부묘사가 무비판적으로 취급된다면 따라오는 결과는 자의적인 자연주의가 될 것이다. 왜냐하면 작가는 의미 있는 세부사항과 별로 중요치 않은 세부사항을 구분할 수 없기 때문이다. 나는 조이스가 바로 여기에 해당한다고 생각한다. (Lukács[1964] 51-52)

루카치에게는 사실주의적 묘사의 충실성 자체가 아니라 재현된 사실들 사이의 중요성의 위계체계가 관건이 된다. 루카치는 조이스가 의미 있는 세부사항과 별로 중요치 않은 세부사항을 구분하지 못하고 개별적 세부묘사에 집

30 Vicki Mahaffey, "Joyce's shorter works," *The Cambridge Companion to James Joyce*, ed. Derek Attridge (New York: Cambridge UP, 1990) 190면.

착한다고 타박한다. 그런데 자연주의의 특징으로 흔히 거론되는 이런 비판은 얼마나 온당한가? 루카치가 비판하는 것처럼 자연주의는 사실의 수동적인 모사론에 그치면서 통속적이고 "별로 중요치 않은 세부사항"을 시시콜콜히 묘사하는 문학에 불과한가? 사실 이런 자연주의 비판은 역사가 오래된 것이다. 자연주의 문학이 "병적이고 음란한 것에 탐닉하며 무분별하고 맹목적으로 현실을 모방한다는 비난을 이미 1850년대의 보수주의 비평가들이 했다"(하우저 86). 이런 비판은 자연주의가 지닌 본질적으로 혁명적 성격, "인생을 아무 편견이나 거리낌없이 그리는 모든 예술은 그것 자체로서 혁명적인 예술"(하우저 85)이라는 자연주의의 모토에 대한 두려움의 표현이었다. 어떤 이상주의도 배격하면서 당대의 일상적 현실의 가치를 표나게 강조하고, 일상적 사실을 정확히 관찰하고 과학적 탐구정신으로 묘파할 것을 요구하는 자연주의가 거둔 성취는 쉽게 무시될 수 없다.**31** 자연주의 작품이 "너무 예술적으로 완벽한 구성을 회피하는 것은 과학적 연구가 언제나 미완성 상태에 있을 수밖에 없다는 사실"(하우저 81-82)로 해석할 수도 있다. 어떤 완벽한 구성도 현실을 완벽하게 파악할 수 없다. 예술적 재현은 미완성 상태에 있을 수밖에 없다. 이런 태도는 작가는 현실을 총체적으로 파악할 수 없다는 겸허함의 표현이다.

조이스가 좋은 글쓰기의 요건으로 꼽은 것은 "자연주의적인 정확성, 목적의 정직함, 그리고 스타일"(Ellmann 233)이다.**32** 조이스에게 의미 있는 세부

31 작가가 지녀야 할 자연주의적 솔직성을 조이스는 누누이 강조한다. "작가가 마땅히 해야 할 일은 꾸밈없이 솔직하게 쓰는 일입니다. 오늘날에조차 몇몇 도덕주의자들이 저지르는 잘못은 불쾌한 현상 자체보다는 그것을 기록하는 사람을 증오한다는 것입니다. 언제나 그래왔습니다. 사람들은 실제로 존재하는 사실을 충실히 기록하면서 입을 다물지 않는 작가를 부도덕하다고 합니다. 부도덕하다고요! 옳다고 생각하는 바를 말로 표현할 뿐만 아니라 최대의 희생을 감수하고 예술작품을 창조하는 것, 이런 것이 도덕인 것이지요. 내가 입센을 존경하는 것은 이런 두 가지 이유 때문입니다. 그의 도덕성은 자신의 윤리적 견해의 강한 표명에서만이 아니라 작품의 완성을 위한 그의 치열한 노력에서도 발견할 수 있습니다"(Ellmann 688).

사항과 별로 중요치 않은 세부사항을 나누는 것은 그다지 중요하지 않다. 세부사항의 묘사가 현실을 표현하는 데 어떻게 관여하는가? 조이스의 관심은 여기에 있다. 세부사항에 조이스가 기울인 관심은 즉물적으로 그런 사항들에 집착한 결과가 아니다. 조이스에게 "자연의 진부해 보이는 세부사항들은 경이로운 것으로 충만되어 있으며, 자연이 보여 주는 놀라운 드러냄에는 평범한 것이 스며 있다"(Ellmann 550). 자연은 단지 외적 자연만이 아니라 내적 자연, 우리의 정신적 현실도 아우른다. 한 인물의 의식의 흐름에는 세계의 경이로운 진실이 스며 있다. 아일랜드 식민 현실에서 일상성은 단조로움의 세계가 아니라 식민지 지배와 그에 맞서는 다양한 저항이 각축하는 공간이었다. 조이스는 현실에서 도망친 작가가 아니다. 그는 지나치기 쉬운 일상과 일상을 살아가는 사람들의 의식의 흐름에 현실이 어떻게 각인되는가, 그 재현의 메커니즘을 자신만의 방식으로 탐색한 작가였다. 조이스가 토로하듯이 그의 고유한 방식은 오해를 낳았다.

> 나는 우리나라 사람들과 상황에 대하여 썼습니다. 어떤 특정한 사회적 수준의 특정한 도시적 유형을 내 작품 안에 재현했습니다. 그런데 그들은 그것을 용인하지 않았습니다. 내가 본 것을 숨기지 않는다고 해서 나를 원망하는 자들도 있었고, 그들이 전혀 이해하지 못하는, 나의 표현 방식 때문에 화를 내는 이들도 있었습니다. 요컨대, 어떤 사람은 사실적인 묘사 때문에 격분했고, 어떤 사람은 문체 때문에 화를 냈습니다. 그들 모두가 내게 복수를 했습니다. (Ellmann 689)

그러나 조이스 문학이 지닌 사유의 깊이와 혁신성은 지금도 삶과 현실을 대하는 독자의 성찰을 지속적으로 자극하고 있으니 그는 유쾌한 사후 복수를 한 것이 아닐까.

32 작품의 장면묘사를 위한 세부사항의 정확성에 조이스는 놀라울 정도의 세심한 관심을 기울인다. 이에 대해서는 Ellmann 473, 439, 501면 등을 참조.

제3장
조이스와 성적 관계의 윤리: 「이블린」과 「노지키어」 읽기

1. 조이스와 아일랜드 여성문제

제3장에서는 여성론 비평의 핵심 쟁점인 성애(sexuality), 성적 관계(sexual relationship), 성적 차이(sexual difference)의 문제를 조이스가 어떻게 다루는지를 『더블린 사람들』의 단편 「이블린」과 『율리시스』의 「노지키어」("Nausicaa") 에피소드를 중심으로 검토한다. 젠더 문제를 천착하는 여성론 비평에서도 조이스는 뜨거운 논란의 대상이다. 조이스는 근대의 핵심 모순 중 하나인 여성문제(the woman question)에 각별한 관심을 기울이면서도 동시에 근대 여성론의 한계를 예리하게 파고든다. 작품분석에서는 성적 정체성의 형성 문제, 성적 관계의 문제를 조이스가 구상하는 새로운 성적 관계의 윤리에 초점을 맞춰 살펴본다. 먼저 식민지 아일랜드에서 여성들이 겪어야 했던 식민주의와 가부장제가 부과하는 이중의 식민화(double colonization)의 양상을 분석한다. 여기서는 식민지 여성이 겪는 이중의 식민화에서 아일랜드 기독교가 했던 역할에 주목한다. 아일랜드 기독교는 아일랜드 여성들에게 거의 유일하게 고통스런 현실을 허구적으로나마 벗어나게 해 주는 탈출구로 기능한다.

「이블린」이 좋은 예다. 이 단편의 마지막 장면에서 이블린은 고통스러운 아일랜드의 삶을 버리고 연인 프랭크와 함께하는 새로운 삶을 꿈꾼다. 그러기 위해서는 아일랜드를 떠나야 한다. 그러나 이블린은 아일랜드를 떠나는 배에 오르기 직전까지도 자신을 억압하는 아일랜드를 떠나야 한다는 욕구와 가족을 지켜야 한다는 의무 사이에서 고통스러워 한다. 탈출의 순간에도 이블린이 의지하는 것은 역설적이게도 그녀와 그녀 어머니의 삶을 파멸시켰던 기독교다. "그녀는 뺨이 창백하고 차게 느껴졌다. 번민 속에서 헤매며 그녀는 자기를 인도해 달라고, 어느 쪽이 자신의 도리인지 보여 달라고 하느님께 기도했다"(33). 절박한 탈출의 순간, 선택의 순간에서도 그녀는 여전히 충실한 기독교의 딸이다. 그녀는 자신이 책임져야 할 "도리"(duty)를 알려 달라고 신에게 간구한다.

이블린의 모습은 조이스 문학에서 찾을 수 있는 20세기 초 아일랜드 여성들의 곤혹스러운 상황을 압축적으로 전달한다. 억압적인 상황을 벗어날 탈출의 수단을 그 억압에 핵심적으로 기여했던 종교에서 찾을 수밖에 없는 비극적 아이러니. 어떻게 식민주의 이데올로기와 그것의 강력한 이데올로기적 기구인 아일랜드 교회가 여성들의 의식을 지배하는가? 이 질문에 대한 답을 찾으면서 조이스는 아일랜드 여성에게 작용하는 지배와 종속의 메커니즘을 입체적인 여성 인물 형상화로 표현한다.

2. 식민지 여성 정체성의 형성

『젊은 예술가의 초상』에는 세기 전환기에 식민지 아일랜드를 살아가는 젊은 작가 지망생 스티븐의 고뇌와 좌절, 예술을 위해 자발적 망명을 선택하는 영웅적 모습이 그려진다. 작품의 여러 대목에서 드러나듯이 조이스는 스티븐의 의식, 특히 여성을 대하는 그의 태도에 비판적 거리를 유지한다. 많은 비평가들이 이 작품을 조이스의 자전적 소설이라고 규정하면서 스티븐과 조이스를 동일시한다. 그러나 조이스는 스티븐이 아니다. 조이스는 아일랜드라는 "경험의 현실"(『젊은 예술가의 초상』 253)을 떠나려는 예술가 스티븐의 자발적 망명이 지닌 내재적 한계에 둔감하지 않다. 하지만 『율리시스』에서 보이듯이 스티븐의 짧은 망명은 실패로 끝나고 그는 아일랜드로 돌아와 예술가로서의 길을 찾기 위한 방황을 한다. 예술가로서의 소명에 대해 스티븐이 지닌 자의식의 이면에는 가족주의(familism)라는 남성중심 이데올로기가 지배했던 아일랜드 문화의 왜곡된 상황이 놓여 있다.[1] 스티븐은 민족의 새로운 의식을 담아낼 예술을 창조하는 젊은 예술가의 앞길을 제약하는 사회적 압력들에 예민하다. 스티븐이 망명의 결심을 하는 것도 이런 제약을 벗어나려는 욕망 때문이다. 그러나 스티븐의 결심에는 영웅적 면모와 더불어 그가 꿈꾸는 예술을 가능케 해 줄 아일랜드의 현실을 냉철하게 인식하지 못하는 치기 어린 모습이 여전히 남아 있다.

그중 핵심적인 것이 예술가의 길을 걸어가기 위해 희생된 그의 주변 인물들, 특히 여성들의 삶이다. 왜곡된 형태일망정 스티븐은 예술가의 꿈을 꾸며 그것을 실행하기 위해 망명의 길을 선택할 수 있다. 그러나 이블린처럼 현실 탈출의 기회조차 갖지 못한 채 "삶의 기본적인 것들"(『영웅 스티븐』 35)을 처리하는 아일랜드 여성들의 옹색한 상황은 스티븐의 영웅적 망명과 선명한 대조를 이루면서, 젊은 예술가의 초상의 한계를 보여 준다. 스티븐이 이런 사실에 전적으로 무지한 것은 아니다. 『젊은 예술가의 초상』에는 인상 깊은 장면이 있다. 스티븐은 미래의 예술가의 꿈을 그리면서 중요한 과제를 스스로에게 제기한다. "어떻게 그가 그들의 양심을 움직일 것이며, 어떻게 그들의 딸들의 상상력에 그의 그림자라도 던질 수 있을 것인가? 토호들이 장차 자기네보다 덜 파렴치한 자손들을 키울 수 있으려면 그 딸들에게 아기를 배

1 David Cairns and Shaun Richards, *Writing Ireland: Colonialism, Nationalism and Culture* (Manchester, UK: Manchester UP, 1988) 42면.

게 하기 전에 그의 그림자라도 던져야 할 텐데"(238). 그렇다면 "그들의 딸들"은 누구인가? 그리고 미래의 젊은 예술가를 꿈꾸는 스티븐의 꿈과 구별되는 그녀들의 "상상력"의 실체는 무엇인가? 「이블린」과 「노지키어」 에피소드는 "그들의 딸들"의 우울한 초상화다.

비록 다른 이야기에서 뽑은 인물들이지만 이블린과 거티는 많은 공통점을 갖고 있다. 그녀들은 『영웅 스티븐』에서 쓸쓸한 죽음을 맞는 스티븐의 여동생 이사벨(Isabel)이나 『율리시스』에서 프랑스어 교본을 사면서 배움의 꿈을 키우려는 스티븐의 여동생 딜리(Dilly)를 연상시킨다. 19세기 말에서 20세기 초를 살았던 아일랜드 여성들의 삶이 대체로 그렇듯이 이블린과 거티는 충실한 교회의 딸이다. 둘 다 가난하다. 스티븐과는 달리 그들은 제대로 교육을 받지도 못했다. 가난과 불충분한 교육, 무거운 가사노동이 그들이 짊어진 짐이다. 이로 인해 그들의 의식은 스피벅(G. Spivak)이 식민적 종속성(colonial subalternity)이라고 개념화했던 수동성과 무기력함으로 채색된다. 그들에게도 현실탈출의 욕망은 있다. 그러나 그들은 스티븐과는 달리 자발적 망명의 길도 찾을 수 없다. 그들의 고통을 이해해 줄 사람도 주위에 없다. 스티븐의 이야기에 항상 세심한 주의를 기울이던 어머니의 존재와 비교되면서, 모녀 관계의 부재를 강하게 환기시킨다. 그들이 현실 탈출의 수단으로 상상하는 낭만적 사랑은 해결책이 되지 못한다.

「이블린」의 첫 장면은 탈출구를 찾을 수 없는 이블린의 암담한 상황을 압축적으로 보여 준다.

> 그녀는 창가에 앉아 저녁이 가로수길로 밀려드는 것을 바라 보았다. 그녀는 머리를 창문 커튼에 기대고 있었으므로, 콧구멍으로는 먼지투성이 크레톤 천의 냄새가 들어왔다. 그녀는 피곤했다. (29)

이블린은 외롭고 지쳐 있다. 작품의 도입부만이 아니라 이 단편에서 쉽게 찾을 수 있는 사실적 세부 묘사는 이블린의 숨막히는 현실을 효과적으로 전달한다. 조이스의 문체는 거의 자연주의적인 충실한 세부 묘사에 기댄다. 『더블린 사람들』의 스타일, 그리고 『율리시스』에서도 쉽게 발견되는 사실성에 대한 조이스의 지속적인 관심은 사실주의/자연주의와 모더니즘의 대립구도의 틀로 조이스를 평가하는 통념이 지닌 상투성을 반박할 근거가 된다. 인물과 상황의 사실적 묘사와 더불어 작품의 형식과 스타일도 주목할 만하다. 조이스는 이야기 전체를 3인칭 시점의 객관적 묘사와 간간이 구사되는 자유간접문체(free indirect style)로 구성한다. 짧은 대화조차 거의 찾을 수 없다. 독자는 이블린의 목소리를 거의 듣지 못한다. 그녀의 생각은 서술자의 묘사를 통해서만 전달되거나 다른 작중 인물들의 관계를 통해서만 제시된다. 이블린은 자신의 목소리를 빼앗겼다.

그녀의 침묵은 그녀 어머니의 삶을 그대로 반복하면서 아일랜드 여성의 억압적 현실을 상징적으로 드러낸다. 인용문의 "창문 커튼"이나 "크레톤 천 냄새" 같은 표현에서 그녀가 처한 착잡한 일상을 읽을 수 있다. 그녀는 창밖의 세계, 남성이 지배하는 공적 세계에서 배제된다.[2] 여성의 억압은 사적인 공간에서만이 아니라 유리창 밖의 세계, 공적 현실에서도 비슷할 것임을 첫 문장은 암시한다. "그녀는 창가에 앉아 저녁이 가로수길로 밀려드는 것을 바라보았다." 아일랜드의 식민지 상황, 그리고 여성의 삶의 온전성을 존중하지 못하고 침해하는 남성지배사회의 억압성이 이 문장에서 제시된다.

침략의 이미지는 그녀가 뛰놀던 빈터를 사서 "지붕이 번쩍거리는 벽돌집들"을 지은 벨파스트(Belfast)에서 온 남자를 그리는 장면에서 반복된다(29). 한때 아이들이 뛰놀던 "공터"에서 떠오르는 이미지는 분명하다. 그것은 조이스가 거리를 두었던 아일랜드 문예부흥론자(the Irish Revivalist)가 그리워

2 조이스는 단편 「어떤 어머니」("A mother")에서 (여성적) 사적 영역/(남성적) 공적 영역의 분리, 이런 분리가 어떻게 여성 억압적으로 작동하는가라는 문제를 날카롭게 포착한다. 그리고 근대 시민민주주의의 시민권 개념의 핵심인 보편적이고 중립적인 시민 개념의 실상을 드러낸다. 이에 대해서는 졸고, "Is woman a member of public sphere?", 『제임스조이스저널』 7권 1호(2001) 참조.

하고 이상화했던 식민지경험 이전의 자유롭고 조화로웠던 시대를 상징한다. 공터는 사람들 사이의 의사소통과 교류가 순조로웠던 때를 나타낸다. 이제 그런 시대는 끝났다. 사람들은 더 이상 자유롭게 교류하지 않는다. 조이스가 이를 마비(paralysis)의 이미지로 제시했음은 잘 알려진 사실이다. 아일랜드의 좋았던 시절은 지나가 버렸고, 영국이 지배하는 북아일랜드에서 내려온 남자가 빈터를 사서 새 집을 짓는다. 그 집은 다른 아일랜드 사람들의 "작은 갈색 집"과는 대조된다. 그가 새로 지은 집은 "지붕이 번쩍거리는 밝은 색의 벽돌집들"이다. 번쩍거리는 금속성 지붕의 이미지는 칼과 총의 이미지를 연상시킨다.

여성의 영역으로 규정된 가정에 갇힌 이블린에게 집(home)이란 어떤 의미를 지니는가. 그녀는 가정에 대해 갖고 있는 친숙함과 편안함의 느낌을 토로한다. "집이라! 그녀는 도대체 이 온갖 먼지들이 어디서 생기는지 의아해하면서 그토록 오랜 세월 동안 일주일에 한 번씩 꼬박꼬박 먼지를 털어냈던 그 낯익은 물건들을 전부 살피며 방을 둘러보았다"(29-30). 그러나 그녀가 느끼는 편안함은 이미 어디서 오는지 알 수 없는 "온갖 먼지들"로 위협받는다. 이 먼지들은 그녀의 세계, 그녀의 주체성을 위협하는 사회적 압력으로 읽힌다.[3] 서술자는 이블린의 집을 세밀히 묘사하는데, 특히 벽에 걸린 성직자의 초상이 독자의 눈길을 끈다. 성직자의 초상은 아일랜드의 가정을 위에서 내려다보면서 감시하고 내면적 권위를 행사하는 아일랜드 교회의 영향력을 나타낸다. 익명의 성직자가 그녀 아버지의 친구라는 점은 가부장제와 아일랜드

3 집은 살벌한 경쟁논리가 지배하는 공적 영역의 생존경쟁에서 지친 남성에게 안식과 위안을 제공해 주는 휴식처다. 그곳은 보살핌과 아껴줌의 공간이다(Gaston Bachelard, *The Poetics of Space* [Boston: Beacon Press, 1969] 4면). 그러나 가정은 안식과 편안함과 귀속감만을 주는 곳은 아니다. 가정은 사회와 문화의 갈등과 모순이 매개되고 재생산되는 곳이기도 하다. 가정은 사회적 관계의 연결점이고 사회적 공간의 핵심적 부분이다(Michel Foucault, "Space, knowledge, and power," *The Foucault Reader* [New York: Pantheon Books, 1984] 23면).

종교 사이의 공모관계, 그리고 그런 공모가 식민주의를 지속케 하는 주요한 버팀목임을 암시한다. 그리고 벽에 걸려 있는 "그 축복받은 마가릿 메어리 알라코크에게 약속이 주어지는 장면이 그려진 컬러 화보"는 교회의 가르침을 내면화한 이블린이 어머니에게 한 서약인 "할 수 있는 한 끝까지 집안을 지키겠다"(33)는 말과 병치된다. 억압의 희생자인 어머니는 이블린에게 같은 길을 걸을 것을 요구한다. 이블린의 비극은 그녀가 자신의 주체성을 온전히 세우지 못한 채 종교적, 가부장적 압력에 복종할 수밖에 없다는 것이다.

그렇다면 이블린이 그녀의 부모와 맺는 관계에서는 어떤 문제가 드러나는가. 조이스는 가부장제가 행사되는 극단적인 형태인 가내 폭력의 문제를 제기한다. "심지어 열아홉 살이 넘은 지금도 그녀는 아버지한테 얻어맞을 것 같은 위험을 때때로 느끼고 있었다"(30).[4] 육체적 폭력의 위협은 남성적 권위가 행사되는 극단적인 형태다. 폭력은 여성의 주체성을 부인한다.

> 그녀는 항상 그녀의 봉급 전체—7실링—를 내놓았고 해리도 보낼 수 있는 만큼은 항상 보내왔다. 그러나 문제는 아버지한테서 한 푼도 받아낼 수 없다는 거였다. 그는 그녀가 돈을 툭하면 다 써버린다, 그녀가 도대체 생각이 없다, **자기가 힘들여 번 돈**을 길거리에 뿌리라고 그녀한테 줄 수 없다는 등등 그보다 더 한 얘기도 마구 해댔다. (31, 인용자 강조)

이블린의 얼마 안 되는 돈벌이가 보여 주듯이 20세기 초엽에 아일랜드 여성이 직장을 얻을 수 있는 기회는 극히 제한되었다.[5] 그들이 구할 수 있는 직

● ● ● ● ●

4 가정폭력의 문제는 『더블린 사람들』의 여러 단편에서 발견된다. 이런 묘사들은 조이스 자신이 겪었던 개인적 경험과 관련된다(James Joyce, *Selected Letters of James Joyce*, ed. Richard Ellmann [New York: The Viking Press, 1975] 25면). 조이스가 언급한 아버지의 부당한 대우는 좁은 의미의 물리적 폭력만을 뜻하지는 않는다. 가정폭력은 단지 물리적 위해만이 아니라 여성의 주체적 삶을 망가뜨리는 폭력행위 일반을 가리킨다.

5 Florence Walzl, "*Dubliners*: Women in Irish society," *Women in Joyce*, eds. Suzette Henke and Elaine Unkeless (Urbana: U of Illinois P, 1982) 37면.

업선택의 폭은 기껏해야 집안의 허드렛일을 하는 하녀, 이블린처럼 임시직으로 가게에서 일하는 것, 혹은 더 나쁜 형태로 창녀 등이었다.[6] 이블린의 상황을 더 힘들게 만드는 것은 그녀가 어렵게 일해서 번 돈을 그녀의 아버지는 "자신이 힘들게 번 돈"이라고 당연시한다는 것이다. 이블린의 노동과 주체성은 주저 없이 부인된다. 이것은 그녀의 아버지가 성격적 결함을 지녔기 때문이 아니다. 여성의 주체성을 인정하지 못하는 가부장제 사회에서 남성의 권위가 행사되는 전형적 방식이다. 이런 태도는 식민지 상황에서 피식민지인들의 노동의 가치를 인정하지 않고 당연히 자신들의 소유물로 간주하는 식민지 경영의 태도와 동일한 심리기제다. 가부장제와 식민주의는 이렇게 서로를 모방한다. 이 체제를 극복하기 어려운 이유는 이블린의 태도가 보여주듯이 그녀가 이런 상황을 단지 부정적으로만 보지는 않는다는 데 있다.

이블린은 자신의 삶을 찾아야 한다는 내면 깊은 곳의 요구와 가정을 책임지겠다는 어머니와의 약속 사이에서 동요한다. 그녀의 심적 동요는 그녀가 우유부단하기 때문만은 아니다. 가부장제라는 억압적 구조는 남성의 일방적 억압으로만 작동하지 않는다. 여성의 공조가 필요하다. 집을 지키겠다는 어머니와의 약속은 여성들이 내면화한 가부장적이고 식민주의적인 아비투스의 강고한 힘을 상징한다. 이블린 어머니의 죽음이 보여 주듯이 그 결과는 강한 수동성과 자기부정의 심리다. 임종 시에 어머니가 남긴 마지막 말은 자기부정을 드러낸다. 그녀의 언어는 거의 미친 사람의 언어처럼 들린다.

> 그녀가 생각에 잠긴 동안 자기 어머니가 살아온 한평생의 그 불쌍한 모습이 그녀의 존재의 핵심에 마법을 걸었다. 진부하고 일상적인 희생들이 마지막 발광으로 끝나는 그 삶이. 바보 같을 정도로 고집스럽게 말하는 어머니의 목소리가 다시 들려와서 그녀는 몸을 부들부들 떨었다.
>
> '데레본 세론! 데레본 세론!' (33)

6 James Fairhall, *James Joyce and the Question of History* (New York: Cambridge UP, 1995) 77면.

왜 어머니는 그녀를 그렇게 만든 체제를 분명한 자신의 언어로 고발하지 못할까. 이리거러이가 적절히 지적하듯이 가부장제 사회에서 여성의 주체성은 온전히 드러나지 못한다. 여성의 정체성은 그녀가 맺는 관계, 그녀의 연인, 남편, 아이들, 국가와 사회, 종교 그리고 문화 일반에 종속된다. 여성은 사회적 역할로 규정되지 않는 존재, 즉 여성 자신으로서 성적 주체성을 표현할 기회를 갖지 못한다.

이블린 어머니의 알아듣기 어렵게 분열된 언어는 억압적인 사회에서 온전하게 그 출구를 찾지 못한 여성들의 억압된 목소리가 분출되어 나오는 것이다.[7] 알아듣기 힘들게 뭉개진 그녀의 말들은 정신분석학적으로 볼 때 히스테리의 결과물로 해석할 수 있다. 히스테리는 자신의 욕망을 적합한 형태로 표현할 수 없을 때 일어나는 증상이다. 여성의 히스테리는 자신의 여성성, 정체성을 인정해 주지 않는 남성 중심적 사회에 대한 여성들의 심리적인 저항을 육체적 증상으로 드러내는 것이다.[8] 이블린은 그녀의 어머니가 그랬듯이 주체적 여성으로서가 아니라 주어진 사회적 역할(딸, 아내, 어머니)로서만 자신을 인식한다. 작품의 결말부분에서 보이듯이 그녀의 깊은 내면에서는 온전한 여성으로서의 삶을 희구하는 욕망이 그려지지만 욕망의 힘은 너무 미약하며 그녀의 주체적 욕망을 짓누르는 사회적으로 강제되는 압력은 강력하다.

거티(Gerty)는 어떠한가? 그녀가 처한 상황도 이블린과 유사하다. 거티의 신체적 불구는 사회적 제약에 갇혀 있는 여성의 현실을 더욱 강하게 환기시킨다. 아버지의 폭력에 대한 두려움을 종종 느끼는 이블린과 유사하게, 거티는 술 중독에 빠진 아버지로 힘들어한다. 아일랜드 남성들의 높은 알코올 중독 비율은 성담론에 대한 교회의 통제와 깊은 연관이 있다(Walzl 45). 이런

7 Suzette Henke, *James Joyce and the Politics of Desire* (New York: Routledge, 1990) 24면.

8 Elizabeth Grosz, *Sexual Subversions: Three French Feminists* (Sydney: Allen & Unwin, 1989) 134면.

현실에서 자신을 '보호'해 줄 "남자다운 남자"(『율리시스』 288, 이하 면수만 병기)를 거티는 욕망한다. 그녀의 남자는 그녀를 포옹하고 보호해 줄 것이다. 그러나 그 포옹에서 그녀의 주체성은 "부서질"(crushed)(294) 것이다. 자신이 꿈꾸는 "남자다운 남자"에 견주며 거티는 숙녀(ladyship)의 이미지를 자신에게 투사한다. 이블린과 비교되는 거티의 면모는 강하게 내면화된 "여성스러운 여성"(293)의 이데올로기다. 거티가 즐겨 읽는 대중잡지가 전파하는 숙녀의 이미지는 "대문자 S가 붙은 사교계의 관습"(299)을 충실히 따른다.

이블린이 종교적, 가부장적 사회적 관습을 내면화한다면, 거티는 그와 더불어 여성다움을 규정하는 사회적 시선을 내면화한다. 조이스는 대문자 S와 엉덩이(ass)를 동시에 뜻하는 신조어 "에스"(ess)로 말장난을 벌이면서 거티가 꿈꾸는 숙녀의 이미지를 희화화한다. 대문자 S가 붙은 사교계의 관습은 자연스러운 감정의 표현조차 통제한다. 일종의 내적 검열이 그녀 내부에서 작동한다. "그녀는 에디가 한 말에 대꾸라도 해 주려고 마음 먹었으나 무언가가 그녀의 혀를 억제하는 것이었다"(286). 숙녀다움이라는 내면화된 사회적 코드가 자연스러운 감정의 표현조차 규제한다. 거티의 자기검열은 성담론을 지배하는 식민지 정치와 기독교 제도가 어떻게 한 개인의 의식과 육체에 영향을 미치는가를 예증한다.[9] 상투화된 여성성에 대한 거티의 집착은 여성성의 이미지를 선전하는 대중여성잡지를 그녀가 경전처럼 받들고 있다는 데에서 원인을 한 가지 찾을 수 있다. 경제적 식민주의가 대중에게 미치는 영향의 주요 경로는 광고다. 거티가 광고가 대량으로 실리는 여성 잡지의 열렬한 구독자라는 사실, 그리고 그녀가 남자다운 남자라고 상상하는 블룸이 광고외판원이라는 사실은 주목할 만하다. 블룸은 거티 같은 여성들이 꿈꾸는 이미지를 파는 사람이기 때문이다.

세기 전환기 아일랜드는 산업국가라기보다는 영국에서 생산된 물품의 소

9 Mark Shechner, *Joyce in Nighttown: A Psychoanalytic Inquiry into Ulysses* (Berkeley: U of California P, 1974) 105면.

비와 운송시장으로 기능했다. 아일랜드는 독자적인 산업기반을 거의 갖고 있지 못했다. 더블린 또한 거대산업도시와는 거리가 멀었다. 1904년에 더블린의 인구는 35만 명에서 40만 명 사이였다. 당시 700만에 달하는 인구를 가졌던 런던과 비교해 볼 때 자그마한 중소도시 정도의 크기다.[10] 아일랜드에서 광고는 두 가지 점에서 식민주의의 유지에 기여했다. 자체 생산공장을 거의 갖지 못한 아일랜드에서 광고는 영국의 기업들이 자신들의 상품을 팔 수 있는 근거리 시장을 확보하는 데 기여했다.[11] 따라서 아일랜드인들이 소비를 하면 할수록 대영제국의 착취구조에 기여하는 결과를 초래했다.[12]

영국의 상품을 선전하는 광고물이 대대적으로 대중잡지에 실렸는데, 이블린이나 거티같은 젊은 아일랜드 여성들은 광고되는 물건들을 구입할 수 없다는 상황 때문에 오히려 더욱 광고들이 선전하는 숙녀다움의 이미지에 매혹된다. 거티가 애독하는 잡지인 『레이디즈 픽토리얼』(*The Lady's Pictorial*)은 이런 모방을 대표하는 잡지였다.

> 거티는 소박한 옷을 입고 있었으나 그것은 귀부인 차림의 애호가로서 본능적 취미를 가지고 선택한 것이었으나, 왜냐하면 그녀는 그[레지 와일리]가 밖으로 나와 있을 가망이 있다고 느꼈기 때문이다. 돌리 염색기로 직접 염색한 청동색의 (왜냐하면 『레이디즈 픽토리얼』 잡지에 청동색이 유행하리라고 예고되어 있었으니까) 가슴 움푹한 곳까지 V자 형태로 스마트하게 패고 손수건 호주머니 달린 한 벌의 깔끔한 블라우스를 입고 (중략) 그리고 해군복지로 된 걸음걸이에 맞춰 재단한 스리쿼터 스커트가 그녀의 날씬하고 우아한 몸매를 완전히 드러내 보였다. (287)

거티의 여성 정체성 형성에는 그녀가 소비하고 즐기는 광고 이미지가 깊숙

10 Richard Lehan, *James Joyce: The Augmented Ninth* (Syracuse: Syracuse UP, 1984) 249면.

11 Richard Pearce, "Molly Blooms: A polylogue on 'Penelope'," *Molly Blooms*, ed. Richard Pearce (Madison: The U of Wisconsin P) 9면.

12 Enda Duffy, *The Subaltern Ulysses* (Minneapolis: U of Minnesota P, 1994) 69면.

이 개입한다. 그녀의 욕망은 자연스러운 것이 아니다. 제임슨은 후기자본주의 사회를 규정짓는 특징으로 무의식의 식민지화를 꼽았는데, 거티의 의식 구조는 제임슨의 이런 규정을 앞질러 보여 준다. 거티의 욕망은 그녀가 읽는 광고의 제언에 따라 구성된다. 따라서 "우리는 주체들을 구성하는 물질적 심급 속에서 [거티가] 어떻게 종속되는가를 파악해야 한다."[13] 넘쳐나는 광고와 유행 패션의 이미지는 물질적 심급 속에서 주체의 종속을 가능케 하는 기제다.

3. 낭만적인 사랑과 존중받는 삶

이블린과 거티는 사랑을 통한 현실 탈출을 꿈꾼다. 그들의 꿈은 사실 백일몽이다. 그러나 이를 현실 도피적이라고 단정하는 것은 피상적인 평가다. 요는 그들이 꿈꾸는 도피적 사랑의 현실적 정황을 밝히는 것이다. 환상은 팍팍한 현실을 맞서는 방어수단으로도 때로는 기능한다. 사랑을 통한 현실탈출의 꿈에 매달린 이블린의 바람이 절박한 이유는 그것이 단지 사랑을 얻기 위한 수단이 아니라 진정으로 존중받는 자신의 삶을 원하기 때문이다.

> 그러나 미지의 먼 나라에 있는 그녀의 새로운 보금자리에서는 그런 일은 없을 거였다. 그때는 그녀가 결혼할 거니까, 그녀가, 이블린이. 사람들이 그때는 그녀를 존중해 줄 거였다. 그녀는 자기 어머니처럼 대접받고 살지는 않을 거였다. (30)

이블린은 존중받는 삶을 원한다. 그녀가 바라는 존중은 누구의 연인, 아내, 딸로서 존중해 달라는 것이 아니다. 그녀는 단지 여성으로서 존중받는 삶을 원한다. 이것이 그녀가 꿈꾸는 사랑을 통한 현실 탈주의 핵심이다. 존중받는

13 Michel Foucault, *Power/Knowledge: Selected Interviews & Other Writings 1972-1977*, ed. Colin Gordon (New York: Pantheon, 1980) 97면.

삶을 누린다는 것은 사랑에 앞선다. 그녀가 프랭크와 꿈꾸는 탈출의 꿈은 애초부터 문제를 안고 있다. 그들은 서로 다른 것을 욕망한다. 프랭크는 존중받는 삶에 대한 이블린의 욕망을 이해하지 못한다.[14] 다른 사람들로부터, 특히 남성에게 존중받는 삶을 살고 싶은 이블린의 희망은 그녀를 주체성을 지닌 여성으로 대우하지 않는 현실과 그것을 내면화한 자신의 수동성으로 제약된다. 조이스는 이블린의 미숙함이나 냉철한 자기인식의 어려움을 작품의 내적 논리로 설명하면서 이블린이 희망하는 낭만적 사랑에 대한 독자의 섣부른 재단을 경계한다. 조이스가 관심을 갖는 것은 어떤 사회적 메커니즘에 의해 이블린의 자유와 온전한 주체성의 욕구가 좌절되는가이고 그 좌절의 과정을 파헤치는 것이다.

작품의 결말에서 보여 주듯이, 이블린도 연인 프랭크와의 사랑에서 자신이 무엇을 원하는지를 명확히 인식하지 못한다. 그녀가 겪는 격심한 마음의 동요, 거의 히스테리에 이를 정도의 고뇌는 자기인식의 어려움을 드러낸다. 그녀에게 사랑은 부차적이다. 중요한 것은 살려는 욕망이다.

> 그녀는 갑작스런 공포에 이끌려 벌떡 일어났다. 도망치자! 도망쳐야 해! 프랭크가 그녀를 구원해 줄 것이다. 그가 그녀에게 삶을 줄 것이다. 아마 사랑도. 참으로 그녀는 살고 싶었다. 왜 그녀가 불행해야 하나? 그녀는 행복할 권리가 있다. 프랭크가 그녀를 두 팔로 껴안고, 꼬옥 감싸 줄 것이다. 그가 그녀를 구원해 줄 것이다. (33)

그녀는 자신의 내면에서 무엇을 원하는가를 어렴풋이 느낀다. 그러나 자신

---

14 조이스 작품에서 대부분의 남녀 관계는 온전하지 못하다. 식민지 현실로 더욱 강화된 가부장적 아일랜드 문화가 주요 원인이다. 이리거러이(Luce Irigaray)의 지적을 따르면, 남성과 여성의 성적 차이에 대한 깊이 있는 이해의 부족이 근본원인이다. 『율리시스』의 블룸과 몰리 부부의 관계가 드문 예외다. 졸고, "The politics of interior monologue: A feminist reading of "Penelope"," 『제임스 조이스 저널』 6호(2000) 참조.

을 구원해 줄 남자에게서밖에는 해결책을 찾을 수 없다. "그가 그녀를 구원해 줄 것이다." 여성은 존중받는 삶을 원하나 그것을 가능케 해 줄 힘은 남성에게서 온다는 역설. 조이스가 이블린의 삶에서 보여 주는 것은 이 역설의 비극성이다. 아무도 그녀가 꿈꾸는 존중받는 삶의 욕망을 알아주지 못할 때 그녀는 무기력한 동물의 이미지로 비유된다. 이블린이 사회적 요구에 의해 규정된 정체성에 따라 사는 것이 아니라 자신의 고유한 내면적 욕구에 따라 여성으로서 존중받는 삶을 살 때에만 그녀는 진정으로 사랑의 관계를 맺을 수 있을 것이다. 그런 차원의 사랑과 성적 관계가 우리 시대에 존재하는가를 조이스는 묻는다. 조이스는 이 과제를 그의 마지막 작품에서 다음의 질문으로 요약한다. "누가 나를 이해해 줄 사람이 있나요?"(『피네건즈 웨이크』 627.15)

거티가 꿈꾸는 낭만적 사랑은 어떠한가. 그녀가 내면화하는 숙녀이데올로기의 자연스러운 결과는 그에 걸맞는 낭만적 사랑과 결혼이다. 오직 사랑만이 중요하다고 그녀는 단정한다. "어떤 일이 닥쳐오든 그녀는 제멋대로, 속박 없는, 자유로운 몸이 되리라"(299). 이블린의 형상화에서도 그랬듯이, 거티의 미숙한 태도를 대하는 서술자의 시선은 비판적이거나 냉소적이지만은 않다. 오히려 연민의 정서가 강하다. 세상물정을 모르는 듯한 거티의 미숙한 정서를 묘사하는 서술자의 시선에는 그녀가 아직 성숙한 여성이 아니라는 조건에 대한 섬세한 배려가 있다. 설령 거티가 꿈꾸는 사랑이 현실과는 동떨어진 낭만적 백일몽일지라도 그렇게 된 현실적 정황이 작용한다는 것을 서술자는 강조한다. 거티는 자신이 "도더 강변의 마굴 지역 근처를 군인들이나 야비한 사내들과 함께 걸어다니는 타락한 여자들"(299)과는 다르다고 자부한다. 그러나 조이스는 거티를 「써시」("Circe") 에피소드에서 "난잡한 여자"(361)로 다시 등장시키면서 그녀가 그어 놓은 가정의 정숙한 숙녀/거리의 타락한 여자 사이의 경계선이 그렇게 확고부동하지 않다는 것을 보여 준다. 가정에 갇힌 숙녀의 삶이 사실은 거리의 여자들의 삶과 별반 다를 바 없다는 인식에는 평생 동안 제도화된 결혼에 비판적인 입장을 견지했던 조이스의 신념이 스며 있다. 거티는 "튼튼하고 조용한, 아마 그의 머리카락이 얼마간 흰빛으로 점점이 서려 있는, 씩씩한 얼굴을 가진 남자다운 남자"(288)와의 낭만적 사랑을 꿈꾼다. 그녀의 모습은 이블린과 비슷하다. 그러나 중요한 차이점이 있다. 남자다운 남자를 기대하는 거티의 이상화에는 상투화된 남성성에 대한 낭만화된 동경이 있다. 비록 그녀가 명료하게 인식하지는 못했지만, 이블린에게는 존중받는 삶에 대한 욕망이 낭만적 사랑보다 더욱 중요하다.

거티의 경우 사랑과 행복한 결혼에 대한 낭만적 동경은 이블린의 경우보다 강하다. 거티는 사랑을 "여성의 타고난 권리"(288)라고까지 이상화한다. 거티가 꿈꾸는 낭만적 사랑과 행복한 결혼은 요정이야기의 구도를 따른다. 그녀의 외모 묘사 또한 요정이야기의 공주를 연상케 한다. 백일몽의 꿈이 자신을 익사시킬지도 모른다는 무의식적인 공포로 이블린은 프랭크를 따라가지 못했다. 반면에 거티는 요정이야기의 공주로서의 꿈을 버리지 않는다. 그러나 그녀가 처한 현실은 요정이야기의 현실과는 거리가 멀다. 거티의 현실은 계급, 신분, 교육, 그리고 무엇보다도 돈에 따라 한 사람의 사회적 가치가 평가되고 삶의 질이 달라지는 식민지 자본주의 사회다. 거티는 부유하지 않다. 그래서 거티는 역설적으로 요정이야기 속의 공주라는 낭만적 꿈에 강하게 집착한다. 현실이 궁핍할수록 환상은 커진다.

> 만일 친절한 운명의 여신이 그녀에게 뜻을 품어 그녀 자신의 물려받은 권리로서 상류사회의 훌륭한 숙녀로 태어나게 했더라면 그리고 만일 그녀가 단지 훌륭한 교육의 혜택을 받기라도 했더라면 거티 맥도웰은 이 나라의 어떤 숙녀와 비교해도 조금도 손색이 없었을 뿐 아니라 그녀의 이마를 보석으로 아름답게 장식하고 귀족의 구혼자들이 그들의 경의를 그녀에게 표하기 위하여 서로 앞을 다퉈 발꿈치로 따르는 것을 볼 수 있었으련만. (286)

조이스 작품의 여성들은 몇몇 예외를 빼고는 대개가 빈한한 하층계급여성들이다. 거티도 그들 중 하나로서 “그녀 자신의 물려받은 권리”를 갖고 태어나는 행운을 얻지 못했다. 더욱이 그녀는 다리가 불구다. 거티가 처한 궁핍한 상황이 그녀의 환상과 백일몽에 대한 섣부른 재단을 어렵게 한다. 서술자도 이 점을 분명히 제시한다. “속옷으로 말하면 거티가 가장 세심한 주의를 기울이는 것으로 아리따운 17세 소녀의 오락가락하는 희망과 근심을 알고 있는 사람이라면 (거티에게 다시는 17세가 되돌아오지는 않을 것이지만) 그녀를 나무랄 마음이 생길 수 있을까?”(288)

블룸에게서 자신을 구원해 줄 남자다운 남자의 이미지를 찾는 거티의 환상은 깨질 수밖에 없다. “그녀는 아까 바위 위에 앉아 쳐다보고 있던 저 낯선 신사가 빼꾸기였음을 눈치 챘던 것이다. ‘빼꾹 빼꾹 빼꾹’”(313). 그녀는 환상과 현실 사이의 거리를 느낀다. 그러나 이블린의 경우에 그랬듯이, 거티의 경우에도 이런 깨달음이 얼마나 깊이가 있고 자신의 고유한 주체성에 대한 자각으로 이어지는지는 의문이다. 프랭크를 따라가지 않는 이블린의 어려운 결정 뒤에는 명료하지는 않지만 자신이 원하는 것이 무엇인가에 대한 자각이 있었다. 이블린에게 중요한 것은 여성으로서 존중받는 삶이다. 존중받는 삶을 얻기 어려운 이유는 가부장적 식민지 현실의 물질적 억압성 때문만은 아니다. 가부장적 이데올로기가 무서운 것은 피억압자인 여성의 (무)의식을 식민화하기 때문이다. 이블린과 거티가 보여 주는 식민지 여성의 우울한 모습은 『젊은 예술가의 초상』에서도 발견된다.

제4장

젊은 예술가와 여성들: 『젊은 예술가의 초상』과 『영웅 스티븐』 읽기

1. 20세기 예술가소설의 가능성

『젊은 예술가의 초상』에 그려진 여성인물형상화의 문제를 제대로 논하기 위해서는 먼저 이 작품이 지닌 예술가소설이라는 성격을 검토할 필요가 있다. 주지하듯이 20세기 성장소설은 대개 예술가소설이다. "1903년 이후 주요 작가의 거의 대부분의 처녀작은 성장소설, 특히 예술가소설의 형태였다는 지적은 이 무렵에 교양소설이 취한 독특한 변신을 가늠케 한다. 전통적 의미의 부르주아적 활동이 개인의 자기실현을 더 이상 불가능하게 하는 현실, 대다수의 평범한 개인들은 부정성이 완고한 사회 질서를 다만 추수하고 있는 상황, 여기서 떨어져 나온 소수의 이단자들에 관한 이야기가 이 시기 예술가소설의 기본 구도다."[1] 『젊은 예술가의 초상』의 스티븐은 소수의 이단자들에 속한다. 스티븐에게는 그의 탄생을 가능케 한 미완성의 인물이 있다. 『영웅 스티븐』의 주인공 스티븐(Stephen Daedalus)이다.

고전 교양소설과 현대 교양소설의 내용과 형식의 차이는 근대시민사회의

1 최선령, 「20세기 초 교양소설의 두 갈래: 토마스 만과 조이스의 경우」, 『안과밖』 13호 (2003 상반기) 296면.

변화과정과 맞물려 있다. 고전 교양소설의 최종적 결과인 주인공의 성숙이란 무엇인가? 시민문화로 대표되는 사회현실과의 화해를 통해 이루어지는 고전 교양소설의 주인공의 성숙은 예술가적 성장을 다루는 현대 예술가소설에서는 얼마나 가능한가? 모레티가 적절히 지적했듯이 교양소설은 근대성의 상징적 형식이다. 교양소설은 근대시민사회의 등장과 발전에 긴밀히 결합되어 있으며, 근대시민사회가 드러내는 근대성의 역동적이고 모순적인 면모를 드러낸다. 교양소설의 뿌리를 이루는 근대시민사회의 변화에 따른 교양소설의 변모과정은 당연한 결과다.

조이스가 『젊은 예술가의 초상』이나 『영웅 스티븐』에서 다룬 현실은 개인과 사회의 손쉬운 화해가 더 이상 가능하지 않은 식민지 아일랜드의 상황이다. 식민주의의 문제, 더욱이 유럽 국가이면서 인접 국가인 영국의 오랜 식민 통치를 경험한 아일랜드의 독특한 상황은 근대시민문화가 제시한 새로운 유럽문명의 가능성이 심각한 한계에 이르렀음을 말해 준다. 이에 반해 괴테(Johann W. Goethe)의 『빌헬름 마이스터의 수업시대』(*Wilhelm Meisters Lehrjahre*)의 빌헬름이 받은 삶의 수업은 뿌리를 내려가는 근대시민사회의 역동성과 새로운 문명 창조의 가능성에 대한 강한 낙관에 근거한다. 이 작품은 무엇보다 괴테가 지녔던 낙관주의에 기반하여 한 미숙한 젊은이가 근대적인 시민으로 성숙해 가는 과정을 탐색한다. 자신의 시민적 소명을 깨닫기까지 빌헬름이 보여 주는 교양습득의 과정, 특히 연극의 심취를 통한 예술적 교양이 강조되는 수업시대의 특징은 현대 예술가소설이 주목하는 예술가로서의 성장 자체보다는 예술을 통한 시민적 교양의 습득과 성숙, 그리고 궁극적으로 시민사회로의 귀환이다. 고전 교양소설에서는 한 개인의 시민적 교양의 완성이 그가 돌아갈 곳, 이제 태동하는 시민사회라는 사회적 현실에서 조화롭게 완성된다.

그렇다면 더 이상 개인과 사회의 화해가 어려워진 시대, 달라진 시민사회의 현실에서도 고전 교양소설의 성취는 가능할까. 고전 교양소설과 구별되는 현대 교양소설, 특히 20세기 초반에 널리 창작되고 발표된 새로운 교양소설의 특징적 면모는 조이스가 로런스(D.H. Lawrence)나 토마스 만(Thomas Mann)과 더불어 개척한 예술가소설의 성취에서 잘 드러난다. 20세기 교양소설에서는 현실과의 섣부른 화해나 조화를 통한 한 개인의 정신적 성숙이 아니라 오히려 개인과 사회 사이에서 생기는 혼돈과 갈등이 심도 있게 다루어진다. 고전 교양소설에서는 주인공이 사회로부터 직접적으로 배제되는 반면에 20세기 교양소설에서는 주인공과 사회 사이에 존재하는 넘을 수 없는 정신적 거리가 강조된다.[2] 20세기 교양소설이 대체로 예술가소설의 형태를 취하는 데는 이런 변화된 현실이 깔려 있다. 개인과 사회 사이에서 발생하는 혼돈과 갈등의 성격을 파헤치는 데는 어떤 인물보다 예술가가 걸맞는 인물이기 때문이다. 20세기 초에 예술가소설이 대거 등장한 배경으로 세 가지가 작용했다. 첫째, 고전 교양소설의 토대를 이루었던 시민사회의 역동성이 점차 그 활력을 잃어간다. 둘째, 그와 함께 시민대중은 점점 경직되어 가는 사회체계에 순응한다. 셋째, 경직된 사회 문화적 현실에 가장 강력하게 저항하는 이들이 시민사회의 주류에서 점점 밀려나는 사람들, 특히 예민한 감수성을 지닌 주변적 존재들인 예술가들이다.

루카치의 지적대로 고전 교양소설의 주제는 방황과 성숙이다. 방황을 통해 주인공은 정신적으로 성숙해지고 사회와 화해한다. 현대 예술가소설의 주인공들이 보여 주는 새로운 자기인식과 그를 통한 성숙은 양상이 다르다. 이제 더 이상 사회와의 손쉬운 화해는 어렵다. 괴테의 『빌헬름 마이스터의 수업시대』로 대표되는 고전 교양소설의 특징을 『영웅 스티븐』이나 『젊은 예술가의 초상』과 비교해 보면 이 점이 분명해진다. 그런 차이는 현대 교양소설, 특히 예술가소설의 등장의 토대를 이루는 변모된 사회문화적 상황 때문이다. 달라진 근대시민사회의 변화는 주인공의 내적 욕망과 성숙의 양상

2 Breon Mitchell, "*A Portrait* and the Bildungsroman tradition," *Approaches to Joyce's Portrait: Ten Essays* (Pittsburgh: U of Pittsburgh P) 68면.

에 심대한 차이를 가져온다. 스티븐은 더 이상 빌헬름이 될 수 없다. 『젊은 예술가의 초상』은 토마스 만의 『토니오 크뢰거』(*Tonio Kröger*, 1904)와 더불어 통상 20세기 성장소설, 혹은 예술가소설의 대표 격으로 꼽힌다. 그리고 미완성 습작인 『영웅 스티븐』은 『젊은 예술가의 초상』의 밑그림으로만 평가된다. 이 장에서는 이런 통상적인 『영웅 스티븐』 평가의 타당성을 다시 검토한다. 『영웅 스티븐』에서 『젊은 예술가의 초상』으로의 개작과정을 비교검토하면서 조이스가 어떤 달라진 서술기법과 인물 형상화를 시도하고 있는지, 그리고 그 시도를 통해 얻은 것과 잃은 것은 무엇인지 등을 살펴본다. 특히 『젊은 예술가의 초상』과 『영웅 스티븐』에서의 서술기법의 차이에 초점을 맞춘다. 주요 쟁점은 다음과 같다. 『젊은 예술가의 초상』에서 사용되는 극적 아이러니 기법이 서술자/작가와 스티븐 사이에 존재하는 긴장, 즉 이들 사이의 공감과 거리감을 동시에 보여 주는 데 어떻게 기여하는가? 극적 아이러니 기법이 고전 교양소설과는 구분되는 새로운 현대 예술가소설의 탐색에 어떤 역할을 하는가?

기존의 『젊은 예술가의 초상』 연구에서는 교양소설의 특징이라는 작품의 표면적 서술구조에 집착하면서 스티븐의 예술가적 성숙의 함의를 고전 교양소설의 그것과 동일한 것으로 손쉽게 치부한다. 고전 교양소설의 주인공들과 구분되는 스티븐의 갈등과 고뇌, 그를 통한 예술가적 자기인식과 성숙은 무엇보다 그가 살고 있는 아일랜드 식민지 현실에서 비롯된다. "그런데 이처럼 『젊은 예술가의 초상』이 20세기 초반 교양소설의 큰 흐름을 대표한다 할 뚜렷하게 징후적인 특징을 지니게 된 데에는 식민지로서의 아일랜드라는 작품 배경이 중요한 역할을 한다"(최선령 306). 식민현실에서 스티븐은 고전 교양소설의 주인공들과는 다른 모습을 보인다. 그는 화해와 조화가 아니라 그가 서 있는 현실에서 심한 갈등과 혼란을 겪는다. 그는 현실과의 화해가 아니라 현실의 탈출을 통해 예술가의 길을 추구한다. 스티븐에게 탈출은 『젊은 예술가의 초상』의 결론이 보여 주듯이 자발적 망명(self-exile)의 길이다.

스티븐이 택한 자발적인 망명을 통한 예술가적 성장의 길은 고전 교양소설의 화해와는 다른 선택이다.

2. 『영웅 스티븐』에서 『젊은 예술가의 초상』으로의 개작

조이스는 1907년 9월에 『젊은 예술가의 초상』을 쓰기 시작했다. 그리고 그보다 3년 전인 1904년에 『영웅 스티븐』을 쓰기 시작했다.[3] 조이스는 『영웅 스티븐』과 함께 『더블린 사람들』을 동시에 썼다. "그[조이스]는 [1904년] 1월 7일 하루 만에 아무 주저 없이 자기 자신에 대한 찬양과 야유가 뒤섞인 자서전적인 이야기를 썼다. [조이스의 동생인] 스태니슬로스가 시사한 대로 조이스는 이를 '젊은 예술가의 초상'이라고 불렀고 편집인들에게 보냈다. 이것은 조이스의 성숙한 작품의 경이로운 시작이었다. 이 글을 장편으로 개작한 것이 바로 『영웅 스티븐』이며, 그 후 중간 길이로 줄여서 펴낸 것이 『젊은 예술가의 초상』이다. 그러나 이 과정에는 10년이 걸렸다"(Ellmann 144).

『더블린 사람들』과 『영웅 스티븐』은 거의 같은 시기에 씌었다. 이 두 작품이 공유하는 사실주의적인 서술기법은 『젊은 예술가의 초상』과 구별된다. 『젊은 예술가의 초상』은 앞의 두 작품의 파편적이고 사실주의적인 기법이 아니라 인물의 정신적 활동의 기억에 초점을 맞추는데, 이를 통해 상상적인 것과 객관적인 것이 뒤섞인다(Ellmann 207-208, Riquelme 111). 조이스 자신의 발언도 이 점을 뒷받침해 준다.

> 당신은 내[조이스]가 어떤 의미로는 소설을 자서전적으로 써야 한다고 시사한다.

3 John Paul Riquelme, "*Stephen Hero* and *A Portrait of the Artist as a Young Man*: Transforming the nightmare of history," *The Cambridge Companion to James Joyce* (Second edition). ed. Derek Attridge (London: Cambridge University Press, 2004) 103면.

> 내 생각으로 내가 당신에게 말한 대로 그런 소설의 1,000면, 정확히 말해 914면을 이미 썼다. 대략 책 반권 분량의 이들 25장들은 150,000 단어쯤 되리라 추정한다. 그러나 현재 상황에서 내가 책의 나머지 부분을 쓰는 것은 고사하고 그것에 관해 생각하는 것조차도 아주 불가능하다.[4]

조이스의 설명에 따르면 그가 1904년과 1906년 사이에 『영웅 스티븐』을 쓴 것은 분명하다. 이 작품의 앞부분을 구성하는 518면은 사라졌다. 그래서 이 작품의 유기적 통일성에 대해 논란의 여지가 있다. "그러나 앞 페이지의 상실이 매우 애석하지만, 남은 383면은 그들 나름대로 일종의 통일성을 지닌다"(Spencer 9). 1906년, 혹은 1907년경 조이스는 『영웅 스티븐』을 다섯 장으로 구성된 『젊은 예술가의 초상』으로 개작할 결심을 한다.

『영웅 스티븐』은 나중에 출판된 『젊은 예술가의 초상』과 매우 다르다. 내용과 형식에서 모두 차이가 있다. 우선 『영웅 스티븐』이 그리는 383면의 이야기는 『젊은 예술가의 초상』의 단지 마지막 80면 분량을 차지한다. 『영웅 스티븐』은 파편적으로 『젊은 예술가의 초상』에 포함된다. 널리 지적되듯이, 『영웅 스티븐』에는 『젊은 예술가의 초상』에 등장하는 인물들과 사건들이 비슷하게 등장하지만, 그들을 그리는 방식은 달라졌다. 서술기법으로 볼 때도 『영웅 스티븐』은 『더블린 사람들』과 비슷하게 사실주의적 묘사를 한다. 『젊은 예술가의 초상』에서 발견되고, 후기작인 『율리시스』나 『피네건즈 웨이크』에서 꽃을 피우는 문체상의 혁신은 나타나지 않는다.

> 영혼의 성장을 태아의 성장처럼 인식함으로써 조이스는 이 작품[『젊은 예술가의 초상』]의 이미지를 얻었을 뿐만 아니라, 임신과정의 본래적 요소들을 가공하고 또 재가공할 자신을 갖게 되었다. 스티븐의 성장은 파도의 형상을 하고서, 살집이 늘어나고 욕구와 욕망을 구체화하면서 돌고 돌며, 그러나 궁극적으로는 언제나 앞으로 나아간다. 앞뒤로 빛을 내뿜는 풍경을 위하여 『영웅 스티븐』의 에피소드 중심의 골

4 Theodore Spencer, "Introduction," *Stephen Hero* (New York: New Directions, 1963) 8-9면.

격이 포기되었다. (Ellmann 297)

통상적으로 『젊은 예술가의 초상』을 조이스의 대표작으로 꼽는 관점에서는 조이스가 포기한 에피소드 중심의 골격에 관심을 기울이지 않는다. 『영웅 스티븐』은 『젊은 예술가의 초상』의 미완성 전작(forerunner)으로만 간주된다. 『젊은 예술가의 초상』과 그 습작 격인 『영웅 스티븐』에는 흥미로운 차이가 존재한다. 『영웅 스티븐』에서는 유니버시티 칼리지(University College)에 입학한 스티븐(Stephen)의 지적 성장과정, 『초상』으로 보면 작품의 후반부에 해당하는 시기가 다루어진다. 『젊은 예술가의 초상』은 스티븐의 성장과정을 유년기부터 청년기에 이르기까지 포괄한다. 그리고 과거가 현재의 관점에서 서술된다. 서술에는 1인칭과 3인칭 시점이 혼합된 자유간접스타일이 능숙하게 활용되면서 극적 아이러니를 만들어 내는 데 기여한다. 그러나 『영웅 스티븐』은 습작에 그치지 않는다. 『영웅 스티븐』은 분명히 파편적으로 수집된 단편들이 엮인 미완성 작품이다. 또한 작품의 상당부분이 유실되었다. 그러나 남아 있는 부분만으로도 『영웅 스티븐』에는 작품 자체의 별도 연구를 요구하는 예술적 성취가 담겨 있다.

『영웅 스티븐』에서 스티븐을 대하는 서술자/작가의 태도는 『젊은 예술가의 초상』과는 다르다. "『영웅 스티븐』과 『젊은 예술가의 초상』의 서사구조는 주인공의 성(surname)의 표기법의 차이보다 더 중요한 차이를 드러낸다"(Riquelme 108). 『영웅 스티븐』에서는 고유한 개성을 지닌 인물들로 그려지는 스티븐 주위 인물들, 그의 가족, 친구 등이 스티븐을 대하는 태도를 통해 스티븐에 대한 작가/서술자의 비판적 거리가 좀 더 분명하게 제시된다. 반면에 스티븐의 의식에 서술의 초점이 맞춰지고 다른 인물들은 뒷전으로 밀려나는 구조를 지닌 『젊은 예술가의 초상』에서는 다른 인물들이 스티븐에게 보이는 태도가 아니라 그의 주위 사람들, 그리고 억압적인 아일랜드 식민지 현실을 대하는 스티븐 나름의 비판적 입지에 대한 서술자/작가의 공감과 비판이 어우러진 극적 아이러니가 부각된다.

기존 『젊은 예술가의 초상』 연구에서는 작품의 주제 연구와 형식 연구가 분리되는 경향을 보인다. 작품의 주제연구에 치중하는 입장은 몇 가지로 대표된다. 우선 전통적인 주제연구가 있다. 고전 교양소설의 계보에 속하는 것으로 『젊은 예술가의 초상』을 자리매김하고 이 작품이 지닌 교양소설적 면모를 탐구하는 시각이다. 탈식민주의나 여성론을 원용한 연구에서는 식민주의의 문제를 대하는 조이스의 태도가 작품의 사건과 인물들의 관계에서 드러나는 양상, 특히 스티븐이 여성인물들을 대하는 태도의 문제성에 주목하는 읽기를 시도한다. 정신분석학적 작품 읽기에서는 스티븐과 어머니의 관계에 주목하면서 오이디푸스 콤플렉스의 작동양상을 아일랜드의 독특한 가족형태와 연관짓는다. 『젊은 예술가의 초상』의 형식연구는 작품의 서술 방식의 문제, 스티븐의 예술형식론과 『젊은 예술가의 초상』의 형식과의 관계 문제, 작가/서술자와 주인공의 거리 문제 등이 주로 논의된다. 그러나 주제연구와 형식연구는 서로 결합되지 못하고 따로 이루어지는 경향이 있다. 서술자의 역할, 서술자/작가와 주인공 사이에 존재하는 거리와 거기서 생기는 극적 아이러니의 효과에 주목하는 형식 연구는 『젊은 예술가의 초상』의 주제적 연구들과 결합될 필요가 있다.

기존 『젊은 예술가의 초상』 연구에서는 서술자/작가와 스티븐의 거리 문제를 다루는 태도는 크게 네 가지 입장이 있다. 이런 연구는 1944년 『영웅』의 초고가 발견되면서부터 더욱 본격적으로 이뤄진다. 첫째 입장은 서술자/작가가 스티븐에 대해 비판적인 거리를 취한다고 보는 입장이다. 케너(Hugh Kenner) 등의 비평가를 중심으로 한 이들은 이른바 '스티븐 혐오자'(Stephenhater)라 불린다. 이들 비평가들은 서술자/작가와 스티븐의 거리에서 생기는 아이러니를 부각시킨다. 둘째 입장의 비평가들은 작가/서술자가 기본적으로 스티븐에게 공감과 호의를 보인다고 설명한다. 『젊은 예술가의 초상』에서 아이러니의 문제가 거론되기 전까지 영향력을 행사했던 전통적인 관점이다. 서술자/작가와 스티븐을 동일시함으로써 『젊은 예술가의 초상』을 고전 교양소설의 계보를 잇는 작품으로 평가한다. 세 번째 입장은 작가와 스티븐의 거리 문제는 작품 연구에 중요하지 않다고 보면서 거리 문제의 중요성을 인정하지 않는다. 네 번째는 절충적인 입장이다. 스티븐을 긍정적인 면과 부정적인 면을 모두 지닌 인물로 보면서 그에 대한 서술자/작가의 태도는 문제 삼지 않는다. 이 입장은 첫 번째와 두 번째 입장을 절충한 것이다. 이런 각각의 입장은 그 나름의 설득력이 있다.

『젊은 예술가의 초상』의 서술자/작가의 시선과 스티븐 사이에는 공감과 비판이 겹쳐 있는 미묘한 긴장관계가 존재한다. 그런 긴장관계에서 극적 아이러니가 발생한다. 작품의 극적 아이러니를 좀 더 세심하게 조명할 필요가 있다. 『초상』은 『영웅』에 비해 분명 절제된 작품이다.

> 그[조이스]는 경제성을 목표로, 그리고 그는 그의 행동의 중심을 가능한 한 그의 영웅[스티븐]의 의식 속에 집어 넣으려고 시도하고 있었다. 이것을 하기 위해 그는 분명히 이야기나 등장인물을 하나씩 객관적으로 차례로 제시하는 방법, 다시 말해 『젊은 예술가의 초상』의 방법보다는 결국 『더블린 사람들』의 방법을 희생시키려고 결심했다. 그 결과 『젊은 예술가의 초상』은 초기 판본보다 더 강렬하고 집중적이며, 좀 더 초점을 지닌다. 레빈(Harry Levin) 씨가 관찰하듯이, 『젊은 예술가의 초상』에서 '극은 독백 때문에 퇴거해 버렸다' (중략) 『젊은 예술가의 초상』에서는 열려진 문을 통하는 것 대신 열쇠구멍을 통해 방을 본다. (중략) 현재의 판본[『젊은 예술가의 초상』]에서 문은 열려 있고 모든 것은 가능한 한 볼 수 있게 되어 있다. 마음의 이미지를 바꾸기 위하여 우리는 여기서 사물을 조명 아래서라기보다는 햇빛 아래서 본다. 여기에는 좀 덜한 강조와 덜한 선택과 덜한 기교가 있다. (Spencer 12)

위의 분석은 작품의 개작을 통해 잃은 것과 얻은 것을 요약한다. 『젊은 예술가의 초상』은 『영웅 스티븐』보다 절제되어 있고 유기적 구성에서 탁월하다. 조이스는 절제미와 유기적 통일성을 위해 작품의 경제성을 목표로 개작한다. 그 결과 『젊은 예술가의 초상』이 지닌 극적 구성의 방법, 즉 이야기나 등장인물을 하나씩 객관적으로 차례로 제시하는 방법, 다시 말해 『젊은 예술가의 초상』의 방법보다는 결국 『더블린 사람들』의 방법을 희생한다. 외견상 3인칭 서술자 시점을 택하는 것처럼 보이지만 『젊은 예술가의 초상』의 서술은 기본적으로 독백이다. 따라서 독자는 서술자와 주인공 사이에 존재하는 공감과 비판의 복합적인 시선을 놓치기 쉽다. 극적 아이러니의 효과는 작가와 서술자, 주인공 사이에 존재하는 복합적 시선을 전달한다.

『영웅 스티븐』에서는 좀 더 직접적으로 스티븐의 미숙함이 다른 인물들과의 관계를 통해 드러난다. 극적 구성의 장점이다. 각 인물들은 그 나름의 세계를 살며, 각각의 개성을 지닌다. 그러나 독백의 서술기법이라 할 만한 『젊은 예술가의 초상』은 스티븐이 경험할 예술가 수업의 험난함을 극적 아이러니를 통해 보여 준다. 극적 아이러니는 한 가지를 말하면서 그와 다른 것을 동시에 뜻하는 상황에서 생기는 아이러니를 가리킨다. 극적 아이러니는 스티븐이 놓인 아일랜드의 식민상황처럼 손쉽게 어느 한 가지를 선택하지 못하는 곤혹스러운 상황에서 발생한다.

> 극적 아이러니는 『오이디푸스 왕』의 고전적 예에서 보는 바와 같이, 등장인물이 자신의 행동에 관해 이해하는 것과 관객이 그것에 관해 알고 있는 것, 혹은 그 극이 그것에 관해 최종적으로 드러내는 것 사이에 간극이 벌어져 있는 극중 상황을 일반적으로 가리킨다. 이런 종류의 아이러니 자체는 특정 발언에 아이러니 효과가 집중되어 있는 언어의 아이러니와 대비하여 상황의 아이러니라고 부르는 것의 특별 사례에 해당한다.[5]

『젊은 예술가의 초상』에서 드러나는 서술자/작가와 스티븐 사이의 거리, 그 거리에서 생기는 공감과 비판의 미묘한 결합은 스티븐의 자기인식과 서술자/작가 그리고 독자의 인식 사이에 차이를 발생시킨다. 그런 효과가 극적 아이러니이다. 극적 아이러니는 고전 교양소설의 주인공들과는 다른 상황, 더 이

5 조셉 칠더즈 · 게리 헨치, 『현대 문학 문화 비평용어 사전』(문학동네, 1999) 247-48면.

상 자신이 놓인 현실과 손쉬운 화해를 하기 어렵게 된 젊은 예술가의 곤경을 상징적으로 드러내는 데 효과적이다.

통상 『젊은 예술가의 초상』의 주제는 주인공 스티븐의 예술가적 고뇌와 성숙으로 요약된다. 이런 통념은 많은 진실을 담고 있는 반면에 숨겨진 진실을 가리기도 한다. 데리다에 기대어 말하면 때로 진실은 텍스트의 여백에 있으며, 『젊은 예술가의 초상』의 경우 텍스트의 여백은 여성인물들을 대하는 주인공 스티븐의 태도에서 전형적으로 드러난다. 식민지 아일랜드의 젊은 예술가로서 스티븐은 자신의 정신을 옥죄는 현실에 저항한다. 그의 저항은 상당부분 독자의 공감을 얻는다. 그러나 동시에 서술자/작가는 스티븐의 그런 정당한 저항에 도사린 위험성을 놓치지 않는다. 이 공감과 비판의 간극에서 극적인 아이러니가 발생한다. 자신을 억압하는 사회적 힘들에 맞서는 탈출구로서 종교적 구원의 역할을 맡게 되는 예술. 그러나 바로 그렇기 때문에 스티븐이 택한 예술가의 길은 이상화되고 신비화될 가능성이 많다는 점을 작품의 극적 아이러니는 상기시킨다. 『젊은 예술가의 초상』에서 스티븐이 펼치는 예술이론과 작품의 끝 부분에서 사용된 일기형식 사이에서 발생하는 극적 아이러니는 특히 주목할 만하다.[6]

스티븐은 예술적 형식의 3단계 발전론을 제시한다. 예술가가 자기 이미지를 자신과의 직접적 관계에서 제시하는 서정적 형식이 첫 번째 단계다. 두 번째 단계는 예술가가 자기 이미지를 자신과 남의 관계에 대한 간접적 관계에서 제시하는 서사적 형식이다. 마지막으로 예술가가 자신의 이미지를 타인에 대한 직접적 관계에서 제시하는 극적 형식이 있다. 극적 단계에서 작가는 마치 신과 같이 작품으로부터 초월하여 작품에 존재를 드러내지 않는다. 그렇다면 스티븐의 예술이론에 대해 서술자/작가는 어떤 태도를 취하는가.

6 Michael Levenson, "Stephen's diary: The shape of life," *Critical Essays on James Joyce's A Portrait of the Artist as a Young Man*, eds. Philip Brady and James F. Carens (New York: G.K. Hall & Co., 1998).

『젊은 예술가의 초상』 자체가 혹시 스티븐이 펼치는 예술이론의 증거는 아닌가. 스티븐의 예술이론을 그가 예술가적 성숙을 달성한 징표로 유보 없이 받아들여도 좋은가. 이런 질문들이 제기된다. 이런 질문과 관련하여 『영웅 스티븐』의 경우 서술자는 스티븐의 견해에 동정적이다.

> 스티븐은 어린 딜레탕티즘의 정신으로 예술에 정진하지 않았으나, 만사의 의미심장한 핵심을 꿰뚫으려고 노력했다. 그는 인류의 과거 속으로 생각을 되돌렸으며, 사람들이 그의 진흙의 바다로부터 출현하는 용들의 비전을 보듯이, 떠오르는 예술의 희미한 빛을 포착했다. 그는 모든 노래의 전신이라 할, 공포와 즐거움과 경이의 아우성, 노를 당기는 어부들의 야만스러운 운율을 거의 듣는 듯 그리고 레오나르도 다빈치와 미켈란젤로가 유산으로 물려받은 인간들의 조잡하게 휘갈겨 쓴 글씨와 휴대용의 신들을 보는 듯했다. 역사와 전설의, 사실과 가정의 모든 이런 혼돈 위로, 그는 질서의 선을 긋고 과거의 심연을 도형에 의한 질서로 줄이려고 노력했다.
> (『영웅 스티븐』 33, 이하 『영웅』으로 약칭하고 면수 병기)

그러나 『젊은 예술가의 초상』에서 서술자의 태도는 유보적이다. 『젊은 예술가의 초상』에서 스티븐의 예술이론에 대해 서술자/작가가 취하는 유보적 태도와 관련해 작품 끝부분에 삽입된 스티븐의 일기는 시선을 끈다. 조이스는 왜 『젊은 예술가의 초상』에서 줄곧 극적 형식의 요건인 3인칭 서술자 형식을 취하다 결말에 가서 1인칭 시점의 일기 형식을 택하는가? 이런 구성은 스티븐의 예술이론과 관련해 어떤 의미를 갖는가?

스티븐의 예술이론에 따르면 작품은 개성적인 서정적 형식에서 시작하여 작가의 존재가 전혀 드러나지 않는 비개성적인 극적 양식으로 발전한다. 그렇다면 이 작품은 오히려 반대의 경로를 취하고 있는 셈이다. 단어 하나를 골라 쓰는 데도 세심한 주의를 기울인 조이스가 작품의 구성을 이렇게 짰다면 거기에는 나름의 이유가 있을 것이다. 조이스는 스티븐의 예술형식 단계론을 거꾸로 사용함으로써 스티븐과 거리를 둔다. 다시 말해 일기를 자신의 작품인 『젊은 예술가의 초상』의 일부로 포함시킨 조이스와 독립된 작품으로서의 스티븐의 일기는 별개의 예술적 성취로 보아야 한다. 스티븐의 일기를 『젊은 예술가의 초상』의 일부로 본다면 그것은 작가 조이스가 사라지게 되는 극적 형식의 좋은 예가 된다. 그러나 이제 예술가의 길을 시작하는 젊은 예술가인 스티븐에게 그의 일기는 그가 앞으로 걸어갈 예술적 수련의 시작을 상징한다. 일기는 자신의 개성이 가장 잘 드러나는 서정적 형식의 예가 된다. 이렇게 작가는 스티븐의 예술이론을 스티븐의 일기에 그대로 적용함으로써 한 젊은 예술가의 불안한 초상을 그린다. 조이스는 이제 예술가로 성장하기 위한 망명의 길을 떠나는 스티븐의 예술가적 위상을 제시하는 데 일기형식을 삽입하여 스티븐이 아직 그가 주장하는 예술형식론의 초보 단계에 머물러 있음을 드러낸다. 작가는 스티븐이 아니다.

이런 조이스의 태도는 예술과 삶의 관계를 바라보는 스티븐을 대하는 시선에서도 확인된다. 스티븐은 삶의 양식을 언급하며 그 안에서 자신을 표현하는 예술을 창조하겠다는 포부를 당당히 밝힌다.

> 4월 26일 — 어머니는 내가 새로 구한 중고 옷가지들을 정돈하고 있다. 내가 고향과 친구들을 떠나 내 자신의 삶을 살면서 심정이란 무엇이며 심정으로 느끼는 바는 또 어떤 것인지를 배우게 되도록 어머니는 기도하겠다고 말한다. 아멘. 그렇게 되어야지. 다가오라, 삶이여! 나는 체험의 현실을 몇 백만 번이고 부닥쳐보기 위해, 그리고 내 영혼의 대장간 속에서 아직 창조되지 않은 내 민족의 양심을 벼리기 위해 떠난다. (『젊은 예술가의 초상』 252-53, 이하 면수만 병기)

그러나 스티븐이 유럽대륙, 더 구체적으로는 파리로 예술적 망명을 떠나면서 내세운 명분인 창조적 삶, 자기 해방의 길은 얼마나 깊이 있는 통찰에서 나온 것일까. 창조를 위해 척박한 아일랜드 현실에서 망명한다면 그가 구상하는 예술적 망명 혹은 도피를 통해 얻을 수 있는 예술적 창조의 결실은 무엇인가? 그리고 자기해방을 위한, 새로운 역사로의 회귀를 위한 도피라면 무엇으로부터 해방이며 어떤 역사로의 회귀인가? 이런 질문들이 스티븐을 대하는 서술자/작가의 시선에서 느껴진다.

『젊은 예술가의 초상』의 극적 아이러니는 종교와 예술을 대하는 스티븐의 태도를 서술하는 대목에서도 확인된다. 스티븐은 어머니의 뜻을 거스르면서 아일랜드 기독교를 비판한다. 스티븐은 성직자가 될 것을 권유하는 교장의 제안을 거부한다. 그는 예술의 사제가 되겠다고 결심한다.

> 그의 영혼은 소년 시절의 무덤에서 일어나 그 시절의 수의를 떨쳐버렸다. 그렇다, 그렇다, 그렇다! 그와 같은 이름을 가진 그 옛날의 위대한 명장(名匠)처럼, 그도 이제는 영혼의 자유와 힘을 밑천으로 하나의 살아 있는 것, 아름답고 신비한 불멸의 새로운 비상체를 오만하게 창조해 보리라. (170)

스티븐은 자신이 믿지 않는 어떤 것도 따르지 않겠다는 단호한 결심으로 예술가의 길을 가겠다고 다짐한다. 그가 찾고자 하는 "신비한 불멸의 새로운 비상체"인 예술은 신을 경배하는 종교의 초월적 성격과 유사하다.

스티븐이 제시하는 미학이론은 위대한 교부철학자인 토마스 아퀴나스(St. Thomas Aquinas)의 이론을 바탕으로 전개된다. 스티븐이 구상하는 예술작품의 탄생과정은 기독교의 육화(incarnation)개념에 기댄다. 예술가는 현실에 존재하지 않는 새로운 것을 창조하는 신의 존재에 비견된다. 독자는 주인공의 자기인식과 독자의 인식 사이에서 생기는 극적 아이러니를 경험한다. 이런 극적 아이러니는 작품에서 빈번하게 드러나는 아이러니를 드러내는 종교적 상징들(Ironic Religious Symbolism)에서도 확인된다. 우선 스티븐이라는 이름은 기독교 최초의 순교자인 성 스티븐(St. Stephen)에서 따온 것이다. 스티븐은 진리의 계시를 표현하는 기독교적 개념인 에피퍼니(epiphany)를 자신의 예술론의 핵심적 개념으로 사용한다. 스티븐은 자신을 예수와 동일시하고 친구 크랜리(Cranly)를 세례 요한으로 간주한다. 예수가 주위 사람들에게 버림받았듯이, 가족, 교회, 국가 등의 기존 체제로부터 억압되고 소외된 존재로 스티븐은 스스로를 규정한다. 의식적으로 거부하는 기독교의 모티프는 자연스럽게 스티븐이 예술가로 성장하는 데 자양분 역할을 한다.

그가 택한 예술가의 길은 그의 길을 위해 생활을 뒷바라지하는 주변여성인물들의 삶과 강렬한 대조를 이룬다. 여성인물들을 대하는 스티븐의 태도는 예술과 삶, 현실의 억압과 예술가의 의도된 고립이나 소외의 의미에 대해 여러 가지 의문을 갖게 만들며 그가 꿈꾸는 예술가의 길에 숨은 위험을 드러낸다.

3. 스티븐과 여성들

1980년대 이래 수정주의 비평, 특히 탈식민주의나 여성론의 강력한 영향으로 조이스 연구에도 새로운 흐름이 생겨난다. 이런 새로운 읽기를 통해 20세기 교양소설의 전범으로 꼽히는 『젊은 예술가의 초상』의 재평가가 이루어진다. 몇 가지 질문들이 제기된다. 왜 작가는 『젊은 예술가의 초상』에서 스티븐의 성장에만 초점을 맞추는 것일까? 스티븐의 예술가적 성장에 작가는 전적으로 동의하는 것일까? 여성인물들의 입체적 형상화가 시도된 『영웅 스티븐』과는 달리 『젊은 예술가의 초상』에서는 스티븐의 의식에 초점을 맞춤으로써 젊은 예술가의 성장에서 스티븐이 관계 맺는 여성들의 존재는 뒷전으로 물러난다. 그렇다면 스티븐이 여성들과 맺는 관계는 스티븐의 예술가의 성장에는 어떤 영향을 미치는가? 식민지 현실에서 그 현실과 도저히 화해할 수 없는, 그래서 그리스 신화에 나오는 이카루스(Icarus)처럼 현실을 탈출할 수밖에 없는 젊은 예술가 스티븐에게 서술자/작가는 공감한다. 그러나 조이스는 이카루스가 땅(현실이자 삶)에서 벗어나 태양(이상이자 예술적 비전)에 지나치게 가까워져서 추락할 수 있다는 위험을 동시에 제시한다.

『젊은 예술가의 초상』에서는 극적 아이러니를 통해 식민지 현실에서 젊은 예술가의 성숙과 탈출의 의미와 위험을 형상화한다. 반면에 『영웅 스티븐』에서는 극적 형식을 통해 서술자/작가와 스티븐의 거리가 나타난다. 『영웅 스티븐』의 미덕은 인물 형상화에서 두드러진다.

> 이런 특징 중에서 가장 분명한 것은 사건들과 사람들이 묘사되어 있는 풍부한 상세함이다. 예컨대, 디덜러스의 가족이 책의 최종적인 모습보다 한층 분명하게 보인다. 그 가족은 대학시절을 거쳐 스티븐의 정신적 자립의 도도한 성장에 엄청나게 불결한 배경을 제공한다. 최종판에서 그의 가족 구성원들은 스티븐이 대학에 갈 무렵에 접하여 장면에서 완전히 사라진다. (중략) 스티븐의 누이동생 이사벨의 병과 죽음을 처절하고도 충격적으로 설명한 것 역시 완전히 생략되어 있다.
>
> (Spencer 10-11)

가족들의 형상화만이 아니라 스티븐이 친구들과 맺는 관계도 다르게 나타난다. 『영웅 스티븐』에서는 "친구들이 더욱 분명하게 확인된다. 조이스는 그들의 외모와 견해를 서술함으로써 우리들을 그들에게 소개한다. 그들은 『더블린 사람들』의 인물들처럼 그들 나름의 독립된 현실을 산다. 그들은 『젊은 예술가의 초상』에서처럼, 극히 중요한 스티븐의 사상을 단지 소리내 주는 상자들 혹은 자동판매기가 아니다"(Spencer 12). 동일한 인물과 내용을 다루는 경우에도 그것들을 그리는 묘사방법에는 차이가 있다. 그런 차이는 어머니를 비롯한 여성인물들과 스티븐이 맺는 관계에서 두드러지게 나타난다.

> 심지어 동일한 사건들이 언급되었을 경우에도 『젊은 예술가의 초상』에서 사용한 것보다 한층 직접적이고 극적인 방식으로 다룬다. 이를 전형적으로 보여 주는 예는 그가 부활절 의무를 수행하는 것을 거절하는 내용을 다루는 것이다. 현재의 텍스트에서는 스티븐과 그의 어머니 사이의 논쟁이 대화 형식으로 되어 있다(131면 이후) — 틀림없이 실제로 일어났듯이 — 그리고 그것은 아주 효과적인 단편이다. 그러나 『젊은 예술가의 초상』 장면에서는 스티븐의 역사에 있어서 매우 중요한 한 장면이 크랜리와의 대화 속에 단지 언급된다. (Spencer 11)

『젊은 예술가의 초상』과 『영웅 스티븐』의 차이가 두드러지게 드러나는 부분은 여성인물들의 형상화방식이다. 『영웅 스티븐』에서는 여성 인물들의 목소리가 직접적으로, 극적으로 제시된다. 반면에 『젊은 예술가의 초상』에서는 서술의 초점이 주인공 스티븐에게 놓이고 작품의 모든 사건과 인물에 대한 해석이 스티븐의 의식에 의해 매개된다. 레빈의 언급에 기대면, 『젊은 예술가의 초상』에서는 "드라마가 물러난 자리에 독백이 들어선다."[7] 『영웅 스티븐』에 비해 『젊은 예술가의 초상』에서는 단성적인 서사(monolithic narrative)가 두드러진다.[8] 여기에는 식민지 더블린을 지배했던 공적 담론의 헤게모니가 작동한다. 식민현실의 담론은 가부장적이고 단성적이다.[9] 스티븐 주변의 여성들의 경우에도 그들의 고유한 목소리는 들리지 않는다. 성적 관계의 헤게모니가 작동하며 그런 헤게모니는 『젊은 예술가의 초상』의 서술 구조에도 확인된다.[10] 여성인물을 대하는 조이스의 시각은 창작활동의 진전에 따라 변화한다. 통상적으로 초기작보다는 후기작에서 조이스의 여성 형상화가 뛰어나다고 평가된다.[11] 그러나 『영웅 스티븐』과 『젊은 예술가의 초상』의 경우는 사정이 다르다. 『영웅』에서는 스티븐에 대한 서술자의 거리가 『젊은 예술가의 초상』보다 입체적으로 형상화된 인물들, 예컨대 어머니나 스티븐의 정신적 연인인 에머 클러리(Emma Clery)가 스티븐을 대하는 태

7 Harry Levin, *James Joyce: A Critical Introduction* (Norfolk, Conn.: New Directions, 1941) 48면.

8 Kevin Dettmar, *The Illicit Joyce of Postmodernism* (Madison: The U of Wisconsin P, 1996) 124면; M. Keith.Booker, *Joyce, Bakhtin, and the Literary Tradition* (Ann Arbor: The U of Michigan P, 1995) 222면.

9 R.B. Kershner, *Joyce, Bakhtin, and Popular Literature* (Chapel Hill and London: The U of North Carolina P, 1989) 95면.

10 Joseph Boone, "Staging sexuality: Repression, representation, and interior states in *Ulysses*," *Joyce: The Return of the Repressed*, ed. Susan Stanford Friedman (Ithaca: Cornell UP, 1993) 211면.

11 Sheldon Brivic, *Joyce's Waking Women: An Introduction to Finnegans Wake* (Madison: The U of Wisconsin P, 1996) 9면.

도를 통해 그려진다.

스티븐과 여성인물들의 관계를 논의하기 위해서는 먼저 당대 아일랜드 여성의 현실에 대한 이해가 필요하다. 『더블린 사람들』, 그리고 『영웅 스티븐』과도 다르게 『젊은 예술가의 초상』에서는 여성인물들은 고유한 개성을 갖춘 인물로 그려지지 않는다.[12] 아일랜드 여성들과 종교의 관계를 이해하는 것이 『젊은 예술가의 초상』의 스티븐과 여성인물들의 관계를 분석하는 데 긴요하다.

식민주의는 강제적 억압으로만 작동하지 않는다. 그람시(Antonio Gramsci)의 헤게모니 개념이나 부르디외의 아비투스 개념에 기대어 설명하면, 식민주의는 식민주체, 특히 주변부적 존재인 여성들의 자발적 복종을 요구한다. 아일랜드 교회는 자발적 복종의 메커니즘에서 매우 효과적인 이데올로기적 장치로 기능한다. 젊은 예술가 스티븐의 초상 뒷면에는 음화처럼 새겨진 아일랜드 여성의 고통스러운 삶이 있다. 스티븐과 주변 여성들이 맺는 관계의 문제성 때문에 작가는 스티븐의 예술가적 각오와 망명의 결심에 독자가 거리를 두게 만들며 극적 아이러니를 발생시킨다. 『젊은 예술가의 초상』에서 스티븐은 그의 상징적 대부(代父)인 예술의 명장(名匠) 대덜러스를 따라간다. 대덜러스는 태양을 향해 날아가는 "매처럼 생긴 사람"의 이미지로 나타난다.

> 그게 무슨 뜻이었을까? 예언과 상징들로 가득 찬 중세서적의 한 페이지를 여는 기이한 도안인가? 매처럼 생긴 사람이 태양을 향해 바다 위로 날아가다니 그게 바로 그가 태어나면서부터 받들도록 되어 있었고 안개 같은 유년기와 소년기를 통해 꾸준히 추구해 오기도 했던 목표를 예언하고 있을까? 자기의 작업실에서 이 지상의 맥빠진 물질로 새롭고 신비한 불멸의 비상체를 빚어내고 있는 예술가의 상징인가?
> (169)

12 Susan Stanford Friedman, "(Self) Censorship and the making of Joyce's modernism," *Joyce: The Return of the Repressed*, ed. Susan Friedman (Ithaca: Cornell UP, 1993) 31면.

여기서 주목을 끄는 것은 "지상의 맥빠진 물질"(the sluggish matter of the earth)과 "새롭고 신비한 불멸의 비상체"(a new soaring impalpable imperishable being)의 대비다. 이 대목에서 아이러니를 드러내는 종교적 상징을 떠올리게 된다. 지상의 맥빠진 물질은 우리의 나약한 육신을, 그리고 새롭고 신비한 불멸의 비상체는 신에게서 부여받은 영원히 시들지 않는 영성(spirituality)의 가치를 표현한다. 그가 의식적으로는 맹렬히 비판하는 기독교적 가치체계에 스티븐은 여전히 갇혀 있다. 자유로운 예술가가 되기 위해서 스티븐은 어머니인 대지의 맥빠진 물질을 재료로 삼아 새롭고 신비한 불멸의 비상체인 아버지의 예술을 창조해야 한다.[13] 명장 대덜러스는 스티븐의 예술적 대부이고, 라캉 식으로 표현하면 그의 이상적 자아가 투사된 상징적 아버지(symbolic father)다. 대덜러스는 스티븐이 앞으로 걸어갈 길을 예시해 준다. 대덜러스가 땅을 떠나 태양으로 날아간다는 것은 주목할 필요가 있다. 태양은 서구 형이상학에서 로고스와 이성을 뜻한다.[14]

태양과 그것이 내뿜는 빛은 기독교 상징체계에서도 중요한 역할을 한다. 빛은 그리스도의 상징이며, 인간은 그리스도의 빛을 받아 세상을 비추는 존재다. 태양의 이름은 다시 신-아버지(god-father)의 이름과 관련된다. 태양은 예술가의 길을 걷기 위해 스티븐이 선택한 아버지의 이름이다. 태양은 이성, 지성, 그리고 남성의 상징이다. 그러나 태양에 너무 가깝게 날다가 추락사한 대덜러스의 아들 이커루스의 비극적 운명이 보여 주듯이 어머니/여성의 대지를 잊어버린 채 맹목적으로 아버지/태양을 향해 날아가는 것은 위험하다. 스티븐은 의식하지 못하지만 어머니의 존재는 손쉽게 망각될 수 없다. "아버지가 자신의 이름을 새기기도 전에 어머니의 이름 없음은 그 존재를 [자식의] 육체에 새겨 넣는다."[15] 『젊은 예술가의 초상』의 결말부분에서 영

13 Ellen Carol Jones, "Textual mater: Writing the mother in Joyce," *Joyce: The Return of the Repressed* (Ithaca: Cornell UP, 1993) 259면.

14 Jacques Derrida, *Margins of Philosophy*, trans. Alan Bass (Chicago: The U of Chicago P, 1982) 242면.

웅적이고 인상적으로 그려지는 스티븐의 망명 결심은 그래서 위험한 결정이다. 고전 교양소설의 주인공들의 경우에는 작품이 끝나면 그들의 여행도 끝난다. 그들은 각자의 수련과 교양교육을 통해 현실과의 화해와 성숙을 얻는다. 그러나 스티븐은 『젊은 예술가의 초상』의 끝에서 새롭게 시작되는 위험한 모색의 출발점에 서 있다.

『젊은 예술가의 초상』에서 여성들은 아버지-태양의 빛으로 가려진다. 예술적 대부인 대덜러스의 길을 뒤따르는 스티븐의 영웅적 선택은 어머니/대지의 존재를 망각함으로써 가능한 비상(飛上)이다. "이야기를 하는 주체는 아버지다. 아버지는 언어, 권위, 그리고 질서의 원천이다. 그는 자기 정체성의 투사를 위한 매체를 조정하고 제공한다. 이야기를 하는 아버지 같은 존재가 된다는 것은 '그'가 말하는 주체, '저자 자신'이 된다는 뜻이다."[16] 『젊은 예술가의 초상』에 관한 비평에서 지속적으로 지적되는 문제인 스티븐의 여성혐오는 아버지/태양-어머니/대지의 대립구도에서 비롯된다. "여성을 두려워하고 관능적 삶을 경멸하는 스티븐의 태도가 그의 창조성을 옥죄는 요인 중 하나라는 것을 조이스는 독자들에게 분명하게 드러낸다."[17] 여성의 존재는 태양-대지 혹은 빛-어둠의 대립구도에서 남성/이성의 세계에서 배제되는 다른 존재(the Other)가 된다. 프로이트가 지적했듯이 여성은 인식할 수 없는 검은 대륙(dark continent)이다.[18]

15 Maud Ellmann, "Polytropic man: Paternity, identity and naming in *The Odyssey* and *A Portrait of the Artist as a Young Man*," *James Joyce: New Perspectives*, ed. Colin MacCabe (Bloomington: Indiana UP, 1982) 96면.

16 Christine Boheemen, *The Novel as Family Romance: Language, Gender, and Authority from Fielding to Joyce* (Ithaca and London: Cornell UP, 1987) 15-16면.

17 Suzette Henke, "Stephen Dedalus and woman: A portrait of the artist as a young misogynist," *Women in Joyce*, eds. Suzette Henke and Elaine Unkeless (Urbana: U of Urbana P, 1982) 102면.

18 Sigmund Freud, "The question of lay analysis," *The Standard Edition of the Complete Psychological Works*, Vol. 20, ed. James Strachey (London: Hogarth Press, 1955) 212면.

예술가로서 자신을 세우기 위해 스티븐은 어머니/대지의 세계를 버리고 아버지/빛의 길을 선택한다. 스티븐의 교회 비판은 아일랜드 기독교의 이데올로기를 유보 없이 내면화하는 여성들을 거부하는 태도를 낳는다. 그와 어머니 사이의 갈등 원인이 여기에 있다. 많은 자녀를 둔 가족구성에서 장남은 특권적 지위를 차지한다.

> 저무는 날의 그 슬프고 고요한 회청색 빛이 창과 열려 있던 출입문으로 들어와서 스티븐의 가슴 속에서 별안간 일고 있던 회한의 본능을 조용히 덮으며 무마해 주었다. 동생들에게 주어지지 않는 그 모든 것이 장남인 그에게는 너그럽게 주어지고 있었다. 그러나 조용한 저녁놀에 비친 그들의 얼굴 속에서 그는 아무런 원망의 징후도 볼 수 없었다. (중략) 그는 한동안 듣고만 있다가 결국 그들[동생들]과 함께 노래를 불렀다. 그는 연약하지만 싱싱하고 천진난만한 그들의 목소리 이면에 지겨운 기색이 감도는 것을 듣고 가슴이 아팠다. 그들은 삶의 여정을 미처 시작하기도 전에 벌써 가야 할 길에 대해 피로를 느끼고 있는 듯했다. (163)

장남에게 특권을 부여하는 것, 그리고 거기에서 형성되는 어머니와 장남 사이의 끈끈하지만 문제적인 정서적 유대는 많은 자녀를 둔 세기전환기 아일랜드의 가족구성에서 비롯된다. 어머니의 장남 편애는 딸을 대하는 냉담한 태도와 대조를 이룬다. 장남의 예술가적 성취를 이루기 위해 어머니와 딸들은 가정을 돌본다. 선명하게 부각되는 어머니-아들의 계보에 비해 어머니-여성의 계보는 거의 드러나지 않는다.

『젊은 예술가의 초상』에서도 여성들의 목소리는 제대로 들리지 않는다. “더블린과 마찬가지로 이야기하기는 남성의 영역이다. 그 영역에서 남성의 심리만이 묘사된다.”[19] 식민지 아일랜드의 성적 관계의 이데올로기는 명백히 가부장적이며, 특히 신흥 아일랜드 부르주아들의 경우 여성을 대하는 태도에 있어 빅토리아 시대의 가부장적 이념을 따랐다.

19 Shari Benstock, “City spaces and women’s places in Joyce’s Dublin,” *James Joyce: The Augmented Ninth*, ed. Bernard Benstock (Syracuse: Syracuse UP, 1984) 298면.

4. 어머니와 아들

자유로운 예술가가 되기 위해 스티븐은 예술적 아버지의 길을 따르나, 그를 가장 잘 이해하는 사람은 어머니다. 『율리시스』에서 그려지는 스티븐의 방황은 어머니를 대하는 그의 양가적 감정에서 비롯된다. 장남을 대하는 어머니의 편애에 가까운 애정에 대해 스티븐이 느끼는 감정은 이중적이다. 그는 어머니의 팍팍한 상황에 때로는 연민을 느끼며 자신을 이해해 주는 존재로서 모성의 가치를 이해한다. 그러나 그의 공감은 일시적이다. 그는 아일랜드 기독교의 충실한 딸인 어머니에게 반감을 느낀다. 교회의 충실한 딸로서 어머니는 아들이 자신과 같이 충실한 기독교의 아들이 되기를 원한다. 그러나 예술가로서의 자유를 원하는 스티븐은 정신의 자유를 억압하는 위협의 하나로 기독교 이데올로기를 지목한다. 어머니를 거부하는 스티븐의 태도는 단순하지 않다. 단순하지 않고 복합적인 애증의 거리를 『영웅 스티븐』에서는 스티븐과 여성인물들의 관계를 통해 좀 더 직접적으로, 『젊은 예술가의 초상』에서는 극적 아이러니를 통해 간접적으로 제시한다. 예술가의 길을 걷고자 하는 스티븐에게 교회의 충실한 딸인 어머니나 『영웅 스티븐』에서 쓸쓸히 죽어 가는 어린 여동생 이사벨은 예술가의 자유로운 정신을 옭아매는 "공허하게 울리는 목소리들"(84)을 충실히 내면화한 존재다. 젊은 예술가의 통찰력으로 스티븐은 식민지 아일랜드를 지배하는 정치, 종교, 경제, 그리고 성애의 네트워크를 포착한다. 이 지점까지 스티븐의 예술가적 감수성과 비판정신은 온당하게 작용한다.

스티븐에게 어머니의 종교적 권고는 식민주의 이데올로기의 내면화 과정을 표시해 주는 부정적 징표다. 『영웅 스티븐』에서 가장 인상적인 부분이고 『젊은 예술가의 초상』에서는 삭제된 장면인 스티븐과 어머니의 대화는 주목을 요한다.

- 스티븐, 너는 지금 주님을 비웃으려고 하는 거냐? 나는 네가 그 따위 말을 쓰는 것보다 한층 지혜롭다고 정말 생각했다. 그것은 단지 코밑에 볼 수 있는 것을 믿는 사람들이 하는 말이야. 난 놀랐다.
- 말씀해 보세요, 어머니. 스티븐은 입 안을 가득 채우고 말했다. 어머니는 우리들의 친구가 그(예수)가 그렇다고 말하듯 산에서 올라갔다고 믿으신다는 건가요?

(중략)

- 스티븐, 어머니가 말했다. 네가 믿음을 잃어버리지 않았나 염려되는구나.
- 저도 그렇지 않은가 생각해요. 스티븐이 말했다. (『영웅』 132-33)

어머니와 아들의 대화는 점점 격해지며 종교논쟁의 양상으로 변해 간다.

- 너는 예수회에 의하여, 가톨릭 가정에서 종교적으로 양육되었지.
- 바로 가톨릭 집안이죠!
- 식구들 가운데 아무도, 네 아버지도 나도 혈맥 속에 가톨릭의 피 외에는 한 방울도 없단다.
- 그럼, 제가 그 가족 속에서 시작하겠어요.
- 이건 너무나 많은 자유가 허용된 결과야. 너는 좋아하는 대로 행하고, 좋은 것은 무엇이든지 믿는구나.
- 예를 들면, 저는 예수가 순수한 적갈색의 머리카락을 가진 유일한 사람이라는 걸 믿지 않아요. (『영웅』 134)

그리고 이어지는 대화에서 어머니와 장남의 대화는 파국으로 치닫는다.

- 네가 믿도록 요구하는 모든 것은 하느님의 말씀이다. 주님의 아름다운 가르침을 생각해 봐. 네가 그런 가르침을 믿었을 때 너 자신의 생활을 생각해 봐. 그때 너는 더욱 낫고 한층 행복하지 않았니?
- 그건 제게 당시에 훌륭한 것이었죠. 아마도요, 하지만 지금은 그건 제게 소용이 없어요.
- 네게 무엇이 잘못되었는지 알겠다. 너는 지적 오만함 때문에 고통받고 있어. 우리는 자신들이 이 땅의 한낱 벌레에 지나지 않는다는 걸 잊고 있어. 너는 주님이 네게 주신 재능을 잘못 사용하고 있고, 그분에게 반항할 수 있다고 생각하고 있어.

- 저는 여호와께서 동기를 판단하는 데 너무 많은 보상을 받는다고 생각해요. 저는 그분이 너무 나이 먹었기 때문에 은퇴했으면 좋겠어요.
- 디덜러스 부인이 자리에서 일어섰다.
- 스티븐, 너는 네 친구들이 누구든지 그들과는 그런 말을 할 수 있을 게다. 그러나 나에게 그런 말을 하는 것을 용납하지 않겠어. 심지어 너의 아버지도, 비록 그간 나쁜 사람으로 생각되긴 하지만, 네가 하는 그런 불경스런 말은 하지 않는다. 너는 저 대학으로 간 뒤로 바뀐 것 같다. 그따위 몇몇 학생들과 어울려서 이상해진 게야.
- 맙소사, 어머니, 스티븐이 말했다. 그걸 믿지 마세요. 학생들은 정말 좋은 아이들이예요. 그들은 자신들의 종교를 사랑해요. 그들은 겁이 많아 할 말도 못하죠.

(『영웅』 134-35)

신의 길을 따르기를 권하는 어머니의 권고는 스티븐뿐 아니라 독자에게도 진부한 기독교적 이분법에 사로 잡혀 있는 징표로 보인다. 불신자가 되어 가는 아들의 장래에 어머니는 불안해하고 분노한다. 어머니의 마음을 스티븐은 이해하면서도 그녀의 권고를 거부한다. 그가 보이는 거부의 몸짓은 이해할 만하다. 종교는 그에게 예술적 자유의 꿈을 억압하는 족쇄이기 때문이다. 그러나 어머니를 대하는 스티븐의 태도는 좀 더 세심하게 살펴볼 필요가 있다. 『영웅 스티븐』의 서술자는 스티븐의 날카로운 종교 비판에 한 편으로 공감하면서도 다른 측면을 동시에 보여 준다.

위의 대화에 드러나듯이, 스티븐은 그의 어머니가 기독교의 충실한 딸이 될 수밖에 없는 이유를 깊이 이해하지 못한다. 그에게는 공감의 능력이 부족하다. 스티븐은 『젊은 예술가의 초상』보다 더 미숙하고 맹목적이다. 스티븐은 한편으로는 여성들의 열악한 상황을 이해한다. 그러나 그의 공감은 표면적이다. 『영웅 스티븐』에서 에머는 스티븐의 이런 한계를 간파하는 듯 보인다.[20] 결혼을 통해 예술적 소양을 키울 기회를 놓쳤던 어머니에게 스티븐은

20 Bonnie K. Scott, “Emma CLERY in Stephen hero: A young woman walking proudly through the decayed city,” *Women in Joyce*, eds. Suzette Henke and

예술은 삶으로부터의 도피가 아니라고 오만하게 강조한다(『영웅』 86). 그러나 스티븐은 삶을 제대로 알고 있는가? 이 지점에서 스티븐의 자기인식과 서술자나 독자가 스티븐을 바라보는 인식 사이에는 거리가 생기며 극적 아이러니가 발생한다. 어머니를 거부함으로써 스티븐은 자신의 예술의 토양이 되는 아일랜드 여성의 현실에 눈감게 된다. 식민 아일랜드에서 여성은 타락한 여성이거나 진리 혹은 근원의 이미지로만 묘사된다. 여성의 고유한 모습은 재현되지 못한다. 젊은 예술가 지망생 스티븐도 예외는 아니다. 예술적 공감의 능력부족은 여성들의 삶으로 대표되는 아일랜드의 현실과 삶을 깊이 이해해야 할 대상이 아니라 단지 탈출해야 하는 족쇄라고 스티븐이 단정하는 데서도 확인된다.

어머니와 여동생들은 장남 스티븐의 교육을 위해 자신들의 삶을 희생한다. 그리고 그 점을 예민한 감수성을 지닌 스티븐도 모르지 않는다. 그러나 그의 인식은 성숙한 자기인식인 성찰과는 거리가 있다. 『젊은 예술가의 초상』에서는 삭제된 장면 중 하나인 이사벨과 스티븐의 관계가 한 예다. 『영웅 스티븐』에서 스티븐의 여동생 이사벨은 집안의 어려운 경제사정 등으로 수녀원에 맡겨졌다가 병약해진 뒤 집에 돌아와 죽는다.

> 스티븐은 누이동생의 생명의 하찮음을 아주 예리하게 느꼈다. 그는 그녀를 위해 많은 일들을 했으리라, 그리고 비록 그녀가 그에게는 거의 낯선 사람일지라도, 그녀가 죽어 누워 있는 것을 보는 것이 미안했다. 생명은 그에게 일종의 선물처럼 보였다. '나는 살아 있다'라는 말은 그에게 만족스러운 확실성을 담고 있는 듯했고, 의심의 여지가 없는 듯 보이는 많은 것들도 그에게는 불확실한 듯 보였다. 그의 누이동생은 생명이라는 사실만을 누렸을 뿐, 그 특권은 거의 혹은 전적으로 누리지 못했다. (중략) 그의 앞에 놓여 있는 버려진 육체는 묵인으로 존재해 왔다. 그 속에 살았던 정신은 감히 문자 그대로 결코 살지도 못했으며, 그것이 그 자체를 위해 의도하지 않았던 절제 때문에 그녀는 아무것도 배우지 못했다. 그녀는 그녀 자체가 아무런

● ● ● ● ●

Elaine Unkeless (Urbana: U of Illinois P) 70면.

> 존재도 아니었고, 그런 이유 때문에 어떤 것도 그녀 자신에게, 혹은 그녀 자신을 어떤 것에게도 애착하지 못하게 만들었다. 그들이 모두 아이였을 때 사람들은 '스티븐과 모리스'라고 불렀고, 그녀의 이름은 그런 다음에야 첨가되었다. 심지어 그녀의 이름, 어떤 활기 없는 이름조차도 그녀를 삶의 놀이들로부터 떼어놓았다.
>
> (『영웅』 165)

스티븐에게 이사벨은 "거의 낯선 사람"이다. 그와 여동생 사이에는 넘기 어려운 벽이 있다. 스티븐은 영혼의 자유와 창조적 예술의 꿈을 꾸나, 여동생의 "정신은 감히 문자 그대로 결코 살지도 못했으며, 그것이 그 자체를 위해 의도하지 않았던 절제 때문에 그녀는 아무것도 배우지 못했다." 한마디로 그녀는 아무런 존재도 아니었다. 그래서 "그[스티븐]는 누이동생에게 맞닥뜨리고 '살아야 해! 살아야 해!'라고 차마 말할 수 없었으나, 날카로운 휘파람이나 선율의 진동으로 그녀의 영혼을 자극하려고 애썼다"(『영웅』 161).

이사벨의 죽음을 대하는 스티븐의 태도는 어머니에 대한 그의 양가적 태도와 병치를 이룬다. 스티븐은 한편으로 이사벨의 죽음에 죄책감을 느낀다. 여동생들이 자신 때문에 그들이 누려야 할 정당한 삶을 누리지 못한 것이 아닌가라는 죄책감에 시달린다. 그러나 스티븐은 그녀의 죽음의 원인을 손쉽게 아일랜드 종교 탓으로 돌린다. 어머니의 고통스런 삶에 대한 자신의 이해 부족을 손쉽게 아일랜드 종교의 탓으로 돌렸듯이, 스티븐은 이사벨에게는 자신의 삶을 능동적으로 살아갈 의지가 부족했다고 단정한다. 그러나 종교가 그녀의 비극적 죽음을 초래한 모든 이유인가. 스티븐의 한계는 이 물음을 깊이 사유하지 못한다는 것이며 작가/서술자는 이 점에서 분명하게 스티븐에게 거리를 둔다. 스티븐은 이사벨의 죽음을 살고자 하는 의지의 부족으로 읽는다. 그러나 진정한 예술가의 소명은 왜 그녀가 살고자 하는 의지를 잃게 되었는가라는 질문을 숙고하는 데 있다. 이사벨은 아일랜드 기독교의 충실한 딸로 단정된다.

스티븐이 보기에 아일랜드 여성들은 맹목적으로 교회의 가르침을 따른다.

두 여인이 성수반(聖水盤) 곁에 멈춰 서서, 그들의 손을 바닥까지 공허하게 문지른 다음에 마른 속으로 꾀죄죄하게 성호를 그었다. 그들 중의 하나가 한숨을 짓고는 그녀의 갈색 숄을 둘렀다.

- 신부님의 말씀이, 다른 여인이 말했다.
- 아 그래요.

여기 다른 여인이 한숨을 쉬고는 그녀의 숄을 둘렀다.

- 오직, 그녀가 말했다. 하나님이시여 센사분(gintleman)을 축복하사, 그분은 당신이나 내가 풀히(intarpit)할 수 없는 말을 쓰시다니. (『영웅』 121)

대부분의 아일랜드 여성들은 제대로 교육을 받지 못했다. 그래서 신사(gentleman)를 "센사분"이라고, "풀이"를 "풀히"라고 발음한다. 그러면서도 그녀들은 "축복"을 말한다. 이런 맥락에서 스티븐은 자연스럽게 이사벨의 죽음은 자신의 책임이 아니라고 결론짓는다(『영웅』 127). 어머니와 이사벨의 삶은 젊은 남성 예술가 스티븐의 재현 과정을 거치며 왜곡되고 묻혀 버린다. 이 과정을 통해 스티븐은 영혼의 안식을 얻기를 원한다. 그러나 이사벨의 죽음이 남긴 흔적과 잉여는 사라지지 않는다. 스티븐이 가야 할 젊은 예술가의 길은 아직 멀고 험하다. 그 멀고 험한 길이 앞으로 예술가적 성장의 의미를 깨달아 가야 하는 현대의 이카루스인 스티븐의 새로운 수업시대다.

그것이 조이스가 새롭게 탐색하고 개척한 현대 예술가소설의 양상이다. 현대 예술가소설에서 주인공들은 수업시대를 거쳐 성숙이라는 종착점에 다다르지 못한다. 오히려 그들은 작품의 끝과 함께 새로운 모색을 시작해야 하는 존재들로 나타난다. 이제 더 이상 고전 교양소설에서 찾을 수 있는 현실과의 손쉬운 화해와 성숙은 불가능하다. 식민지 근대의 현실을 살아야 하는 스티븐 같은 젊은 예술가의 성장은 고전적 교양소설의 주인공들보다 훨씬 어렵고 복잡한 과정을 거쳐야만 가능하게 되었다.

제5장

성적 관계는 있는가?: 블룸과 거티

1. 해변의 소녀들: 거티와 씨시

『율리시스』의 「노지키어」 에피소드는 길지 않은 장이지만 성적 정체성의 형성 문제, 성적 관계의 문제 등의 중요한 문제들을 압축적으로 제기하고 있다. 특히 가부장적 상징계가 규정하는 성적 정체성과 욕망의 문제, 그리고 성적 환상(fantasy)과 응시(gaze) 등이 주요한 논의대상이 된다. 영화의 장면배치(미장센)를 연상시키는 이 장의 도입부는 사회적으로 규정된 성적 역할의 분리의 문제를 강하게 제기한다. 배경이 되는 샌디마운트 해변(Sandymount Strand)에서 거티와 그녀의 친구들은 성적 대상 혹은 상품으로서 그녀들의 몸을 음미하고 즐기는 블룸의 관음증적 시선에 다양하게 반응한다. 또한 아이들을 돌보는 것으로 규정된 이들의 성적 역할은 성모 마리아(Virgin Mary)에게 기도하며 금주피정으로 교회에 모인 남성들과 대비된다. 여성들은 해변에서 아이들을 돌보고 남성들은 그들이 겪는 세파의 어려움에 대한 위안을 언제나 그들을 받아주는 성모에게서 얻는다.

이런 대비는 사회 문화적으로 구성되고 강요되는 성적 정체성과 성 역할을 선명하게 드러낸다. 도입부의 배경 묘사는 남성과 여성의 서로 다른 사회적 역할을 표현한다.

> 저 멀리 서쪽으로 해가 떨어지면서 어느덧 흘러가는 하루의 마지막 석양이 바다와 개펄 위에, 만의 물결을 예나 다름없이 지켜보고 있는 항상 정다운 호우드 언덕의 뽐내고 있는 곶 위에, 샌디마운트 해변을 따라 해초가 무성한 바위 위에, 그리고 마지막으로 그만큼 강하게, 고요한 성당 위에, 햇빛이 사랑스럽게 머뭇거리고 있었다. 그리하여 교회로부터 순백의 밝은 빛을 통해 폭풍으로 동요된 마음에 영원한 등대가 되고 있는 성모를 향한 기도 소리가 이따금씩 정적을 뚫고 흘러나오고 있었다. 성모 마리아 성당, 바다의 별. (284)

성모 마리아는 세파에 찌든 남성들에게 위안을 준다. 자애롭게 사랑의 빛을 만물에 비춰 주는 성모의 이미지는 폭풍으로 동요된 남성을 위로하고 안식을 주는 여성의 정체성을 상징한다. 성모에게서 구현되는 천사 같은, 혹은 그와 같은 천사가 되어야 하는 여성에게 부여된 성적 역할은 해변의 소녀들에게서 반복된다. 그리고 서로 다르게 규정되는 성적 정체성은 「노지키어」를 통해 계속 교차하면서 나타난다. 남성들이 성스러운 종교 모임에 참석할 때 거티와 그녀의 친구들은 미래의 씩씩한 남성들이 될 토미(Tommy)와 재키(Jacky)를 돌봐야 한다. 그리고 이들 사내아이들은 해군복을 입고 사소한 문제로 싸움을 한다. "씨시 캐프리와 에디 보드먼이 유모차에 아기를 태우고, 제국 군함 벨아일 호의 문자가 양쪽에 박힌, 잘 어울리는 모자를 쓴 해군복 차림의, 고수머리를 한 두 사내아이들, 토미 그리고 재키 캐프리와 함께 그곳에 왔었다"(284). 폭풍으로 동요되기 쉬운 전쟁의 이미지는 사내아이의 해군복에 새겨진다. 그들을 소녀들이 보살핀다. 성모가 남성들에게 위로와 안식을 주듯이.

씨시(Cissy)의 묘사를 보자. "그의 해군모와 바지는 모래투성이가 되어 있었으나 씨시는 생활의 사소한 근심거리를 다독거리는 솜씨에 있어서 대가였기 때문에 이내 그의 꼬마양복은 한 점의 모래도 찾아볼 수 없게끔 말쑥해졌다"(285). 씨시는 분쟁을 능란하게 조정한다. 그녀는 때로는 남자처럼 단호하게 때로는 천사 같은 어머니로서의 역할을 수행한다. 이렇게 남자를 보살피는 여성의 이미지는 이 장의 핵심 인물인 거티에게서 더 강하게 나타난다. 씨시와 거티는 "안락교회당"(『피네건즈 웨이크』 571.11)을 보살핀다. 가정은 남성들에게 안식을 제공하는 교회당이다. 안식의 제공자가 여성이다. 남성들에게 안식을 제공하는 여성을 대표하는 성모를 찬미하며 교회에 모인 남자들은 이렇게 묘사된다.

> 그러자 그때 합창 소리와 오르간에서 울리는 성가가 공중으로 퍼져나왔다. 그것은 교구전도사인 예수회의 존 휴즈 신부가 집전하는 묵주 기도, 설교 및 성체배령으로 행해지는 남자들의 금주를 위한 피정이었다. 그들은 그곳에 사회적 계급의 구별 없이 함께 모여 있었으니 (그런데 그것은 보기에 참으로 교화하는 광경이었다) 그들은 바닷가의 저 소박한 성당 안에 모여, 지겨운 속세의 풍파를 겪은 뒤, 순결한 자의 발 앞에 무릎을 꿇고, 로레토의 성모 마리아 호칭 기도를 암송하면서, 성모 마리아, 동정녀 중의 동정녀라는, 어느 때나 정다운 이름을 부르면서, 우리를 위하여 기도하소서, 하고 그녀에게 간청하고 있는 것이다. (290)

남자아이들을 보살피는 소녀들과 성모에게 기도를 드리는 남성들의 모습은 강한 대조를 이룬다. 이런 대비를 통해 성적 역할의 비대칭성이 잘 나타난다. 교회에서는 성모가 남성에게 종교적 안식과 위안을 준다.

가정에서는 그런 성모의 이미지를 충실히 따르는 여성들이 비슷한 역할을 수행한다. 아니, 수행하여야 한다. 그것은 아버지의 이름(라캉)이 지배하는 가부장적 상징계가 여성에게 부여한 성적 역할이다. 보살피고 수용하고 용서하는 성모의 이미지가 제시하는 여성의 바람직한 성역할이다.

> 그곳에는 근심으로 지친 마음들이 있었고, 하루하루 그들의 빵을 위한 노역자들과 죄를 저지르고 방황했던 많은 사람들이 모여 있었는데, 그들의 눈은 후회의 눈물로 젖어 있었으나 그럼에도 불구하고 희망으로 빛나고 있었으니 왜냐하면 위대한

> 성 베르나르가 성모 마리아를 위한 그의 유명한 기도서에서, 가장 경건한 동정녀가 지닌 중재의 힘, 즉 그녀의 전능한 보호를 애원하는 사람들을 여태껏 성모가 뿌리친 일이 어느 시대를 막론하고 한 번도 기록된 적이 없다고 말했음을, 휴즈 신부는 그들에게 일러준 적이 있었기 때문이다. (292)

여성들은 남성들에게 안식을 제공해야 할 뿐 아니라 성모와 같이 순결해야 한다. 순결의 이데올로기는 교회가 여성에게 제시하는 여성의 대표 격인 성모의 순결성으로 강요된다. 여기에는 아이러니가 있다. 여성의 원형적 이미지로서 성모의 이름이 아일랜드 여성의 성적 억압으로 작용하는 것이다. 그러나 여성의 성적 정체성이나 욕망이 단일하고 동질적인 것은 아니다.

해변가의 처녀들은 블룸을 의식한다. 그렇게 그녀들의 성적 정체성과 욕망은 성적 관계에서 주어진다. 씨시는 남성을 대하는 데 있어 적극적인 여성적 태도를 드러낸다. 에디와 거티는 좀 더 주어진 여성적인 성적 정체성에 자신들을 맞춘다. 서로 다른 여성의 성적 정체성의 양상이 표현된다. 그러나 거티처럼 얼핏 수동적으로 보이는 여성도 남성의 시선으로 환원되지 않는 자신의 성적 욕망을 갖고 있다. 물론 그 반대도 마찬가지다. 그런 어긋남이 발생하는 지점이 응시의 지점이고 성적 관계의 비대칭성과 부재가 나타나는 지점이다. 거티가 블룸과 나누는 강렬한 시선의 교환과 어긋남은 이 점을 잘 보여 준다. 응시는 언제나 완전히 이해되거나 전유되지 않는 어긋남을 지시하는 개념이다.

거티에 비해 적극적으로 자신의 성적 정체성과 욕망을 드러내는 씨시는 말 안듣는 남자아이의 "볼기짝"(290)을 때려주겠다고 말한다. 그리고 자신을 바라보는 블룸의 시선에 신경 쓰지 않는다고 주장한다. 오히려 적극적으로 자신의 성적 욕망을 내세운다.

> 에디 보드먼은 맞은 편의 신사가 그녀가 말한 것을 틀림없이 들었을 것이라고 말한다. 그러나 씨시는 조금도 개의치 않았다.

— 들으라지! 하고 그녀는 거만스레 머리를 흔들며 코끝을 신랄하게 위로 치키면서 말했다. 지금 당장 그에게도 똑같은 곳을 어떻게 좀 해줄까 보다. (290)

씨시의 반응에 대해 거티는 "숙녀답지 못한 이야기"(290)라고 규정한다. 씨시와는 달리 거티는 자신을 전형적인 천사로서의 여성, 보살피고 위안을 주는 성모 같은 여성의 이미지로 포장한다. "거티는 성품이 훌륭하고 착한 딸로서 집안에서는 마치 제2의 어머니 격이었고 순금처럼 값있는 아름다운 마음을 가진 구원의 천사이기도 했다"(291). 이것은 거티의 백일몽이고 환상이다. 그러나 그녀의 환상은 여성의 성적 정체성과 욕망의 형성에서 필수적이다.

2. 성적 정체성과 응시

자신을 여성다운 여성으로 규정하는 거티의 성적 정체성은 어떻게 만들어진 것일까? 그것은 타고난 여성의 본성일까? 라캉의 상징적 거세(symbolic castration) 개념은 자연스러운 본성으로서의 성적 정체성 개념을 해체한다. 정체성은 타자의 시선을 통해 자신을 규정할 때만 이루어진다. 성적 관계 없는 성적 정체성은 없다.

> 타자의 시선을 통해서 자신이 보여짐을 보는 곳, 타자의 눈을 통해서 자신을 보는 곳, 그 지점이 자아이상이라는 전망대가 설치되는 곳이다. 바로 이곳이 타자의 장소 속에서 나의 이름을 새기고 나의 의미를 얻는 지점이다. 하지만 이러한 과정에는 또한 죽음의 시련, 향유(jouissance)의 상실이 병행되는데, 왜냐하면 여기에서 주체는 오로지 타자의 시선을 따라 자신의 시선을 희생해야 하기 때문이다. 주체는 타자의 장소 속에서 제 이름을 얻는 대신, 자신의 육체를, 자신의 존재를 타자에게 내주어야 한다(이것이 바로 상징적 거세castration symbolique)이다.[1]

정신분석학적 거세론이 주체의 형성을 설명하는 가장 온당한 접근법인지는 논란거리다. 예컨대 들뢰즈라면 상징적 거세나 결핍 혹은 부재가 아니라 욕망의 포획, 혹은 영토화라고 표현할 것이다. 거세개념을 비롯한 정신분석학의 여러 암묵적 전제들에 대한 들뢰즈의 비판은 『안티 오이디푸스』에서 강력히 개진된 바 있고 후기 주저인 『천 개의 고원』에서도 지속적으로 나타난다. 그러나 어떤 점에서 라캉의 상징적 거세 개념은 들뢰즈의 영토화 개념과 접점을 형성할 수 있다. 두 개념 모두 주체의 탈주체화를 가리킨다.

상징적 거세는 거티의 의식 묘사, 거기서 드러나는 상품화된 여성 이미지의 내면화, 낭만적 사랑을 대하는 거티의 환상에서 뚜렷하게 제기된다. 「노지키어」의 핵심 이야기를 이루는 블룸과 거티의 노출증/관음증적 관계와 그들이 교환하는 응시의 관계는 그래서 중요하다. 여기서 "대문자 에스로 시작되는 사교계라는 관습"(299)과 상징계로서 대타자와의 연관성을 짐작하기는 어렵지 않다. 대타자의 부름에 충실히 따르는 것이 상징적 거세이고 상징적 동일화다. 가부장적 상징계의 동일화 메커니즘에 완전히 종속된 주체가 남성적 구조(masculine structure)를 지닌 존재다. 그가 정신분석학적 의미의 남성이다. "상징계는 동시에 그것과 결합된 문화명령을 받아들이게 함으로써 대타자에 자발적으로 종속된 주체를 만들어 낸다(상징적 동일화). 여기에서 대타자로의 종속이 자발적으로 일어나는 이유는 상징계 속에도 상상계가 여전히 함께 작용하고 있기 때문이다."[2]

고정되지 않은 기표(signifier)로서 거티의 성적 정체성과 욕망은 사회적 의미작용의 흐름 안에 있다. 이런 사회적 의미작용의 흐름은 「노지키어」에서는 자신의 몸과 욕망이 대타자로 표현되는 남성적 상징계의 시선에 포획되어 상품화된 여성과 그것을 구매하고 즐기는 남성의 관계로 나타난다. 남

1 맹정현, 「라깡과 푸코·보드리야르」, 『라깡의 재인식』(창비, 2002) 485면.

2 홍준기, 『라캉과 현대철학』(문학과지성사, 1999) 226면; Marie-Claire Boons-Grafe, "Other/other," *Feminism and Psychoanalysis*, ed. Elizabeth Wright (Oxford, UK: Blackwell, 1992) 298면.

성과 여성의 비대칭적 관계를 설명하면서 이리거러이는 가부장적 상징계에서 여성은 언제나 남자로서 규정되어 왔다고 지적한다. 이런 이유로 이리거러이는 라캉의 상징계론을 비판한다. 그러나 라캉이 말하는 남성적 구조와 여성적 구조, 그리고 성관계는 없다는 지적에는, 남녀 사이의 근본적 차이를 강조하는 이리거러이의 사유와 공명하는 부분이 있다.[3] 사회적으로 말하면 여자의/여자를 위한 기표는 없다는 라캉의 단언이, 우리 문화에서 한 여자의 위치가 그녀가 파트너로 채택하는 그 남자에 의해 자동적으로 규정되거나, 아니면 엄청난 곤란을 겪어야만 규정되는 사실과 관련이 있다는 것은 의심의 여지가 없다. 달리 말하면, 그녀를 규정하는 다른 방법을 찾는 일은 매우 어려운 일이며 장애를 동반하는 일이다.[4]

거티는 그녀의 고유한 기표를 갖고 있지 않다. 거티는 자신이 파트너로 채택하는 그 남자인 블룸의 시선 아래 굴복되며 포로가 된다. 라캉의 성적 정체성 이론의 장점은 여성이 그녀를 규정하는 다른 방법을 찾는 일이 어려운 일임을 통찰한 데 있다. "성적 관계라는 것은 없다"는 라캉의 도발적 주장은 이런 문제의식의 표현으로 읽어야 한다.

거티와 다른 해변가의 소녀들이 블룸과 맺는 관계는 일종의 노출증(exhibitionism)과 관음증(voyeurism)의 관계다. 거티와 그녀의 친구들은 자신들을 바라보는 블룸의 시선을 의식하면서 자신들의 몸을 드러내고 몸가짐을 저울질한다. 그 관계는 블룸과 거티의 노출증-관음증 관계에서 절정에 이른다. 블룸은 상품으로서 자신의 육체를 드러내는 거티에게 압도된다. "맙소사! 모든 것이 한데 모인 듯한 기분이었어. 흥분. 그녀가 몸을 뒤로 젖혔을 때, 혀끝이 쑤시는 듯한 느낌이었지. 정말 머리가 빙빙 돌아요"(305). 이 에피소드의 모티프를 이루는 것은 1898년에 만들어져 널리 알려진 대중노래

3 Luce Irigaray, *I Love to You*, trans. Alison Martin (New York: Routledge, 1996) 47면.

4 브루스 핑크, 「성적 관계 같은 그런 것은 없다」, 『성관계는 없다』(도서출판 b, 2005) 66면.

인 “저 사랑스런 바닷가의 소녀들”(304)이다. 이 노래의 “사랑스러운”이라는 표현은 성적 교환의 매매관계를 표현한다. 여성은 남성에게 사랑스럽게 보여야 한다. 자신을 보기 좋은 상품으로 자신을 포장하여 팔아야 하는 여성과 그것을 즐기고 구매하는 남성적 시선의 관계가 문제가 된다. 거티의 노출을 보면서 자위행위를 하고 난 뒤 블룸이 하는 생각은 그 점을 잘 드러낸다. “여자를 있는 그대로 두고 보면 이도저도 아니야. 무대 장치를 해야만 하는 거지. 입술 연지, 의상, 자세, 음악을, 이름도 역시”(303). 여성은 남성의 시선을 의식하여 자신을 치장한다. 여성의 욕망을 규정하는 남성적 응시와 성적 욕망의 여성적 구조는 꼭 일치하지는 않는다. 그 사이에는 비대칭적 관계가 있다. 성적 욕망의 여성적 구조는 남성적 상징계로 완전히 포획되지 않는다. 이때 남성적 응시는 반드시 생물학적 남성과 관련되지는 않는다. 그것은 심리적 구조다. 라캉 식으로 표현하면 상징적 거세에 완전히 굴복한 존재가 남성이다.

라캉의 성별화(sexuation)이론에서 남성과 여성은 생물학적 성을 가리키지 않는다. 그것은 차라리 욕망의 남성적 구조와 여성적 구조를 가리킨다. 라캉이 사용하는 ‘남성’과 ‘여성’ 개념을 생물학적 남성이나 여성과 혼동해서는 안 된다. 굳이 구분하자면 생물학적 남성과 여성을 male, female로, 정신분석학적 규정에 따른 남성과 여성을 men/masculine과 women/feminine으로 나눌 수 있겠다(핑크 49). 생물학적 남성인 블룸이 어떤 점에서 더 여성적이다. 그는 여성의 심리적 구조를 지녔다. 반면에 상징적 거세에 완전히 종속된 거티는 오히려 더 심리적으로 남성적 구조와 가깝다. 라캉의 성적 차이론에서 핵심은 생물학적 성이 아니라 성적 주체가 대타자인 상징계에 어떻게 종속되어 있는가에 있다. 따라서 여성적 구조를 가지고 있는 남성도 있고, 남성적 구조를 가진 여성도 존재한다. 남성들은 상징계 안에서 전적으로 소외되고 상징적 거세에 철저하게 종속된다. 남자들은 남근 기능에 의해 결정된다. 그러나 여자는 남자와 동일한 방식으로 분열되지 않는다. 소외되긴

하지만, 상징적 질서에 완전히 종속되지는 않는다(핑크 44-46). 그러나 대타자로 상징되는 남성적 시선 앞에 주체들은 동질적이지 않다.

앞서 지적했듯이, 거티와 씨시가 남성적 시선을 대하는 방식에는 차이가 있다. 씨시는 그 시선에 의식적인 거리를 두는 데 비해 거티는 훨씬 더 예민하게 반응한다. 오히려 그녀는 자신의 여성성을 단적으로 표현하는 신체적 불구를 의식하기에 더 강하게 다른 소녀들에게 내밀한 경쟁심을 느낀다. 그것은 자연스러운 자의식의 표현이지만 다른 한편으로는 자신의 성적 정체성을 남성적 시선과의 관계에서만 나타낼 수밖에 없는 여성의 성적 정체성과 욕망의 형성 과정을 나타낸다. 씨시의 숙녀답지 못한 행동에 대한 거티의 비판적 태도는 남성의 시선에 자신을 비추어 자신의 정체성을 규정하려는 의식의 결과다:

> — 재키! 토미!
>
> 그런 걸 들을라구! 얼마나 개구쟁이들인데! 그래서 씨시는 이제 이놈들을 데리고 나오는 것은 정말 마지막이라고 말했다. 그녀는 벌떡 일어서서 그들을 부르며 그녀의 머리카락을 뒤쪽으로 펄럭거리면서, 신사[블룸] 곁을 지나 경사진 길을 뛰어 내려갔는데 (중략) 만일 그녀가 키가 커 보이도록 신은 그녀의 굽 높은 구부러진 프랑스제 하이힐을 신고 우연히 뭔가에 고의로 걸려 넘어지기라도 했었더라면 참 가관이었으리라. 그 광경을 상상해 보라! 그런 것을 목격했더라면 신사분한테는 정말 매력적인 노출이었을거야. (294-295)

이 대목에서 서술자와 거티의 시선이 교묘하게 겹치면서 씨시에 대한 거티의 거리감과 경쟁심을 섬세하게 드러낸다. 실제 씨시의 주관적 의도가 무엇이었든 상관없이 중요한 것은 씨시의 행위를 남자의 시선을 의식한 행동으로 해석하는 거티의 태도다. 신체적 불구로 거티는 씨시와 같은 식으로 자신의 몸의 가치를 표현하기는 어렵다. 그럼에도 불구하고 거티는 자신의 몸을 블룸의 시선 앞에 드러내는 데 주저하지 않는다. 또한 거티는 블룸의 시선을 사로잡기 위한 다른 전략을 취하기도 한다. 그녀에게 주입된 숙녀다움의 이데올로기에 비추어 씨시의 행위를 비난하고 자신의 자아 이미지를 숙녀다움의 이데올로기에 맞추는 전략이 그것이다. "거티 맥도웰은 고개를 아래로 숙이고는 그녀라면 정말 창피하여 입에도 담지 못할 그와 같은 숙녀답지 못한 이야기를 소리 높여 말하는 씨시 생각에 얼굴이 진홍색으로 화끈해지는 것이었다"(290). 거티가 보기에 씨시는 사회적으로 여성에게 주어진 성역할의 코드, "대문자로 시작되는 사교계라는 관습"을 위반한 것이다. 상투화된 여성성에 대한 거티의 집착은 여성성의 이미지를 대중적으로 선전하는 여성 잡지를 그녀가 경전처럼 받들고 있기 때문이다.

3. 성적 관계의 불가능성

남성적 언어가 지배하는 상징계는 아일랜드 현실에서 식민주의와 자본주의와 얽혀 있다. 식민주의와 자본주의라는 사회적 현실이 개별 주체의 억압, 혹은 상징적 거세와 어떻게 연결되는가를 해명하는 데 있어 정신분석학은 취약하다. 들뢰즈가 프로이트와 라캉의 정신분석을 비판한 가장 큰 이유는 이들이 자본주의와 정신분열증(schizophrenia)의 관계를 분석하지 않고 정신분석을 가족의 이데올로기로 환원시킨 데 있다. "정신분석학의 불미스러운 점은 욕망을 길들이게끔 고안된 장치들에 대항하는 비판으로 나가기는커녕 오히려 자본주의 질서에 순응하도록 옮겨 놓인 욕망에 오이디푸스라는 이름을 주고 그것을 당연한 인간의 본성으로서 정당화했다는 것이다."[5] 다시 말해 오이디푸스 콤플렉스는 정신분석의 발명이 아니다. 자본주의는 이미 세계사적 산물로서의 오이디푸스를 알고 있었으며 그것을 체제유지에 이용하는 법도 알고 있었다. 따라서 들뢰즈와 가타리의 『안티 오이디푸스』와

5 서동욱, 『들뢰즈의 철학』(민음사, 2002) 133면.

『천 개의 고원』의 부제가 '자본주의와 정신분열증'인 이유를 되새겨 볼 필요가 있다. 성적 정체성은 사회경제적 조건과 긴밀히 연관된다. 성적 관계에 대한 거티의 백일몽도 그녀가 처한 존재 조건의 양상을 섬세하게 고려할 때 균형 잡힌 평가가 가능하다. 거티는 "강하고 조용한 얼굴을 지닌 남성다운 남성"(288)과의 낭만적 사랑을 꿈꾼다. 그녀가 스스로 예민하게 의식하듯이 이제 17세를 지난 지 오래되었고 11월이면 22세가 되는 거티는 여전히 상투화된 남성성에 대한 낭만화된 동경에 사로잡혀 있다. 거티는 소녀와 여성의 경계선에 서 있지만 그녀의 불리한 육체적 조건과 경제적 상황이 그녀의 의식을 여전히 소녀취향의 사랑담론에 머물게 만든다. "거티 맥도웰에게 사랑을 구하고 그것을 얻을 수 있는 남자는 남자 중의 남자여야만 한다"(288). 그래서 그녀는 자신을 응시하는 블룸을 이렇게 상상한다. "그녀의 발 아래 진귀하고 놀라운 사랑을 깔아 줄 그녀의 이상적인 애인은 어떤 매력 있는 왕자도 아니고, 차라리 여태껏 그의 이상형을 찾지 못한, 튼튼하고 조용한, 아마 그의 머리카락에 얼마간 회색빛이 물들기 시작한, 씩씩하고 과묵한 얼굴을 지닌 남자다운 남자이리라"(288). 그러나 거티의 상상과는 달리 블룸은 여성다운 남성으로서 씩씩하고 과묵한 얼굴을 지닌 남자다운 남성이라는, 가부장적 상징계가 규정하는 남성성을 해체하는 인물이다. 거티가 품고 있는 사랑에 대한 환상은 상징계가 부여하는 자기애의 논리에 갇혀 있다.

> 그는 모든 것을 이해하며 그녀를 보호하듯 팔에 안고, 그의 심오하고 정열적인 타고난 힘을 다해 그녀를 포옹하고 길고 긴 입맞춤으로써 그녀를 위안해 주는 남자이리라. 그것은 아마 천국 같으리라. 이런 남자를 그녀는 이 향기 그윽한 여름 저녁에 갈망하고 있는 것이다. (288-289)

이 대목은 낭만적 사랑의 진수를 드러낸다. "모든 것을 이해"하는 사랑은 가능할까? 거티의 갈망은 그녀의 성적 욕망의 생생함에서 나오는 것으로 현실적 근거를 지닌다. 그러나 동시에 그녀는 자기애라는 사랑의 본질을 통찰하지 못한다. 라캉은 사랑을 순전히 상상적 현상으로 자리매김한다. 사랑은 자기애적(autoerotic)이며, 근본적으로는 나르시시즘적 구조를 가진다. 왜냐하면 우리가 사랑할 때 사랑하고 있는 것은 우리 자신의 자아, 상상적 차원에서 현실화된 우리 자신의 자아이기 때문이다.[6] 거티가 바라보는 거울은 상상적 차원에서 현실화된 우리 자신의 자아다. 사랑이 강렬한 환상으로 작동하는 이유는 사랑이 이미 상징적으로 거세된 상징계에서 상상적 현상으로 주체를 치유하는 것으로 여겨지기 때문이다. 그러나 그런 사랑은 근본적으로 자기애적 환상이기에 가능하지 않다. 자기애에 사로잡힌 두 주체가 어떻게 사랑할 수 있는가. 사랑은 성관계(sexual relationship)의 부재를 보충해 주는 것으로서 사랑하는 사람과의 융합에 대한 일종의 착각적 환상(illusory fantasy)이다(Evans 103).

사랑은 남성과 여성 사이의 조화로운 관계가 부재하다는 사실, 즉 성적 관계가 없다는 것을 보상하기 위해 고안된 환상에 불과하다. 그럴 때 거티의 낭만적 사랑의 한계는 분명해진다.

> 그녀는 꿈길에 본 애인을 따라가리라. 그는 온통 그녀의 것, 그이야말로 자신을 위해 있는 온 세상에서 단 하나의 남자라고 일컫는 그녀의 마음의 명령을 따를 것이니. 왜냐하면 사랑은 최고의 안내자이니까. 그밖에 문제될 것이 무엇이 있으랴. 어떤 일이 닥쳐오든 그녀는 원하든 대로, 속박 없는, 자유로운 몸이 되리라. (299)

문제는 그녀의 마음의 명령이 자유롭지 않다는 것이다. 그것은 이미 사회가 부여하는 관습으로 오염되어 있다. 그녀의 성적 정체성을 재확인시켜 주는 거울은 이 목소리가 드러나는 장이다. 그녀는 거울을 보면서, 그리고 그 거울에 비친 자신의 얼굴을 통해 들리는 목소리를 충실히 따른다. "그녀는 거울 앞에서 어떻게 새침하게 울어야 하는가를 알고 있었기 때문이다. 거티,

6 Dylan Evans, *An Introductory Dictionary of Lacan Psychoanalysis* (New York: Routledge, 1996) 103면.

너는 참 예뻐, 하고 거울은 말해 주었다"(288). 이렇게 말하는 거울은 무엇일까? 그것은 일차적으로는 거티 자신의 내면의 목소리이지만, 동시에 아버지의 이름이 지배하는 상징계가 부여한 목소리다. 여성다운 여성으로 자신을 규정하는 거티의 환상 속에서 남자다운 남자로 오인되는 블룸이 맺는 관계가 온전히 성적으로 이해될 수 있을까? 이런 그녀의 환상은 깨어진다. 남성은 그녀가 생각하는 그런 존재가 아니다. 남성과 여성 사이에 직접적인 화합의 관계는 없다. 라캉에 따르면 남자들과 여자들 사이에는, 그들이 남자이고 여자인 한에서 그 어떤 직접적인 관계도 없다. 달리 말하면 그들은 남자로서 여자에게, 여자로서 남자에게, 서로 상호작용하지 않는다. 그들이 그와 같은 방식으로 맺는 관계에는 항상 무엇인가가 끼어든다. 무언가가 그들의 상호작용을 어긋나게 하는 것이다(핑크 40-41). 남성과 여성의 상호작용이 어떻게 어긋나는 것인지를 블룸과 거티가 교환하는 응시에서 잘 나타난다.

"성적 관계와 같은 것은 없다"[7]는 라캉의 도발적인 발언은 상식적인 차원의 성관계를 말하는 것이 아니다. 분명 남녀는 일상적으로 관계를 맺는다. 라캉은 남성적인 성의 위치와 여성적인 성의 위치 차이를 강조한다. 성적 차이는 주체가 대타자인 상징계, 가부장적 상징계의 기표와 맺는 관계의 차이에서 나온다.

> 정신계에는 주체가 자신을 남성적 존재와 여성적 존재로 위치시킬 수 있는 것은 아무것도 없다. (중략) 인간이 남성 혹은 여성으로서 무엇을 할 것인가는 대타자의 영역 안에서 벌어지는 드라마와 시나리오에 전적으로 맡겨진다. 엄밀히 말하면 그것이 오이디푸스 콤플렉스다. 인간은 언제나 자신이 남성과 여성으로서 무엇을 해야 할 것인가를 대타자가 부여하는 상채기(scratch)로부터 배워야 한다고 말했을 때 나는 이 점을 강조한 것이다.[8]

7 Jacques Lacan, *On Feminine Sexuality: Encore 1972-73*, trans. Bruce Fink (New York: W.W. Norton, 1998) 12면.

8 Jacques Lacan, *The Four Fundamental Concepts of Psychoanalysis*, ed. Jacques-Alain Miller (New York: W.W. Norton, 1977) 204면.

문제는 생물학적 성이 아니라 대타자와 성적 주체가 맺는 관계다. 그때 정신분석적 차원에서 남성은 철저하게, 전체적으로 상징질서, 혹은 팰러스 기능에 예속되어 있는 반면 여성은 부분적으로, 비전체적으로 팰러스 기표의 지배를 받고 있다. 이 전체와 비전체의 개념의 차이가 양성에 대한 상징질서의 서로 다른 적용법의 차이를 설명해 준다.[9] 여기서 전체와 비전체는 질적 차이를 가리키지 않는다. 여성의 심리적 구조에는 상징계가 포섭하지 못하는 무엇이 남아 있다. 라캉이 여성의 주이쌍스를 대타자의 주이쌍스라고 새롭게 규정하는 이유도 상징계가 포섭하지 못하는 어떤 차원을 가리키기 위한 것이다. 남자의 쾌락이 기표에 의해 완전히 결정되는 데 반해 여자의 쾌락은 기표에 의해 부분적으로 결정되며, 전적으로 결정되지는 않는다. 남자들은 라캉이 남근적 향유라고 칭한 것에 한정되는 반면, 여자들은 남근적 향유와 다른 종류의 향유 둘 다 경험할 수 있다. 그 다른 종류의 향유를 라캉은 타자적 향유(Other jouissance)라고 부른다(핑크 47).

정신분석적 의미에서 남성은 완전히 상징적으로 거세된 존재다. 그는 오직 가부장적 상징계가 부여하는 남근적 주이쌍스만을 누릴 뿐이다. 그러나 여성은 그런 완전한 거세에서 벗어난 존재다. 라캉에게 남근(팰러스)은 정신분석학적으로 해석된 성적 차이를 지칭한다. 라캉의 이론에서 팰러스는 남녀의 차이만을 상징할 뿐, 팰러스의 유무가 곧 특권의 유무를 의미하는 것은 아니다. 더 나아가 남녀를 구분해 주는 이 팰러스라는 상징은 남녀라는 양성이 결코 이상적인 합일에 도달할 수 없음을 암시한다.[10] 대타자로서 상징계와 맺는 관계의 차이가 남근의 있고 없음으로 표현된다. 그리고 그런 차이 때문에 남녀는 이상적인 합일에 도달할 수 없다. 따라서 남성이 생각하는 여성, 여성이 생각하는 남성은 언제나 오인이고 착각이다. 이런 기존

9 박찬부 · 조윤숙, 「대타자에 대한 주체의 위치-라캉의 성담론」, 『영어영문학』 51권 1호(2005년 봄) 82면.

10 홍준기, 「자끄 라깡, 프로이트로의 복귀」, 『라깡의 재탄생』 54면.

범주의 속성들과 더불어 남성들이 생각하는 그런 여성이 없다는 점에서 성 관계는 없다. 이 말은 여성과 관계를 못하는 것이 아니라 한 성이 범주 안에 국한되지 않고 성별을 넘어(beyond sex) 있기 때문에 성(별적) 관계가 없다는 뜻이다.[11] 상대방을 재현하려는 남성과 여성의 상호규정은 언제나 어긋난다.

4. 시선과 응시의 어긋남

남녀 관계의 어긋남을 극적으로 보여 주는 예가 응시다. 라캉은 눈(eye)의 시선과 응시(gaze)를 구분한다. 보는 주체는 모든 것을 볼 수 없다. 자신이 볼 수 없고 보여지는 지점이 응시다. 바라보는 눈은 주체의 것인 반면 시선은 대상 쪽에 있어서 그 둘 사이에는 일치나 공존이 있을 수 없는데, 왜냐하면 내가 당신을 바라보는 그 자리에서 당신은 결코 나를 볼 수 없기 때문이다. 주체가 대상을 바라볼 때 그 대상은 항상 그 주체에게 시선을 다시 되돌려주고 있는데, 그러나 그 자리는 주체가 대상을 볼 수 없는 지점이다(Evans 72). 어긋나는 지점으로서의 응시의 존재는 성적 관계의 비대칭성, 혹은 성적 관계의 부재에 관한 라캉의 통찰과도 연결된다. 응시는 주체가 바라보는 지점인 눈과 다르다. 이런 분열은 사유에서 존재를 확인하는 자기동일적인 주체와 무의식적 주체 사이의 분열이 시각적 영역에서 나타난 것과 같다.[12] 응시는 상상계적 거울상과 정반대의 역할을 한다. 주체가 거울상에서 자신의 이상적인 모습이 실현되는 것을 발견하는 데 반해서, 응시는 주체로 하여금 재현의 영역에서 무엇인가가 결여되어 있다고 여기게 하여 재현

11 신명아, 「라깡과 버틀러」, 『라깡의 재탄생』 580면.

12 양석원, 「응시의 저편: 자크 라깡 이론에서의 주체와 욕망」, 『안과밖』 15호(2003년 하반기) 69면.

의 영역 너머에 있는 것에 대한 욕망을 불러일으킨다(양석원 73). 응시는 주체가 재현할 수 없는 어떤 지점을 지칭한다. 따라서 응시는 주체가 온전히 재현할 수 없는 대타자에 속한다. 사르트르는 응시를 바라보는 행위(the act of looking)와 융합시켰는데, 그에 반해 라캉은 둘을 분리시킨다. 다시 말해 응시는 바라보는 행위의 대상, 혹은 시각욕동의 대상이 된다. 따라서 라캉의 설명에 따르면 응시는 더 이상 주체 쪽이 아니라 대타자의 응시가 된다(Evans 72).

성적 관계에서 온전한 재현은 없다. 재현의 영역에서 무엇인가가 결여되어 있다. 이것이 성적 관계와 같은 것은 없다는 주장의 다른 의미다. 주체가 온전히 포착할 수 없는 지점인 응시는 재현의 영역, 상징계를 넘어선 실재에 속한다. 라캉의 응시에 관한 입론은 블룸과 거티의 시선 교환에서 잘 나타난다. 먼저 거티의 경우를 살펴보자.

> 그녀는 따뜻한 피가 그녀의 뺨에 물결처럼 밀려오며 타오르는 것을 느꼈는데, 그것은 거티 맥도웰에게는 언제나 위험신호이기도 했다. 그때까지도 그녀와 신사는 단지 가장 담담한 시선만을 교환할 뿐이었으나 이제 그녀는 자신의 새 모자 테두리 밑으로 그를 대담하게 쳐다보았는데 거기에 저무는 황혼녘에 그녀의 응시를 받아들이는 그 신사의 얼굴은 창백하고 이상하게도 찡그린 얼굴로, 그녀가 여태 보아온 중 가장 슬픈 얼굴처럼 그녀에게 느껴졌다. (292)

거티는 자신이 상상하는 블룸의 모습을 재현의 영역으로 끌어들이려고 한다. 그래서 그녀는 블룸이 "이상하게도 찡그린 얼굴로, 그녀가 여태 보아온 중 가장 슬픈 얼굴을" 하고 있다고 생각한다. 그러나 그것은 그녀의 느낌일 뿐이다. 거티는 "과연 신사가 바라보고 있는 것은 바로 그녀였으며, 그의 시선 속에는 의미가 담겨 있었다"(293)라고 판단한다. 그녀는 자신의 시선을 통해 블룸을 온전하게 재현하려고 한다. 거티가 지닌 재현의 욕망에서 블룸은 사랑의 환상 속에서 욕망하던 "그이"로 나타난다. "일종의 소녀 같은 여성의 마음 바로 그것이 그에게로, 그녀의 꿈의 남편에게로 나아갔던 것이니, 왜냐하면 그녀는 그가 바로 그이라는 것을 즉각 알아차렸기 때문이다"(293). 그러나 재현은 이미 어긋나 있다. 재현에는 온전히 파악할 수 없는 지점이 있다. 그렇게 블룸과 거티의 시선은 서로 어긋난다. 어긋남의 지점이 응시다.

> 그의 검은 눈동자는 그녀에게 다시 고정되어 그녀의 모든 육체의 선을 들이마시면서, 문자 그대로 그녀의 제단에 참배하고 있었다. 한 사나이의 정열적인 응시 속에 가식 없는 연모의 마음이 담겨 있다고 한다면 바로 이 남자의 얼굴에서 그것을 분명히 찾아볼 수 있었다. 그것은 바로 너를 위한 연모의 정이야, 거트루드 맥도웰이여, 그리고 너도 그것을 잘 알고 있겠지. (296)

어긋나는 응시의 지점을 고려해 볼 때 "너를 위한 연모의 정"이라는 것은 거티의 환상일 뿐이다. 블룸이 "그녀의 모든 육체의 선을 들이"마시는 것은 사실이지만 그것은 "그녀의 제단에 참배"하기 위해서도 아니고 "가식 없는 연모의 마음" 때문도 아니다. 블룸은 그녀가 이해하지 못하는 다른 욕망을 갖고 있다. 그렇게 두 사람의 욕망이 표현되는 시선은 서로 어긋난다.

> 그는 깊은 한탄에 잠겨 있었으며, 그녀는 그것을 볼 수 있었다. 그리고 유령처럼 나타나는 슬픔의 이야기가 그의 얼굴 위에 적혀 있었다. 그녀는 그 슬픈 이야기가 무엇인지 알 수 있다면 세상과도 바꿀 수 있었으련만. 그는 너무나 열렬히, 너무나 조용히, 쳐다보고 있었다. (293)

거티는 자신을 "조용히, 쳐다보고 있"는 블룸의 시선을 그녀의 환상으로 재해석한다. 그러나 블룸의 시선에는 그녀가 재현할 수 없는 응시의 지점이 있다. 그 역도 마찬가지다. 블룸은 자신을 바라보는 거티의 응시가 가리키는 지점을 온전하게 이해하지 못한다.

거티를 바라보는 블룸의 욕망은 관음증적 욕망이다. "캐펄가의 엿보기 활

동사진: 성인남자만을 위한. 엿보는 톰. 윌리의 모자. 그리고 소녀들은 그것으로 무엇을 했던가. 그들은 저런 소녀들을 스냅 사진으로 찍는 걸까"(301). 낭만적 사랑의 대상으로 블룸을 재현하려는 거티의 환상에는 포착되지 않는 블룸의 욕망이 존재한다.

> 그녀는 그에 관한 모든 것을 알기를 갈망했고, 만일 그가 자기를 깊이 사랑하게 할 수 있다면 모든 것을 용서하고, 그로 하여금 과거의 기억을 잊어버리도록 하고 싶었던 것이다. 그러면 아마 그는 한 사람의 참된·남성으로서, 그녀의 부드러운 육체를 그에게 힘껏 잡아당겨 너그럽게 그녀를 포옹하며, 그녀를, 그 자신의 아가씨를, 그녀 혼자만을 위하여, 사랑해 주리라. (294)

블룸을 바라보며 형성되는 거티의 환상에서 블룸은 "그녀 혼자만을 위하여, 사랑해 주"는 "한 사람의 참된 남성"으로 나타난다. 그러나 블룸의 의식에서 거티는 전혀 다른 역할을 한다.

> 오 주여, 저 꼬마 절름발이같은 계집애가. 차갑고 끈적끈적한 느낌이 들기 시작하는군. 뒷맛이 좋지 못해요. 하지만 어떻게 해서든 그것을 배설해야만 하는 거다. 그네들은 개의치 않아. 아마 기분이 좋을거야. 집으로 가서 맛있는 빵과 우유를 먹으며 꼬마 아기들과 밤 기도를 욀 거야. 글쎄, 그렇잖겠어? 여자를 있는 그대로 두고 보면 이도저도 아니야. 무대 장치를 해야만 하는 거지. 입술 연지, 의상, 자세, 음악을, 이름도 역시. (303)

블룸의 내적 독백에서 흥미로운 것은 성적 관계에서 작동하는 환상과 꾸밈의 필연성에 대한 통찰이다. 여자를 있는 그대로 두고 보면 이도저도 아니라는 블룸의 생각에는 성적 대상으로 여성을 환원하는 관음증적 욕망이 작동하지만 동시에 언제나 서로 무대 장치를 하고 다른 성을 대할 수밖에 없는 성적 관계의 어긋남과 비대칭성에 대한 날카로운 인식이 또한 존재한다. 성적 관계에서 다른 성을 있는 그대로 알 수는 없다. 성적 관계는 그 점에서 언제나 어긋나는 환상의 관계이다. 이것이 성적 관계는 존재하지 않는다는 라캉의 통찰이 뜻하는 것이리라.

제3부

조이스와 한국 모더니즘의 만남:

박태원과 이상을 중심으로

제1장

1904년 더블린과 1930년대 서울

1. 식민지 시대의 조이스 수용 양상

제3부는 세 개의 장으로 구성된다. 제1장에서는 조이스로 대표되는 유럽 모더니즘 문학이 1930년대 한국문학의 창작과 비평의 공간에 수용된 양상을 박태원과 이상의 작품분석을 통해 점검한다. 조심스러운 판단이지만, 지금까지의 한국문학과 외국문학의 비교문학사적 연구에서 모더니즘 문학을 접근할 때는 많은 경우 유럽 중심적 모더니즘, 그중에서도 모더니즘의 형식과 기법에만 관심을 기울여 왔다. 그 결과 식민지 시대 이후 한국 모더니즘 문학에서 벌어진 조이스 수용의 양상을 그것이 지닌 공과의 측면에서 균형 잡힌 시각으로 접근하지 못했다. 제3부 제1장에서는 조이스 문학론의 특징을 내용과 형식의 측면에서 간략히 검토하고, 그의 문학론이 식민지 시대 최재서를 비롯한 몇몇 연구자들과 비평가들의 소개 이후 한국문학에 수용된 양상을 검토한다. 이를 위해 제1장에서는 1930년대의 경제적, 사회적, 문화적 풍경의 조감도를 그린다. 제2장에서는 당대 모더니즘 소설의 대표자 중 한 명이었던 박태원의 「소설가 구보씨의 일일」(1934)을 조이스 작품과 비교하여 분석한다. 제3장에서는 20세기 한국문학사에서 최고의 모더니스트 중

한 명인 이상의 시 「오감도」(1934)와 단편 「날개」(1936)를 모조 근대, 가짜 근대를 비판하는 시각에서 다룬다. 조이스, 박태원, 이상의 비교연구에서는 각 작가들에 대한 심층적인 작가론에 치중하기보다는 조이스가 내용과 형식에서 시도했던 전위정신의 모색과 식민지 근대성을 대하는 태도가 이들 한국작가들의 작품에서 어떻게 유사하게 혹은 다르게 드러나는가를 살펴보는 것이 초점이다.

유럽의 경우도 그렇지만 한국의 경우에도 1920-30년대는 본격 모더니즘의 절정기이자 반(反)파시즘, 반식민운동의 고양기였다. 20세기 모더니즘 문학의 정점인 조이스의 『율리시스』가 1922년에 출간된 후, 약 10년 뒤에 1931년에 최초의 일본어 부분번역본이 나왔다. 첫 번째 『율리시스』 일본어 완역본은 1931-34년에 걸쳐 출간되었다. 프루스트의 『잃어버린 시간을 찾아서』(제1부)도 1929년에 일어 번역본이 나왔으며, 그 뒤 그들 작품에 대한 일본 연구자들의 연구가 나오기 시작한다. 이 시기는 이상이나 박태원 같은 한국 모더니즘 작가들의 주요작품이 발표된 때와 겹치며, 박태원의 「소설가 구보씨의 일일」의 경우에는 직접적으로 『율리시스』에 대한 언급이 나온다. 한국문학계에서 그간 축적된 모더니즘 연구사가 입증하듯이, 박태원이나 이상도 구성원으로 참여하여 1933년에 결성된 '구인회'가 구심이 되었던 1930년대 한국 모더니즘의 성립과정은 한국문학사의 중요한 분수령이 된다. 30년대의 한국 모더니즘은 그때까지의 지배적 문학이념이었던 '카프' 중심의 리얼리즘 문학의 침체기에 서울(경성)에서 결성된 구인회의 새로운 문학운동과 긴밀히 연관된다. 1950년대의 모더니즘 논의가 주로 시를 중심으로 이뤄졌던 데 비해, 1930년대 모더니즘 논의는 김기림을 비롯한 시론에서만이 아니라 박태원이나 이상을 비롯한 소설론에서도 여러 가지 뜻 깊은 성과를 거둔다. "한국의 역사적 모더니즘은 일제의 식민지 지배체제 확립기에 서울을 중심으로 하는 도시거주 지식인 문인들에 의해 추진된 새로운 문학운동으로서, 문학 양식의 혁신과 실험정신 면에서 문학의 근대성을 발견하고자

한 것이었다."[1] 조이스의 작품이 그렇듯이 한국 모더니즘은 우선 도시의 문학이었다. 이상이나 박태원 이전에도 "도시 거주 지식인 문인"들의 작품이 없지는 않았지만 식민지 조선 수도 서울의 일상성과 그것에 매혹되거나 저항했던 지식인들의 내면을 드러낸 것은 이들의 작품에 이르러서야 두드러진다. 어떤 경우에도 작가는 시대의 자식인 것이다.

하지만 조이스와 1930년대 한국 모더니즘 작품의 연관성을 분석할 때 그 초점을 "문학 양식의 혁신과 실험정신 면에서 문학의 근대성"에만 맞추는 것은 문제다. 조이스의 작품이 보여 주었듯이 그의 작품이 지닌 전위정신이나 (식민지)근대성 비판은 단지 양식과 기법의 혁신과 실험에 한정된 것이 아니었다. 그것들은 조이스가 부딪쳤던 아일랜드와 영국 문화와 사상의 한계, 더 나아가 유럽문명 전체의 한계, 17세기 이래 유럽으로 대표되는 근대성, 근대주의 근대정신의 함의를 철저히 따져보고 맞서는 치열한 비판의식의 결과였다. 이와는 다른 편향은 일부 한국 모더니즘 연구자들이 언급하듯이, 조이스 작품을 근대를 초극한 탈근대의 선구로만 간주하려는 것이다. 탈식민주의 비평, 정신분석비평, 여성론 비평 등의 '수정주의' 연구경향에서 해명하듯이, 조이스 작품에는 조이스 당대의 근대주의를 넘어선 탈근대정신의 편린들이 드러난다. 하지만 그 경우에도 조이스의 관심사는 언제나 작가 당대의 현실, 특히 전(前)근대와 근대가 착종된 19세기 말-20세기 초 세기 전환기 식민지 아일랜드와 그 중심지였던 더블린의 일상성과 그 일상을 살아가는 식민지인들의 착잡한 내면 탐색에 있었다. 달리 표현하면 조이스는 문학의 근대성을 우회하거나 자기만의 의식에서 초월하는 손쉬운 길이 아니라 그것을 관통하고 돌파하는 힘든 길을 택했다. 이 연구에서 비교검토 대상으로 삼은 박태원과 이상 문학의 문학사적 공과를 점검할 때도 이런 조이스의 전위정신은 주요한 참조 틀이 된다.

1 서준섭, 「한국문학에서의 모더니즘」, 김윤식 · 정호웅 엮음, 『한국문학의 리얼리즘과 모더니즘』(민음사, 1989) 33면.

조이스를 비롯한 유럽 모더니즘 소설가들을 1930년대 백낙원, 백철, 김영석, 이양하, 최재서 등이 주도하여 소개하였다. 당시에 프루스트나 조이스의 이론이 일본에 받아들여지면서 신심리주의라는 명칭을 얻었는데 이것은 한국에도 그대로 수용된다. 예컨대 김기림은 1934년에 쓴 「문예시평」(『조선일보』 1934.4.1.)에서 현대소설의 유형을 나누면서 "기억을 통하여 의식이나 심리를 묘사하는 방법. M. 프루스트, J. 조이스가 완성하고 국내에서는 박태원이 시험한 것"이라고 요약한다.[2] 김기림 등의 모더니즘 옹호자들은 발자크 이래의 리얼리즘(사실주의) 전통보다 조이스, 헉슬리 등의 심리적, 이지적, 실험적 소설에서 소설의 근대성을 파악하고, 이들의 새로운 수법과 거리두기의 방법에 지대한 관심을 보였다. 이들은 일본에서 사용된 심경소설(心境小說)이라는 명칭을 차용해 그것을 모더니즘 소설의 핵심적 특징으로 규정했다.[3] 일제 식민주의시대라는 왜곡된 역사적 상황 때문에 유럽 모더니즘 문학은 한국문학의 공간에 직접적으로 수용된 것이 아니라 식민국 일본을 통한 간접수용의 양상을 띠었다.

> 일례로, 신문학사의 출발점이라고 할 육당의 자유시와 춘원의 소설이 어떤 나라의 누구의 어느 작품의 영향을 받았는가를 밝히는 것은 신문학생성사의 요점을 해명하게 되는 것이다. 그들의 문학이 구(舊) 조선의 문학 특히 과도기의 문학인 창가나 신소설에서 자기를 구별하기 위하여 필요한 것은 내지(일본)의 명치(메이지明治) 대정(다이쇼大正) 문학이었음은 주지의 일이다. 그러나 그때 혹은 그뒤의 신문학이 일본문학에서 배운 것은 왕년의 경향문학과 최근의 단편소설을 제외하면 극소한 것이다. 그러면 직접으로 서구문학을 배웠느냐 하면 그렇지도 아니했다. 그럼에도 불구하고 **신문학은 서구문학의 이식과 모방 가운데서 자라났다.**[4]

2 김기림, 「작품과 작자의 거리」(『조선일보』 1934.4.2.). 강상희, 『한국모더니즘소설론』(문예출판사, 1999) 28면에서 재인용.

3 서준섭, 『한국모더니즘 문학연구』(일지사, 1988) 88-92면.

4 임화, 「조선문학 연구의 일 과제」(『동아일보』 1940.1.16.). 김윤식, 『내가 읽고 만난 일본』(그린비출판사, 2012) 29면에서 재인용. 인용자의 강조.

이런 간접 수용의 과정에서 조이스 문학에서 강렬하게 표명되는 반(反)식민주의, 반자본주의 문제의식이 거세되거나 약화된 것으로 보인다. 이런 편협한 조이스 문학의 수용은 식민지 시대와 해방 이후에 형식주의적 모더니즘 이해가 지배적인 힘을 행사하게 된 연원을 형성한다. 1930년대 나온 모더니즘 관련 글 중에서 조이스에 관한 글로는 백철이 쓴 「조이스에 관한 노트」(『형상』 1934년 2월), 김영석의 「영국 신심리주의 문학소고」(『동아일보』 1935.7.21.-8.4.), 이양하의 「제임스 조이스」(『문장』 1941.3.), 최재서의 「풍자문학론」(『조선일보』 1935.7.21.), 그리고 손정봉의 「제임스 조이스의 문학」(『조선일보』 1940.6.8.) 등이 있다. 이들 대부분은 내용이나 주제의식의 통일성 속에서 이해해야 하는 조이스 작품의 형식적 측면을 인위적으로 떼어내어 형식이나 기법의 실험성과 혁신성만을 표 나게 강조하는 한계를 지닌다. 혹은, 카프의 주도적 이론가였고 사회주의 리얼리즘 비평가였던 임화처럼 "우리의 시대는 결국 소설이 와해(瓦解)된 시대, 문학의 유멸(遺滅)된 시대인 것을 생각지 않을 수 없다. 죠이스와 푸르우스트를 평하여 어느 비평가가 소설예술의 사멸(死滅)과 붕괴의 산물이라 하였음은 연유(緣由) 없는 말이 아니다"[5]고 비판하면서 조이스를 비롯한 유럽 모더니즘의 작품을 "소설예술의 사멸과 붕괴"라고 간주하는 편협한 이해를 드러낸다. 임화의 강렬한 모더니즘 비판은 그의 이론적 스승이었던, 아마도 "어느 비평가"로 짐작되는 루카치와 궤를 같이한다.

그런 점에서 최재서의 조이스 읽기는 주목할 만하다. 내용과 형식을 통일적으로 결합하여 조이스 문학의 모더니즘적 성격을 논구한, 당시로서는 드문 초기 연구로서 최재서의 연구는 의미가 있다. 최재서는 조이스의 『젊은 예술가의 초상』을 분석하면서 이 작품이 "소년의 내면생활을 테마로 하여 최후까지 리얼하게 그리려고 한 이 소설은 유럽의 현대소설의 한 장르가 되

5 임화, 『문학의 논리』(학예사, 1940) 360면; 서준섭(1988) 227면에서 재인용. 한자는 한글병기표기함.

다시피 한 자서전적 소설의 한 선구인 동시에 한 표본인 것"[6]이라고 설명한다. 최재서의 관점이 신선한 것은 『젊은 예술가의 초상』과 그가 "저 기괴한 걸작"이라고 부른 『율리시스』를 김기림이나 박태원처럼 심리소설이나 심경소설, 혹은 사소설(私小說)로 간주하지 않고 "심리적 리얼리즘"으로 자리매김했다는 점이다. 최재서도 "한 가지 주의할 것은 이들 자서전적 소설이 종래의 성격소설처럼 인간의 외면생활을 주로 그리지 않고 그 내면 생활—무의식을 포함하는 심리세계를 주로 그린다는 점"(최재서 232)이라고 덧붙이면서, 조이스 작품이 기존의 사실주의 소설과는 미적 성격을 달리한다는 점을 분명히 하지만, 그 경우에도 『젊은 예술가의 초상』의 독특함은 "심리세계"의 묘사에만 있는 것이 아니라는 점을 강조한다. 최재서는 "애란[아일랜드]과 같은 빈곤과 미신과 정치적 파쟁의 나라에서 어떻게 해서 『율리시스』와 같은 예술이 탄생하였는가"라고 날카롭게 묻는다. 이런 시각은 "한 나라의 문학에 대한 작가의 태도는 '내슈날리즘'(민족주의)과 '세계주의'의 두 가지가 있으며 애란의 예이츠 파는 전자에 속하고 조이스는 후자에 속하는 예라고 설명"하는 김기림의 단순한 접근법과도 대조를 이룬다.[7]

조이스는 단순한 세계주의자가 아니다. 조이스는 그를 억눌렀던 민족주의와 세계주의 모두의 한계에 유념했고, 그것을 넘어선 사유를 전위적으로 시험했지만, 조이스 문학의 토양은 변함없이 아일랜드 식민 현실이었다. 조이스가 견지한 아일랜드에 대한 지대한 관심은 17년에 걸쳐 쓴 최후작품이자 20세기에 출간된 가장 실험적이고 난해한 소설 중 하나인 『피네건즈 웨이크』(1939)에서도 드러난다. 적어도 조이스를 '세계주의자'라고 손쉽게 단정 짓지 않는 균형감각을 지킨다는 면에서도 최재서의 안목은 남다르다. 최재서는 형식실험의 대가로서 조이스의 예술적 면모만이 아니라 식민지 작가로서 조

6 최재서, 「조이스 『젊은 예술가의 초상화』: 예술의 탄생」(『인문평론』 1940년 1월), 『최재서평론집』(청운출판사, 1961) 221-22면, 인용문은 현대 맞춤법에 맞춰 부분적으로 손봄.

7 편석촌, 「문학상 朝鮮主義의 諸樣姿」(『조선일보』 1934.11.14.). 서준섭(1988) 104면에서 재인용.

이스의 고투에 주의를 기울인다. 최재서는 그가 제기한 질문의 비밀을 밝히기 위해 "정신적 기록"이자 "정신발달사"로서 조이스의 『젊은 예술가의 초상』을 연구하겠다고 밝힌다.

> 다만 평범한 주위의 현실과 주인공 스티븐의 의식이 서로 연결하고 교착하고 흐르고 하는 난합(難合)의 모든 면을 통하여 소년의 내면생활이 영화의 장면처럼 선명하게 묘출된다. 그것이 아름다운 것은 생활 자체가 아름다운 때문이 아니라 그 묘사가 리얼하고도 시미(詩味)를 갖추었기 때문이다. 그리고 이 모든 것을 통하여 확실한 것은 스티븐이 지극히 예민하고 또 순진하다는 점이다. 그러나 그가 살고 있는 현실(애란)은 차차 분명하여지겠지만 지극히 무지하고 완고하다. 이 야만적인 현실은 이 민감한 소년 주인공 속에 의혹과 공포심을 침전시킨다. 이것도 역시 앞서의 종교와 정치의 환상과 함께 조이스의 예술에 짙은 배경을 만들어 내고 있다. (최재서 223)

최재서는 『젊은 예술가의 초상』의 심리묘사가 "영화의 장면처럼 선명하게 묘출"된다는 점에 주목한다. 그 점에서 이 작품은 심리소설, 내면소설이라 할 만하다. 동시에 최재서는 이런 내면묘사가 가능한 이유를 주인공 스티븐의 "지극히 예민하고 또 순진"한 성격에서 찾으며, 스티븐의 이런 독특한 성격을 강화시킨 것이 "지극히 무지하고 완고"한 식민지 아일랜드의 현실이라는 사실을 덧붙인다. 조이스 작품은 단지 심리소설이 아니라 "종교와 정치의 환상"을 탐구하는 탁월한 사회소설이라는 것이다.

범박하게 말하자면 최재서의 비평은 해방 이후 1960년대부터 80년대까지 형성된 형식주의에 치우친 조이스 연구의 일면적 시각을 넘어서는 날카로운 안목을 보여 준다. 영미의 조이스 연구에서도 비슷한 경향이 드러나지만 한국 영문학계에서도 대략 1980년대 이후 조이스 읽기의 방법론은 다채로워졌다. 도시적이고, 세계주의적 작가인 조이스, 혹은 지역과 국가의 협소한 틀을 뛰어넘어 인류의 보편적 가치를 혁신적인 기법으로 표현한 위대한 모더니스트 조이스라는 규범화된 평가를 새롭게 해체 혹은 재구성하면서 다른 각도에서 조이스를 분석하는 여러 독법이 시도된다. 19세기 말-20세기 초엽 아일랜드 식민 상황의 맥락 안에 조이스의 작품을 배치하면서 작품의 역사성과 구체성을 복원하려는 탈식민주의나 문화연구 쪽에서 왕성한 연구결과를 내놓고 있으며, 남녀관계를 탐색하는 조이스의 탈근대적 시각을 부각시키는 여성론적 연구도 두께를 키우고 있다. 정신분석비평, 맑스주의 비평, 구조주의 비평, 해체론 비평 등에서도 조이스는 가장 중요한 분석대상 작가 중 한 명이다.

2. 1930년대의 풍경

1930년대의 사회문화적 풍경을 간략히 살펴보면 이 시기는 1920년대부터 시작된 조선 사회의 자본주의화, 근대화가 본격화된 시대다. 1899년 전차 개설, 1907년 조선 최초의 상설 영화관 개설 등에서 이미 조선사회가 겪었던 자본주의화, 근대화의 일단이 나타나지만, 1930년 조선 최초의 백화점 개점은 상징적으로 조선 사회가 비록 경성 등에 국한된 양상으로나마 자본주의 소비사회의 양태를 서서히 띠게 되었다는 것을 알려준다. 본격적 의미에서 근대도시가 조선에서 형성되기 시작한 것도 1930년대다. 30년대 한국문학은 비록 일부에 국한된 것이었지만 (식민)도시라는 공간적 매개를 통해 자본주의적 근대(성)가 식민지 조선인들에게 안팎으로 관철되는 양상을 본격적으로 형상화하게 된다. 박태원은 「소설가 구보씨의 일일」에서 새로운 도시문화와 사람들의 모습을 이렇게 묘사한다.

> 구보는 고독을 느끼고, 사람들 있는 곳으로, 약동하는 무리들이 있는 곳으로, 가고 싶다 생각한다. 그는 눈앞에 경성역을 본다. 그곳에는 마땅히 인생이 있을 게다. 이 낡은 서울의 호흡과 또 감정이 있을 게다. 도회의 소설가는 모름지기 이 도회의 항구와 친해야 한다. 그러나 물론 그러한 직업의식은 어떻든 좋았다. 다만 구보는

고독을 삼등 대합실 군중 속에 피할 수 있으면 그만이다. 그러나 오히려 고독은 그곳에 있었다. 구보가 한옆에 끼어 있을 수도 없게끔 사람들은 그곳에 빽빽하게 모여 있어도, 그들의 누구에게서도 인간 본래의 온정을 찾을 수는 없었다.[8]

이 묘사에는 달라진 현실에 처한 당대 작가들의 곤혹스러운 처지가 압축적으로 그려진다. 30년대의 작가들은, 특히 박태원처럼 근대화의 격랑에 처한 도시의 일상을 하루 동안의 서사에 담으려는 작가라면 "도회의 항구와 친해야 한다." 모더니즘은 도시의 문학이다. 그러나 그런 작가는 고독감을 감수해야 한다. 19세기 리얼리즘 소설에서는 발견할 수 있었던 작가와 "군중" 사이의 소통의 공간은 사라졌다. 이제 "고독을 삼등 대합실 군중 속에 피할 수 있"던 시대는 사라졌다. 군중 속에서 작가는 오히려 외로움을 느낀다. 군중들이 많을수록, 사람들이 "빽빽하게 모여 있"을수록 군중의 개별성은 사라지며, 그 결과 "그들의 누구에게서도 인간 본래의 온정을 찾을 수는 없"게 된다. 시대와 사람들의 심성이 달라졌다. 작가들은 새로운 예술적 과제를 안게 되었다. 도시를 제대로 탐구한다는 것은 자본주의가 움직이는 기제를 탐구하는 것이다. 이상, 박태원 등의 30년대 작가들은 식민지 수도 서울을 중심으로 한 도시풍경을 '근대충격'으로 받아들이고 도시적 일상성을 작품에 재현하는 작품을 창작했다.

1930년대는 식민지적 근대체험의 특수성이 한반도에 집약적으로 드러난 시기였다. 군국주의적 팽창정책에 의존할 수밖에 없었던 일본자본주의의 특수성이 식민지 경영의 특수성으로 관철된 결과이지만, 조선반도에서도 일종의 산업자본주의적 붐이 일어나고 있었다. 일본 산업자본의 대량 유입은 금융자본의 유입을 낳았고, 이는 다시 통화량의 증가와 이에 기댄 유통경제의 활성화를 낳았다. 이는 전반적으로 일종의 골드러시를 낳아 도시를 발달시켰고 그에 따르는 문명적 분위기를 극적으로 연출하게 되었다.[9] 「소설가 구

8 박태원, 『소설가 구보씨의 일일: 박태원 단편선』, 천정환 책임편집(문학과지성사, 2005) 114면. 이하 「소설가 구보씨의 일일」의 인용은 「구보」로 약칭하고 면수 병기.

보씨」에 언급된 '황금광' 열기는 골드러시와 물신주의를 전형적으로 보여 주는 한 예다.

> 두 명의 사내가 서 있었다. 낡은 파나마에 모시 두루마기 노랑구두를 신고, 그리고 손에 조그만 보따리 하나도 들지 않은 그들을, 구보는, 확신을 가져 무직자라고 단정한다. 그리고 이 시대의 무직자들은, 거의 다 금광 브로커에 틀림없었다. 구보는 새삼스러이 대합실 안팎을 둘러본다. 그러한 인물들은, 이곳에도 저곳에도 눈에 띄었다. 황금광 시대. (중략) 시내에 산재한 무수한 광무소. 인지대 백 원. 조선 전토의 칠 할. 시시각각으로 사람들은 졸부가 되고, 또 몰락해갔다. 황금광 시대. 그들 중에는 평론가와 시인, 이러한 문인들조차 끼어 있었다. (중략) 사람들의 사행심, 황금의 매력, 그러한 것들을 구보는 보고, 느끼고, 하고 싶었다. 그러나 고도의 금광열은, 오히려, 총독부 청사, 동측 최고층, 광무과 열람실에서 볼 수 있었다.
>
> (「구보」 116-17)

황금광 시대에서 전통적인 지식인이나 작가의 위상은 유지될 수 없다. "평론가와 시인"들도 "사행심, 황금의 매력"에 매혹되었고, "서정시인조차 황금광으로 나서는 때다"(「구보」 118면). 유럽에서도 그랬듯이 근대(식민)도시의 발달에서 한국 모더니즘이 시작된다. 물신적이고 불가해한 도시의 탐색을 통한 부재의 확인이 곧 존재의 입증이 되는 비극적 아이러니가 모더니즘 이후 근대소설의 본질이 된다.

조이스, 카프카, 이상이나 박태원을 비롯한 대부분의 모더니즘 소설들이 지니고 있는 비관적 세계인식, 고립되고 소외된 인간상, 분열된 내면과 자아, 불연속적이고 뒤틀린 서사구조, 해체된 시공간 등의 특징들은 근대도시의 악마적 성격과 일치한다. 그리고 이런 악마적 성격은 근대도시 자체가 지닌 타고난 속성이라기보다는 "인간 본래의 온정"을 더 이상 찾기 힘들게 만들고 인간의 관계를 상품의 관계로 타락시키는 자본주의 근대화의 표현이다. 모더니즘 작가들의 형식실험은 작가와 군중이 분리되고, 글쓰기조차 상

9 김명인, 『자명한 것들과의 결별』(창비, 2004) 50-51면.

품화의 논리를 벗어나기 힘들게 된 시대, 그리고 점점 복잡해지는 근대 도시의 삶이 지닌 착잡함을 어떻게든 포착하려는 고투의 소산이다.

자본주의 근대화가 본격화되고 한국문학사에서 본격적으로 도시의 삶과 일상성이 문제가 된 시대라는 점에서 1930년대는 한국문학사상 가장 중요한 연대 중 하나다.[10] 이때에 이르러 한국사회는 사회전반에 걸친 광범위한 반성을 하게 된다. 한국어에 대한 관심이 고조되고, 실학의 개념이 재정리되어 조선학이라는 개념으로 발전되고, 한국사회의 구조적 모순에 대한 문학적 선언이 나타난다. 1930년대의 한국문학은 그때까지 근대문학을 지배해 온 유교적이고 전통적인 이념이 아니라 주로 유럽에서 생긴 문예이념과 사조에 깊은 영향을 받게 된다.[11] 1930년대 한국문학에서는 개화기 초에 나타났던

10 1930년대 한국문학의 현황에 대한 설명으로는 김현, 「식민지 시대의 문학」, 『현대한국문학의 이론/사회와 윤리: 김현문학전집 2』(문학과지성사, 1991) 126-134면 참조. 이하의 시대개관은 이 글에 주로 기댄다.

11 1920년대 이후 일제의 무단정치노선이 문화정치로 바뀌면서 다수의 신문, 잡지가 창간되었다. 신문 4종, 잡지 168종이 창간되었다. 특히 창간된 잡지들에서 『금성』, 『해외문학』, 『신소설』, 『조선문단』, 『문예공론』 등 전문문예지가 많았다. 이들 잡지를 통해 일본의 조선인 유학생들이 소개하는 유럽 문화의 수업이 본격화되었다. 유럽문학 수입의 토대가 되었던 번역문학이 1910년대의 89편에서 1920년대에는 671편에 이르렀다(김병철, 『한국근대번역문학사연구』, 제1권(을유문화사, 1975) 414-15면; 김상욱, 「아일랜드인 블룸과 조선인 구보: 모더니즘과 글로벌 상품화」, 『현대영미소설』 18권 1호(2011) 8면). 박태원과 이상 등의 모더니즘 작가들이 활동하던 1920-30년대는 동시에 번역을 통해 외국문학이 한국에 본격적으로 소개된 때이기도 하다. 다채로운 외국문학의 소개는 한국 근현대문학의 폭과 깊이를 확장하는 데도 큰 영향을 미쳤다. 한 국가의 생기 있는 민족문학과 민족문화는 다른 나라 문학과의 교섭을 통해서만 성립한다. 외부와 교류하지 않는 민족문화는 발전할 수 없다. 조이스가 대륙으로 예술적 망명을 떠나지 않고 아일랜드에 남아 있었다면 민족성과 세계성의 통일이라는 조이스 문학의 뛰어난 성취가 달성될 수 있었을지 의문이며, 박태원과 이상의 경우에도, 그들의 작품이 보여 주는 이런저런 장단점에도 불구하고, 일본을 매개로 한 유럽 모더니즘의 영향을 받지 않았다면 그들의 문학적 성취의 향방이 어떻게 전개되었을지 모를 일이다. 이렇듯 한국의 경우에도 근현대문화의 형성에 외국문학 · 문화와의 교섭이 차지하는 비중은 지대하다. 그런데 이런 영향력의 대부분은 번역을 매개로 하여 이뤄진다. 특히 외국문학 가운데 영미문학이 차지하는 위상은, 최소한 번역과 연구, 그리고 일반 독자의 독서

'새것 콤플렉스'의 단계를 넘어서 이념적 지향도 1920년대 무렵부터 본격적으로 대두된 민족주의와 사회주의라는 뚜렷한 이념으로 분화된다. 이때의 민족주의는 조선 왕조의 부흥이나 복고주의라는 측면에서 이해된 것이 아니라 조선의 근대화, 탈식민화라는 측면에서 이해된다. 당대에 제기된 민족자본에 대한 관심이 좋은 예다. 카프로 명확하게 표현된 사회주의 이념은 무산계급 혹은 피압박민이라는 보편적 국제주의에 의거하여 일본의 식민지 지배하에 놓인 조선 민족, 특히 노동, 농민, 무산계급을 포함한 피업악인의 해방을 주된 과제로 삼는다. 개화기초의 유교적 민족주의가 30년대에 들어서 민족주의와 사회주의라는 근대적 정치/문예 이념으로 분리된 것은 식민지 정책의 악랄함을 한국 지식인들이 점차 깨닫기 시작했다는 것을 뜻한다. 1930년에 들어 작가들은 자신이 서 있는 위치를 냉정하게 인식하기 시작했다.

전통사회가 무너져 가고 기형적인 형태이지만 식민지 근대화의 물결이 밀려오는 1920-30년대 작품의 상당수는 출세가 불가능하게 된 뿌리 뽑힌 작가들의 위상에 대한 자조로 가득 차 있다. 이상의 「날개」에서도 이런 자조의

대상으로서 얼마만큼 빈번히 읽히는가 하는 양적인 측면에서 본다면, 앞자리에 위치해 왔다. 전문적인 문학연구자를 예외로 한다면 외국문학이 한 나라의 일반 독자와 만나는 통로는 번역이다. 더욱이 조이스처럼 작품의 난해성에서 수위를 다투는 작가의 경우 일반 독자들이 조이스를 원문으로 읽는다는 것은 매우 힘들다. 다른 작가들의 경우도 그렇지만 조이스의 경우 정확한 번역과 번역자의 적절한 주석과 상세한 작품해설은 긴요한 과제다. 이것은 비단 일반 독자의 사례만도 아니다. 지금도 여러 가지 사정상 외국문학 교육의 상당 부분은 번역서에 기대는 실정이다. 영문학 교육의 경우도 사정은 별반 다르지 않다. 영문학 원서를 다루는 대학 강의에서조차 적지 않은 학부 학생들이 강의 시간에 다루는 작품의 번역서를 참조하는 것이 현실이다. 그렇다면 외국문학 교육과 문화수용의 현실에서 충실하고 신뢰할 수 있는 번역서를 활용하고 추천하는 것이 외국문학 교육에서 빼놓을 수 없는 일이 된다. 신뢰할 만한 번역본의 존재는 단지 대학의 외국문학교육 과정에서만이 아니라 중고등학교 교육에서도 중요한 의미를 지닌다. 중고등학교 교육과정에서 외국문학 고전읽기는 점점 그 중요성을 더해 가고 있으며, 그중에서 조이스를 비롯한 영문학 고전이 차지하는 비중은 크다. 일반 성인독자의 경우와 마찬가지로 영어 원서를 직접 읽을 능력이 떨어지는 중고등 학생들에게 번역본은 외국문학을 만날 수 있는 거의 유일한 통로다. 믿을 만한 좋은 번역서가 절실한 이유다.

모습이 드러나지만, 박태원의 「소설가 구보씨의 일일」에서는 좀 더 명료하게 작가의 곤경을 드러낸다. 구보의 어머니는 작가/지식인인 아들을 이렇게 걱정한다.

> 어머니는 다시 바느질을 하며, 대체, 그 애는 매일, 어딜, 그렇게, 가는, 겐가, 하고 그런 것을 생각해 본다. 직업과 아내를 갖지 않은, 스물여섯 살짜리 아들은, 늙은 어머니에게는 온갖 종류의 근심, 걱정거리였다. (중략) 어머니는 어디 월급자리라도 구할 생각은 없이, 밤낮으로, 책이나 읽고 글이나 쓰고, 혹은 공연스레 밤중까지 쏘다니고 하는 아들이, 보기에 딱하고, 또 답답하였다. (중략) 때로, 글을 팔아 몇 푼의 돈을 구할 수 있을 때, 그 어느 한 경우에, 아들은 어머니를 보고, 뭐 잡수시구 싶으신 거 없에요, 그렇게 묻는 일이 있었다. 어머니는 직업을 가지지 못한 아들이, 그래도 어떻게 몇 푼의 돈을 만들어, 자기에게 그런 말을 할 수 있는 것을 신기하게 기뻐하였다. (「구보」 89-91)

박태원 등의 소설에서 묘사되는 지식인/작가의 모습은 이제 누구에게 글을 바쳐야 될지를 알 수 없기에 기진맥진한 뿌리 뽑힌 모습이다. 박태원은 "밤낮으로, 책이나 읽고 글이나 쓰고, 혹은 공연스레 밤중까지 쏘다니고 하는 아들이, 보기에 딱하고, 또 답답"하다고 느끼는 것을 어머니의 마음이라고 일차적으로 묘사하지만, 실은 그 마음의 묘사는 당대 사회가, 혹은 작가들 자신이 느끼던 자의식의 표현이다. 조선에서 한때 문사/지식인이 가장 높은 대우를 받은 적이 있었다. 하지만 좋았던 과거는 지났다. 이제 그것이 불가능하다는 것을 알게 된 문학인들의 자조는 "19세기는 될 수 있거든 봉쇄하여버리오"라는 이상의 절규로 변모한다.

30년대의 식민지 치하에서 이제 작가들은 대부분의 경우 현진건의 경우처럼 밤중에 술이 취해 흐느끼거나(「술 권하는 사회」), 남의 조소를 받으면서도 오기로 버틴다(「빈처」). 그렇지 않으면 이상의 경우처럼 아내의 치마폭에 매달려 기생충 생활을 하거나(「날개」), 채만식이나 박태원처럼 카페 순례를 하면서 여급들과 실없는 장난이나 할 뿐이다(「레디메이드 인생」, 「소설가 구보씨의 일일」). 이제 문학은 식민지 현실에서 자기 위치를 명확히 확인하기 힘든 뿌리 뽑힘의 정서, 전통과 현대 사이에 끼인 곤혹스러운 위치에 처한다. 익숙했던 과거는 사라졌고 새롭게 등장한 현실은 곤혹스럽다. 1930년대의 작가들은 문학이 예전처럼 유교적 이념의 '문사'나 '선비' 같은 자기 신분의 표현형태가 아니라 자기 자리를 찾지 못하는 식민지 지식인의 서글픈 표현으로 축소되었다는 것을 절감한다. 뒤에 살펴보겠지만, 이상의 독특한 면모는 그가 '전통이냐, 근대냐'라는 상투적 이분법을 넘어서 이미 눈앞에 와 버린 근대의 착종된 모습을 천착했다는 점이다. 이상은 '사이비 근대, 혹은 '모조' 근대와 '진짜' 근대의 관계를 고민했고, 더 나아가 당대의 작가들이 진짜 근대의 상징으로 상상했던 일본 동경의 실체를 캐물었다.

제2장

더블린의 블룸, 서울의 구보: 박태원 읽기

1. 도회의 소설가 구보

조이스의 작품이 보여 주듯이 모더니즘 작가들에게 제기된 문제는 근대(성)의 수용과 거부, 민족주의와 세계주의의 양자택일에서 하나를 선택하는 것이 아니었다. 요는 근대와 근대성을 대하는 입장이며, 식민지 근대의 실체를 구체적으로 해명하는 것이다. 식민지 근대는 그 성격상 이식된 근대이며, 가짜 근대, '모조 근대', '짝퉁 근대'다. 그렇다면 이 '짝퉁 근대'의 현실에 대해 작가는 어떤 태도를 취할 것인가. 이것이 관건이 되는 질문이다. 이 질문을 대하는 입장의 차이로 박태원과 이상이 갈라진다. 조이스에게 더블린이 사유의 뿌리였다면, 박태원과 이상에게는 서울(경성)이 그러했다.[1] 두 작가 모두에게 경성은 창작의 주요 배경이자 근거지였지만, 박태원의 경우에는 서울이 풍기는 근대화에 매혹당하는 경향이 더 강했다. 앞서 언급했듯이, 구보는 본인의 지적대로 "도회의 소설가"다. 조이스의 『율리시스』가 1904년

1 박태원의 『소설가 구보씨의 일일』을 『율리시스』와 비교 연구한 논문으로는 조선숙, 「『小說家 仇甫氏의 一日』의 비교연구: 『Ulysses』와의 영향관계를 중심으로」, 『비교문학』 22(1997); Taeun Min, "An encounter: Blooms day and Goobo's day," *James Joyce Journal* 10.2 (2004); 김상욱, 앞의 글 등을 참조.

6월 16일 하루 동안 인구 35만에서 40만이었던 더블린 이곳저곳을 배회하는 블룸과 스티븐의 내면탐색기라면 박태원의 이 작품은 1934년 인구 약 31만이었던 식민지 수도를 구보가 배회하는 기록이다.[2]

블룸이 더블린을 배회하는 것과 구보가 경성을 배회하는 것은 기본적으로 마음의 배회이며, 이런 이유로 구보는 블룸의 정신적 후계자다. 「소설가 구보씨의 일일」에서 직접적으로 『율리시스』에 대한 언급이 나오는 것은 그래서 자연스럽다. "구보는 그저 『율리시스』를 논하고 있는 벗을 깨닫고, 불쑥, 그야 제임스 조이스의 새로운 시험에는 경의를 표해야 마땅할 게지. 그러나 그것이 새롭다는, 오직 그 점만 가지고 과중 평가를 할 까닭이야 없지"(「구보」 128). 이 대목은 구보의 자의식을 드러낸다. 식민지의 수도인 더블린을 다룬 『율리시스』의 성취를 두고 그저 새로울 뿐이라고 말하는 구보의 언급에는 자신의 작품은 "그것이 새롭다"는 것을 넘어선 본질적인 어떤 것을 표현할 것이라는 예술적 자의식이나 욕망이 드러난다. 문제는 구보가 "조이스의 새로운 실험"의 참된 의미를 제대로 이해하고 있는가이다. 조이스의 실험정신에 거리를 두는 구보와는 달리 박태원은 조이스 작품의 미덕을 좀 더 명확하게 지적한다. 박태원은 자신의 작품이 조이스의 작품에 영감을 받아 육체를 얻은 "심경소설(心境小說)이라는 것 사소설(私小說)이라는 것 또는 신변소설(身邊小說)이라는 것"[3]의 계보에 속한다는 것을 인정하고, 특히 심경소설

2 구보는 산책자(flaneur)라기보다는 배회자(wanderer)에 가깝다. 벤야민의 산책자는 자본주의 도시에 대한 관조적 관찰자다. 산책자는 도시에 대한 매혹이 없는 것은 아니지만 도시의 모든 것들을 우월한 위치에서 거리를 두고 유유자적하게 관찰하는 일종의 반(反)근대적 귀족적 낭만주의자라고 할 수 있는데, 이는 보들레르적 여유를 지닌 '댄디'를 연상하게 한다. 하지만 배회자는 그런 관조적 여유를 지니지 않는다. 처음부터 근대적인 것들에 대해 근원적인 거리감을 유지하는 산책자와는 달리 배회자는 근대에 대한 매혹과 거부 사이에서, 근대적 욕망의 추구와 억제 사이에서 동요하는 인물이다. 구보는 배회자에 가깝다(김명인 84면). 배회자 구보는 근대의 매혹과 공포 사이에서 동요하는 인물이지만 그는 매혹 쪽으로 기운다. 박태원과는 달리, 이 동요의 선택지를 거부하면서 '모조 근대' 혹은 근대 자체에 대한 환멸을 보여 주는 것이 이상이다.

3 박태원, 「표현, 묘사, 기교」(『조선중앙일보』 1934.12.17.-31.), 김윤식 엮음, 『한국현대

의 방법으로 조이스가 『율리시스』에서 시험한 의식의 흐름 수법과 영화에서 사용된, 현재와 과거, 현실과 환상이 교착되는 이중노출(over-lap) 수법을 꼽는다.[4]

> 나는 그중에서도 특히 오우버랩의 수법에 흥미를 느낀다. 그리고 나는 실제로 나의 작품에 있어 그것을 실험하여 보았다. 그러나 물론 그것은 나만이 생각할 수 있었던 것은 아니었을 것이다. 최근에 『율리시스』를 읽고 제임스 조이스도 그가 큰 시험을 할 것을 알았다. (중략) 현재와 과거의 교섭, 현실과 환상의 교착, 그런 것을 우리 기교적으로, 또 효과적으로 표현함에, 이 수법은 분명히 필요하다.
>
> (박태원, 앞의 글, 61-62, 표현은 현대 맞춤법에 따라 손봄)

주지의 사실이지만 1920-30년대는 유럽에서나 조선에서나 새로운 매체로서 영화의 매력이 집중적으로 부각된 시대다. 조이스는 『율리시스』에서 다양한 서사기법을 시험하는데, 그중 하나가 활동사진의 영상기법이다. 조이스는 문학 텍스트를 활동사진적 기법을 활용하여 새로운 방식으로 시도하였다. 『율리시스』의 「아이올로스」("Aeolus") 에피소드나 「떠도는 바위들」("Wandering Rocks") 에피소드가 좋은 예다. 「아이올로스」 에피소드에 나타나는 갖가지 표제(heading)들은 새로운 이미지 매체인 영화에 대한 대중들의 이해를 돕기 위해 붙여진 영화 제목들과 흡사하며, 「떠도는 바위들」에서 시도된 짤막한 표제어들은 카메라 앵글 기법이 총동원된 활동사진이라 할 만하다.[5] 구보

모더니즘비평선집: 자료편』(서울대학교출판부, 1991) 56면. 한자어는 한글표기 병기함.

4 「소설가 구보씨의 일일」에서도 영화적 기법은 다양하게 사용된다. 행선지를 결정하지 못한 채 전차를 탄 구보는 차창을 통하여 경성 시내를 관찰하는데 이때 차창 밖 풍경은 구보의 시선을 따라 동행 화면(follow shot)으로 처리된다. 구보의 회상은 경성 거리를 거닐면서 받게 되는 외부적인 자극과 그로 인한 연상 작용에 의하여 영화에서의 오버랩 수법과 플래시백 기법을 결합시켜 나타내 보인다. 플래시백 기법은 영화에서 줄거리를 형성하기 위하여 과거의 사실이 현재가 되게 하고, 다른 장소는 의식 속에서의 이곳이 되게끔 만드는 것이다(손화숙, 「영화적 기법의 수용과 작가의식」, 『박태원 소설연구』[깊은샘, 1995] 211-12면).

5 John McCourt, *The Years of Bloom: James Joyce in Trieste 1904-1920* (Madison:

는 과거의 애틋했던 추억의 공간인 동경에서 만났던 여인을 떠올리며, 그가 보았던 영화라는 문화상품 속에 구현된 상상력의 차원에서 자신의 행동규범을 정한다.

> 역시 좁은 서울이었다. 동경이면, 이러한 때 구보는 우선 은좌(銀座)로라도 갈 게다. 사실 그는 여자를 돌아보고, 은좌로 가서 차라도 안 잡주시렵니까, 그렇게 말하고 싶었었다. 그러나 순간에, 지금 막 보았을 따름인 영화의 한 장면을 생각해 내고, 구보는 제가 취할 행동에 자신을 가질 수 없었을지도 모른다. (「구보」 135-36)

구보의 의식에서 서울은 근대성의 진짜 모습이 아니다. "역시 좁은 서울"이라는 표현에는 유럽이 상징하는 근대화를 추종하되 그에 미치지는 못하는 식민지 후진성에 대한 강한 자의식과 열등감이 깔려 있다. 따라서 근대의 참된 모습을 맛보려면 동경으로 가야 한다. 그런데 그 동경에서 구보는 여자와 무엇을 할 것인가. 그의 행동을 규정하는 것은 "지금 막 보았을 따름인 영화의 한 장면"이다.

영화의 한 장면이 구보의 의식 한 켠을 지배한다는 것은 1930년대 일본과 조선에서 영화라는 매체가 대중들의 소비 상품으로 널리 보급되고 있었다는 징후다. 영화는 흥미로운 오락의 대상일 뿐 아니라 구보의 행동에 영향을 미치는 매체로도 기능한다. 조이스도 영화 매체에 깊은 관심을 갖고 있었는데, 아일랜드 최초의 영화관인 볼타 영화관(Cinematograph Volta) 개관에 조이스는 관여했다. 조이스의 영화에 대한 상업적 시각은 조이스가 젊은 시절 머물렀던 이탈리아 트리에스테의 동업자들과 함께 1909년 12월 20일 더블린 최초의 영화관인 볼타 영화관을 열게 된 계기로 작용한다. 볼타 영화관에 한 푼도 투자하지 않았으면서도 입장료 수입의 10퍼센트를 배분받기로 했던 것은 문화예술작품을 단지 심미적 관점만이 아니라 상품성의 관점에서 조이스

U of Wisconsin P, 2000) 147면; 김상욱 11면.

가 접근하고 있다는 예증이다(김상욱 11; Eiimann 300-303). 이것은 모더니즘 시대에 이르러 이제 문학은 단지 예술작품으로서가 아니라 영화처럼 일상예술의 대중적 소비상품으로서의 성격을 동시에 지니게 되었다는 것을 조이스가 인지했다는 것을 보여 준다. 조이스는 내면성의 작가로 머물지 않는다. 그가 인물들의 내면성에 깊은 관심을 둔 것은 사실이나, 동시에 조이스는 철저하리만큼 각 인물들의 삶을 규정하는 외부적인 것들, 돈과 명성과 권력의 힘을 파헤친다. 조이스에게서 내면성은 외부적인 것들과 대립되는 것이 아니라 서로 포개지는 것이다.

「소설가 구보씨의 일일」의 미덕은 이 작품이 『율리시스』의 모티프를 반복하고 있다는 데만 있지 않다. 그런 비교는 피상적이다. 그 나름의 방식으로 구보는 1934년 어느 하루 벌어진 경성 방랑을 통해 상품화와 물신화의 논리가 자리를 잡아 가는 당대 경성의 일상과 사람들의 내면을 엿본다. 구보의 의식은 상품소비를 통한 페티시즘적 행복 찾기와 타인의 소비행위 엿보기를 통해 매개된 상품에 대한 애착을 드러낸다. 자신도 모르게 백화점으로 향했던 구보는 승강기에서 "너덧 살" 아이를 동반한, 윤택해 보이는 젊은 부부와 마주치자 그들이 즐길 값비싼 오찬을 상상하면서 소비행위를 행복의 척도로 삼는 의식의 일단을 드러낸다.

> 젊은 내외가, 너덧 살 되어 보이는 아이를 데리고 그곳에 가 승강기를 기다리고 있었다. 이제 그들은 식당으로 가서 그들의 오찬을 즐길 것이다. 흘낏 구보를 본 그들 내외의 눈에는 자기네들의 행복을 자랑하고 싶어 하는 마음이 엿보였을지도 모른다. 구보는, 그들을 업신여겨볼까 하다가, 문득 생각을 고쳐, 그들을 축복해 주려 하였다. (중략) 그들은 분명히 가정을 가졌고, 그리고 그들은 그곳에서 당연히 그들의 행복을 찾을 게다. (「구보」 97)

이 장면은 구보의 착종된 의식을 포착한다. 구보는 마음 깊은 곳에서 유복한 가정의 행복해 보이는 모습에 매혹된다. 구보는 짐짓 "흘낏 구보를 본 그들

내외의 눈에는 자기네들의 행복을 자랑하고 싶어 하는 마음이 엿보였을지도 모른다."라고 행복을 자랑하고 싶은 젊은 부부의 허영심을 탓하지만 기실 그런 판단은 구보가 지닌 자의식의 소산이다. 그런 점에서 "그들을 업신여겨볼까" 하는 구보의 생각은 근거 없는 자신감의 표현일 뿐이다. 물신주의의 논리가 힘을 행사하기 시작하는 식민지 자본주의에서 별다른 재력과 직장이 없는 소설가 구보는 아무런 현실적 힘이 없다. 구보에게서 주관적 욕망과 객관적 조건은 따로 논다. 그래서 구보는 "문득 생각을 고쳐, 그들을 축복"하겠다고 마음먹는다. 여기에는 아직 결혼을 하지 못하고 있는 아들에 대한 근심으로 결혼을 은근히 종용하는 어머니에 대해 구보가 품고 있는 봉건적 자의식도 은밀하게 작동한다.

너덧 살 되어 보이는 아이를 데리고 백화점에 온 유복한 젊은 부부의 모습은 조선의 전통적인 가족의 모습과는 다르다. 이들은 19세기 유럽에서 틀을 갖춘 새로운 가족형태인 '핵가족'으로 구성된 '행복한 가정'(happy home)의 이데올로기를 상징한다. 구보는 이들이 상징하는 근대성, 그리고 그것이 제공할 것으로 여겨지는 "그들의 행복"을 부러워하지만, 그의 생활은 여전히 전(前)근대와 전통에 걸쳐 있다. 구보는 의식만이 아니라 생활의 조건에서도 분열되어 있다. 하지만 그도 다른 사람들과 마찬가지로 이제는 행복의 조건이 결정적으로 금전에 있다는 것을 받아들인다.

> 구보는 차를 마시며, 약간의 금전이 가져다줄 수 있는 온갖 행복을 손꼽아보았다. 자기도, 혹은, 팔 원 사십 전을 가지면, 우선, 조그만 한 개의, 혹은 몇 개의 행복을 가질 수 있을 게다. 구보는, 그러한 제 자신을 비웃으려 들지 않았다. 오직 고만한 돈으로 한 때, 만족할 수 있는 그 마음은 애달프고 또 사랑스럽지 않은가.
>
> (「구보」 108)

구보는 짐짓 고고한 척하며 돈의 힘을 무시하는 나이브한 태도를 보이지는 않는다. 그는 세상물정 모르는 딜레탕트나 철없는 댄디가 아니며 나름의 현실감각을 갖고 있다. 그렇기에 그는 "약간의 금전이 가져다줄 수 있는 온갖 행복을 손꼽"는 "자신을 비웃으려 들지 않았다." 좋든 싫든 이제 돈이 지배하는 "황금광 시대"에 행복은 돈과 뗄 수 없게 된다. 식민지 자본주의에서는 "오직 고만한 돈으로 한때, 만족할 수 있는 그 마음"을 더 이상 손쉽게 소시민의식이라고 치부하기 어렵게 되었다는 것을 구보의 의식을 통해 작가는 예리하게 포착한다. 구보는 이제는 사랑도 돈과 한 몸체가 되었다고 느낀다.

> 문득, 구보는, 그러한 여자가 왜 그자를 사랑하려 드나, 또는 그자의 사랑을 용납하는 것인가 하고, 그런 것을 괴이하게 여겨 본다. 그것은, 그것은 역시 황금 까닭일 게다. 여자들은 그렇게도 쉽사리 황금에서 행복을 찾는다. 구보는 그러한 여자를 가엾이, 또 안타깝게 생각하다가, 갑자기 그 사내의 재력을 탐내 본다.(「구보」 119)

구보의 의식은 분열된다. 한편으로는 돈 때문에 "그자를 사랑하려 드"는 여자의 마음을 "괴이"하다고 여기고 "그러한 여자를 가엾이" 여기지만, 다른 한편으로는 "그 사내의 재력을 탐내 본다." 이런 구보의 모습은 당대 식민지 지식인이나 작가의 전형적 모습이라 하겠다.

2. 식민지 작가의 초상

박태원은 구보의 심경묘사를 통해 창작을 위한 소설가의 고뇌와 갈등이 어떻게 드러나는지를 보여 주는데, 이 점에서 구보는 조이스의 『젊은 예술가의 초상』의 주인공인 작가 지망생 스티븐의 정신적 동료다. 박태원은 글쓰기의 의미를 묻는 젊은 작가의 내면을 통해 당대 식민지 시대의 삶, 식민지 수도 경성의 심층을 파고드는 고현학(modernology)을 시도한다.

> 고현학의 두 번째 방법론은 소설작법을 속속들이 겉으로 드러내는 방식인데, 비

유컨대 이는 건축의 구조를 겉으로 드러낸 것이어서 충격적이라 할 수 있다. (중략) 자연인 박태원은 「소설가 구보씨의 일일」 이래 문학 판에서 사라진 것이거나 투명 인간으로 변해 버리고 이 작품 이후부터 소설가 구보가 문학 판에 나선 형국인데, 이 엄청난 사실이야말로 한국 근대 문학의 한 사건이며, 이를 두고 박태원은 구보의 입을 빌려 '고현학'이라 불렀다. 바로 이 순간 우리 근대문학에서는 모더니즘의 방법론이 탄생하였다. 그 방법이란 참으로 구체적이고 분명한 것인데, 곧 소설제작과정을 속속들이 까발겨, 길 가는 사람에게 보여 주는 것에 다름 아니다.[6]

소설제작과정을 "속속들이 까발겨" 보여 준다는 것은 이제 작가가 자신의 글쓰기에 대해, 더 나아가 자신의 삶과 인간관계에 대해 강한 자의식을 드러낸다는 뜻이다. 19세기 리얼리즘 소설에서처럼 이제 작가는 외부자, 혹은 초월자의 입장에서 작품에서 벌어지는 사건과 작중 인물들에 대해 객관적이며 중립적인 평가를 할 수가 없게 된다. 어떤 서술자도 작품의 내적 구조와 운동에 속하게 되며, 심지어는 독자도 예외가 아니다.[7] 「소설가 구보씨의 일일」

6 김윤식, 「고현학의 방법론: 박태원을 중심으로」, 김윤식 · 정호웅 엮음, 『한국문학의 리얼리즘과 모더니즘』 134-45면.

7 이 점을 명료하게 보여 준 것이 「소설가 구보씨의 일일」로부터 반세기 정도가 지난 뒤에 출간된 이인성의 「낯선 시간 속으로」(1983)와 『한없이 낮은 숨결』(1989)이다. 이 작품들의 주제는 소설쓰기의 행위 자체에 대한 성찰과 반성이며, 그 반성의 탐색에서 작가라는 주체의 동일성은 해체되고 심판관으로서의 독자의 위치도 강하게 위협받는다. 예컨대 『낯선 시간 속으로』에서 이인성이 자신의 소설 주인공을 '나-그'라고 지칭하는 것은 '내'가 '나'이면서 동시에 '그'이며, 그가 그이면서 나라는 것을 분명하게 보여 주기 위해서다. 나나 그는 견고한 실체가 아니라 혼돈의 덩어리이며, '나-그'는 나나 타인에게 어떤 사람으로 확실하게 인식되지 못하고, 나나 타인에게 어떤 사람으로 확실하게 행동하지도 못한다. '나-그'는 자기 존재에 어떤 근거를 줘야 할 것인가를 확실하게 모르는, 부유하는 의식이다(김현, 『책읽기의 괴로움/살아 있는 시들』[문학과지성사, 1992] 206면). 이인성 소설이 모더니즘의 계보에 속하는 이유는 그가 부분을 통해 전체를, 의식을 통해 의식과 외부적인 관계를 모색하는 노력을 멈추지 않기 때문이다. 이인성이 『낯선 시간 속으로』에서 시도한, 한 젊은 연극학도의 성장에 대한 섬세한 탐구는 전체에 대한 통찰을 멈추지 않으려는 노력의 표현이다. 이인성은 "어떤 전체를, 그래요, 전체를 밀고 나가야 한다는 생각"으로 작품을 쓴다.(이인성 중편 4부작, 『낯선 시간 속으로』(개정 신판본)[문학과지성사, 1997] 133면) 이런 생각은 종래의 리얼리즘 소설처럼 삶과 세계를 하나의 정황으로 인식하여, 그것의 역사적 성격에만 매몰되게

에서 구보의 자의식은 어머니와의 관계에서 두드러지게 나타난다. 이 작품에 『율리시스』에서 드러나는 주요 모티프가 여러 형태로 나타난다는 것은 종종 지적되는데, 예민한 성격을 지닌 젊은 작가의 등장, 하루로 설정된 시간, 경성으로 제한된 공간 등이 그렇다. 조이스의 작품과 비슷하게 「소설가 구보씨의 일일」에서도 물리적 시간은 하루 정도에 불과하지만 그 과정의 시간은 구보에게는 천천히 흘러간다. 시간의 흐름이 자유연상에 의해 계속 상기되는 과거의 기억들에 의해 방해받는다. 특히 주목할 것은 작품의 시작과 끝에 나타나는 어머니에 대한 구보의 죄의식과 의무감인데, 이런 대목들은 『율리시스』에서 스티븐이 보여 주는 어머니에 대한 죄의식을 연상시킨다.

> 이렇게 밤늦게 어머니는 또 잠자지 않고 아들을 기다릴 게다. 우산을 가지고 나가지 않은 아들에게 어머니는 또 한 가지의 근심을 가질 게다. 구보는 어머니의 조그만, 외로운, 슬픈 얼굴을 생각하였다. 그리고 제 자신 외로움과 또 슬픔을 맛보지

하지 않고, 동시에 협애한 심리소설처럼 그것을 하나의 상징으로만 인식하여, 그것의 초월적 성격에만 전념하지 않게 만든다. 정황과 상징은 적절하게 그가 그리려는 하나의 전체 속에 통합된다(김현, 같은 글, 211면). 이런 전체에 대한 통찰력이 그의 작품을 단순한 언어적 유희, 의식의 장난 이상의 것이 되게 만든다. 이인성이 루카치 식의 리얼리즘으로 대표되는 총체성이나 전체성에 대한 회의를 표명하는 것은 사실이나, 그의 작품들이 전체성에 대한 물음을 포기한 것은 아니다. 하지만 전체가 이미 주어진 것이라는 전통적 견해에 동의하지 않는다. 물음이 가능한 것은 부분들이다. 개체의 것들은 이미 전체이며, 그것들은 또 다른 전체를 형성한다(정과리, 『스밈과 짜임』[문학과지성사, 1988] 289면). 따라서 개체와 따로 존재하는 전체는 없다. '나' 혹은 '나-그'에게 전체란 이미 주어졌거나 언제나 얻게 되는 것이 아니라, 현재적인 것들을 전체적으로 밀고 나감으로써 만들어지는, 끊임없이 변형되고 생성되는 무엇이다. 그것이 무엇인지는 작가도 즉답할 수 없다. 가능한 것은 주어진 전체가 아니라 전체화의 과정, 혹은 객관화의 과정이다. 이 점에서 이인성 소설은 그의 문학적 사부인 김현 비평의 문제의식과 통한다. 김현 비평의 핵심도 주어진 객관화나 전체화를 거부하고 유동적으로 형성되는 객관화와 전체화의 과정이기 때문이다(졸고, 「굳은 객관성에서 깊은 주관성으로: 김현의 『행복의 시학』과 『제강의 꿈』 읽기」, 『안과밖』 25호(2008) 참조). 그의 문학적 선배라 할 이상의 소설이 그렇듯이, 이인성 소설의 난해성, 단일한 서사로 꿰어지지 않는 파편적 서사는 주어진 전체성이나 객관성을 대하는 작가의 비판적 태도를 표현한다.

> 않으면 안 된다. 구보는 거의 외로운 어머니를 잊고 있었던 것임에 틀림없었다. (중략) 이제 나는 생활을 가지리라. 생활을 가지리라. 내게는 한 개의 생활을, 어머니에게는 편안한 잠을. (「구보」 157)

피상적으로 읽으면 구보의 결정은 생활로의 복귀라는 측면에서 긍정적으로 보인다. 하지만 자세히 살펴보면 구보의 의식은 식민도시 경성이 제공하는 생활의 일상성에 굴복하는 것으로도 읽을 수 있다. 구보가 꿈꾸는 "한 개의 생활"이나 "편안한 잠"은 그가 문득 꿈꿨던 탈출의 욕망을 포기한 결과다. 구보의 위장된 고독은 기차여행을 통해 재충전되지 못하기에 무화되고, 어머니의 소망에 부응하기 위한 일상적 행복 찾기로 나아감으로써 경성의 일상성에 함몰된다.

박태원은 식민지 지식인이 처한 속박, 탈국적인 보편적 자세를 끝까지 견지하기 힘들었는데 거기에 식민지 근대성의 한계가 있다. 구보가 걸었던 경성의 근대성은 모조 근대, 가짜 근대에 불과했다. 보들레르와 벤야민과 조이스가 산책하는 거리는 세계문화의 수도이며 식민자본주의의 중심지인 파리이지만, 구보가 소요하는 거리는 이제 갓 근대화의 물결이 밀려오기 시작한 식민지 경성일 뿐이다. 경성 거리는 일견 벤야민이 말한 산책자에 부합하는 전차와 재즈와 최신 유행으로 치장한 '모던 걸'들이 넘쳐나는 듯 보인다. 구보도 이런 모던 걸들의 존재를 인식한다. 구보는 "노는 계집의 무리들"의 "걸음걸이를 가장 위태롭다고 생각한다." 이런 모던 걸들의 치장이나 행동은 뭔가 부자연스럽게 느껴지는 것들인데 이것도 '짝퉁 근대'의 표현이다. "그들은, 모두가 숙녀화에 익숙하지 못한 것은 아니다. 그러나 그러함에도 불구하고, 그들은 모두들 가장 서투르고, 부자연한 걸음걸이를 갖는다. 그것은 역시, '위태로운 것'이라고밖에 말할 수 없는 것임에 틀림없었다"(「구보」 129).

그러나 "노는 계집"들이 활보하는 경성의 거리는 모던하지 않다. 그 거리는 하수구 시설이 전혀 되어 있지 않아 오물냄새가 나는 뒷골목과 그 골목에서 생계를 유지하는 어멈들을 품고 있다. 경성의 좁은 도회를 조금만 벗어나면 당대 조선인의 대부분은 '모던'은커녕 문맹인 채로, 땅바닥에 붙은 초가집에서, 소달구지와 천수답을 연명거리로 삼는 봉건 소작농이었다.[8] 식민지 조선의 근대성은 압도적인 전근대의 잔재에 의해 짓눌린 기형적인 근대성이었고, 그렇게 이식된 모조 도시 경성은 이상이나 박태원이 꿈꿨던 근대의 참모습과는 거리가 멀었다. 전근대와 근대가 뒤섞인 식민지 수도 서울의 모습이 보여 주듯이, 식민지 도시화란 지배에 따른 일본인과 조선인의 차별 및 차이에 의한 것으로 양자의 거주 지역은 철저히 양분되어 거리의 모습이나 사회자본의 규모에서부터 차이가 있었다. 중심부인 구시가지와 주변부인 신개발지의 격차라는 이중구조가 형성되었다. 경성을 비롯한 일본의 식민지 도시화가 보통의 도시화와 달랐던 점은 엘리트층을 중심으로 이주하였던 서양의 식민지 도시와 달리 하층계급이 대거 이주해 본국도시와 똑같은 일본인 사회가 형성되었던 점이다.[9] 이런 경성 거리를 구보는 할 일 없이, 목적 없이 산보한다. 구보는 소설가이지만 아직 소설을 써서 생계를 유지할 수는 없는 룸펜 지식인, 고등실업자로서 '생활을 가지지 않은 자'다. 그의 도시답사는 처음부터 '갈 곳 없음'을 특징으로 하는 무방향적 배회의 방식으로 시작된다. 생활을 가지지 않은 젊은 작가에게 도시는 정해진 행로를 제공하지 않으며, 그 역시 식민도시에서 관철되는 자본주의 운동논리로부터 소외되어 있다. 구보의 배회는 내면의 질병으로서의 신경증을 동반하는데 이는 도시에서의 공간적 배회와 내면의 배회가 일치함을 나타낸다(김명인 78).

8 천정환, 「식민지 모더니즘의 성취와 운명: 박태원의 단편소설」, 박태원 단편선, 『소설가 구보씨의 일일』의 편자 해설, 451면.

9 김민수, 『이상평전』(그린비, 2012) 17면.

3. 식민지 근대성의 매혹과 한계

조이스의 『젊은 예술가의 초상』이나 토마스 만의 『토니오 크뢰거』처럼 「소설가 구보씨의 일일」도 20세기 예술가소설의 계보에 속하지만 아쉬운 점이 눈에 띈다. 이들 작품의 차이는 중편, 장편이라는 길이의 문제가 아니다. 식민지 현실을 바라보는 시선의 깊이가 문제다. 한마디로 구보에게는, 그리고 구보를 통해 말하는 박태원에게는 자신(들)이 부딪치는 식민지 현실에 대한 비판의식이 희박하다. 그리고 그런 안이한 구보의 태도를 대하는 작가의 시각도 그리 다르지 않다. 조이스나 토마스 만의 경우에 작가들은 작품의 주요 인물들의 의식과 행동에 대해 공감을 보이기도 하지만, 비판적 시선을 견지하면서 '젊은 예술가'의 경박하고 투박한 현실인식을 꼬집는다. 박태원은 그렇게 하지 않는다. 작품의 결말 부분에서 "생활"에 귀의하는 구보의 의식이 보여 주듯이, 구보는 짐짓 소설가로서의 삶에 대해 자의식을 보이지만, 그 자의식은 식민지 경성이 제공하는 나른한 일상성의 벽을 넘지 못한다.[10]

10 이런 점에서도 이청준이나 최인훈이 앞서 보여 준 몇몇 예술인/지식인 소설의 뒤를 이어 한국적 예술가소설의 성숙을 모더니즘의 계보 속에서 보여 준 작품들은 1980년대 이인성에 와서야 비로소 꽃을 피운다. 이인성 작품의 주인공 '나-그'는 자신만의 욕망에 충실한 자아이지만 동시에 그 욕망을 억압하는 모든 외적인 억압들, 내적인 장애물들을 돌파하겠다는 의지와 결부된 예술가적 자아를 지닌 인물이다. "그리고, 이건 보다 중요한 말일지도 모르는데, 앞으로 헤쳐 나갈 앞날이 참담하고 어렵게 느껴지긴 하지만, 어쨌든 이제야 난 싸울 수 있을 것 같아. 내 식으로, 모든 것과, 삶, 관계, 또 모든 것, 정치나 사회 같은 것들과도 …… 난 존재하기 시작한 거야"(이인성, 『낯선 시간 속으로』 304면). 이 대목은 조이스의 『젊은 예술가의 초상』의 마지막 장면을 연상시킨다. 세상의 모든 것과 부딪치며 자신만의 삶과 예술을 만들겠다고 다짐하는 젊은 예술가 지망생 스티븐의 모습. 이인성 소설은 『젊은 예술가의 초상』과 마찬가지로 성장소설, 예술가소설이다. 이인성 소설에서 '나-그'는 "상처를 통해, 마침내 우리는 다른 삶을 살기 시작할 것이다"(『낯선 시간 속으로』 312면)라고 반성하고 성찰하는 의식의 성장을 보인다. 조이스 작품의 스티븐이나 블룸이 그렇듯이. '나-그'의 꿈이 반성적인 꿈인 것은 '나-그'가 바라는 되풀이 삶이 맹목적인 되풀이 삶이 아니라, 제 삶에 의미를 부여

구보는 하루 종일 메모를 위한 노트를 들고 경성 거리를 산책하며 현대의 풍속을 탐구하는 고현학을 실행한다. 이는 소설 쓸 거리를 찾고 소설을 쓸 수 있는 정신 상태를 갖추기 위한 준비다. 별다른 사건이 일어나지 않는 구보의 한가한 산보 자체가 소설의 줄거리가 된다. 하지만 그런 산보가 무엇을 위한 것인지가 몇 가지의 핵심적 주제의식으로 모아지지 못한다. 이 작품에는 부정적인 의미에서 '세태소설'의 요소가 다분히 드러난다. 탁월한 모더니즘 문학은 도시의 일상성과 세태를 날카롭게 묘사하지만 거기에 갇히지 않는다. 조이스의 단편집 『더블린 사람들』에 실린 단편은 식민지 아일랜드인들의 일상과 세태를 어떤 사실주의 소설만큼 정밀하게 묘사하지만, 조이스의 관심사는 핍진한 세태묘사 자체가 아니라 그런 식민지 더블린의 세태가 어떻게 각 등장인물들의 의식을 왜곡시키고 타락하게 만드는가, 그 사회문화적 배경의 날카로운 천착에 있다. 조이스 자신도 그렇게 생각했고, 최재서가 명민하게 지칭했듯이, 조이스의 작품은 루카치가 칭송하는 긍정적인 의미에서의 리얼리즘, 하지만 외면의 리얼리즘이 아니라 내면의 리얼리즘, 심리적 리얼리즘의 깊이를 보여 준다.

박태원의 작품이 그렇게 되지 못한 핵심 이유는 구보의 의식이, 그리고 박태원의 시각이 당대 식민지 자본주의의 이면을 입체적으로 조망하는 경지에 이르지는 못하고 있기 때문이다. 그 결과 작가의 의식이 '모던 걸'이나 '모던 보이'들이 활보하고, 황금의 논리가 사람들의 의식을 지배하고, 전차와 백화점과 다방의 근대적 풍경이 나타나기 시작하는 경성의 외면과 일상성에 압도되기 때문이다. 모더니즘은 (식민)도시의 일상성의 의미를 천착한다. 하지만 그런 천착이 일방적인 매혹이나 사로잡힘의 수준에 머물러서는 곤란하다. 박태원은 식민지 근대성의 면모를 다각도로 파고드는 데까지는 이르지 못했다. 그렇다면 당대의 '모던 보이'였던 이상은 어떠한가.

● ● ● ● ●

하기 위한 되풀이 삶이기 때문이다. 언제, 어떻게, 왜 '내'가 변했을까? 내 삶의 방식이 왜 더 이상 통하지 않는 것일까? 내 예전의 삶의 방법은 무엇이었으며 앞으로의 그것은 무엇이어야 할까?(김현[1992] 208면) 이런 질문을 던지는 작품이 예술가소설이다.

제3장
'모조 근대'를 넘어서기: 이상 읽기

1. 이상 시와 근대의 설계도

압도적인 현실의 변화 앞에서 통상적으로 주체가 택하는 방도는 크게 세 가지로 나뉜다. 오랜 영국 식민주의 지배를 경험했던 아일랜드의 경우도 비슷한 양상을 보였는데, 식민지 자본주의 근대주의의 격랑에 휩싸인 1930년대 조선의 지식인이나 작가들이 처한 곤혹스러운 상황에서 그 예를 읽을 수 있다. 첫째는 현실을 부정하면서 좋았던 '옛날'의 전통과 유산을 그대로 복원하려는 시도다. 아일랜드 문예부흥운동이 한 예다. 전통주의자의 입장이다. 둘째, 새로운 현실을 무비판적으로 받아들이면서 거기에 적응하고 살아남는 것만이 중요하다고 보는 현실추수주의의 입장이다. '새것은 무조건 좋다'는 이데올로기라 할 수 있는데, 조심스러운 판단이지만 모더니즘의 피상적 수용에 그쳤던 20-30년대 거의 모든 작가들이 여기에 속한다고 볼 수 있다. 이들은 근대성에 매혹된 일종의 근대주의자다. 셋째, "돌이킬 수 없는 것은 돌이킬 필요가 없는 것이 되어야 한다"(이인성, 「낯선 시간 속으로」 331)는 입장을 견지하면서 전통주의를 비판하되, 동시에 새로운 현실의 흐름을 맹목적으로 추수하는 태도에도 거리를 두는, '이중 전선'의 투쟁을 시도하는 입장이 있다. 새롭게 힘을 행사하게 된 근대의 힘을 인정하되 그 힘에 굴복하지 않고 근대의 이면을 입체적으로 조망하고 근대 너머를 사유하는 입장이다. 결론을 당겨 말하면 한국문학사에서 매우 드물게 이상이 여기에 해당하며, 1960년대의 진짜배기 모더니스트였던 김수영이 그 후계자다. "진짜 실험 정신은 모든 표현방식, 인식 체계가 기존질서의 유지에 이바지하고 있다는 것을 투철하게 깨달은 뒤에 생겨나는 고통스러운 파괴 의식이다. (중략) 실험정신은 가장 뛰어난 극단주의자 중의 하나였던 김수영이 말한 그대로 불온한 정신이다"(김현[1992] 200).

모더니즘 문학이 협애한 형식실험으로만 파악될 수 없는 이유는 그런 형식실험의 배면에 깔려 있는 정신, 주어진 현실을 항상 새롭게, 급진적으로 이해하려는 "불온한 정신"이 중요하기 때문이다. 불온한 정신이 맞서 싸우는 강력한 상대는 자본주의 근대성이고, 조이스와 이상의 경우에는 그 앞에 식민지라는 말이 붙은 근대성이었다. 아일랜드와 조선의 모더니스트들에게 문제는 식민지 근대성, 식민지 근대화, 식민지 자본주의와의 투쟁이고 극복이다. 식민지 아일랜드와 조선에서 꽃폈던 모더니즘 문학의 의미와 한계를 평가하는 핵심 지표다. 그렇다면 이상의 대표시 「오감도」, 특히 그중 가장 논란이 된 시 「오감도」 제1호(『조선중앙일보』 1934년 7월 24일자)를 어떻게 평가할 것인가.

烏瞰圖 詩 第1號

十三人의兒孩가道路로疾走하오.
(길은막다른골목길이適當하오.)

第一의兒孩가무섭다고그리오.
第二의兒孩도무섭다고그리오.
第三의兒孩도무섭다고그리오.

第四의兒孩도무섭다고그리오.
第五의兒孩도무섭다고그리오.
第六의兒孩도무섭다고그리오.
第七의兒孩도무섭다고그리오.
第八의兒孩도무섭다고그리오.
第九의兒孩도무섭다고그리오.
第十의兒孩도무섭다고그리오.

第十一의兒孩가무섭다고그리오.
第十二의兒孩도무섭다고그리오.
第十三의兒孩도무섭다고그리오.
十三人의兒孩는무서운兒孩와무서워하는兒孩와그렇게뿐이모혓소.
(다른事情은업는것이차라리나앗소)

그中에一人의兒孩가무서운兒孩라도좃소.
그中에二人의兒孩가무서운兒孩라도좃소.
그中에二人의兒孩가무서워하는兒孩라도좃소.
그中에一人의兒孩가무서워하는兒孩라도좃소.

(길은뚤닌골목이라도適當하오.)
十三人의兒孩가道路로疾走하지아니하야도좃소.

통상적인 이해와는 달리 이 시의 주체는 분열된 주체, 혹은 탈근대적 주체가 아니다. 시의 주체는 "무서운 아해"와 "무서워하는 아해"로 분열된 것처럼 보이지만 그렇다고 해서 그들이 정신분열증을 겪고 있는 탈근대적 주체는 아니다. 여기서 그려지는 아해의 모습들은 모두 치밀히 계산하는 근대적 주체다. 이상 문학에 자주 드러나는 의식과 무의식으로 분열된 주체의 모습이나 사물화되고 동물화된 주체의 형상화는 언뜻 분열된 것처럼 보이지만, 자세히 살펴보면 근대의 한 가운데서, "막다른 골목"에서 근대의 외면을 투시하려는 근대적 주체다. 그러므로 「오감도」 계열의 텍스트가 "거울상에 비친 분열된 주체의 영상을 언술화함으로써 한글 언술체계를 분열시키고 이를 통해 그러한 전도성과 욕망의 좌절을 가져오는 근대적 지식을 간접적으로 비판"[1]한다는 분석은 일면적이다. 이상 문학이 "기존의 언술체계를 파괴하는 기호놀이의 일종"(문흥술 240)인 것도 사실이지만, 그가 시도하는 기호놀이는 말과 글의 세계에 갇혀 그것만을 갖고 노는 놀이, 언술의 놀이를 넘어서 자신이 살았던 식민지 근대성 전체를 게임의 대상으로 삼으려는 방대한 예술 기획의 일환이다. 이상의 독특성은 그가 당대의 주류 이념인 민족주의와 사회주의 모두에 거리를 두었다는 것이다. 이런 점에서도 이상은 조이스의 불온정신과 맥을 같이한다. 이상이 구인회에 가담한 것을 두고 그가 심리주의나 미학주의, 형식주의 혹은 문학적 순수주의에 기울었다고 보는 것은 안이한 판단이다. 이상이 시도한 모더니즘은 탈정치적이거나 탈이념적이지 않다. 모더니즘은 그만의 고유한 방식으로 현실적인 것, 정치적인 것을 탐색할 뿐이지 현실에서 도피하지 않는다. 이 점에서 1910년생 이상은 1882년생 조이스의 동양인 후배라 할 만하다.

이상이 탁월한 모더니스트인 이유는 조이스와 마찬가지로 그의 시나 소설에 형식적인 면에서 초현실주의적인 면모가 있다고 하더라도 내용에서 그의 작품이 언제나 근대현실과 결합되어 있기 때문이다. 그의 작품에 초현실적인 내용은 없다. 이상이 언뜻 보기에 괴이한 방식으로 시를 쓰고 숫자와 도표와 그림을 시 안에 끌어들이고, 난삽한 작품을 만들겠다고 결심한 데는 당대 일본을 통해 들어온 초현실주의의 영향도 있었다. 그러나 이상이 욕망했던, 그리고 곧 환멸을 겪었던 동경의 근대(성)에도 한참 미치지 못하는 경성의 근대성, 식민지 근대현실에서 한 시인이자 지식인인 이상이 합리적 추론의 끈을 배격한다는 것은 불가능했다. 이상의 시가 아무리 난삽하게 보이더라도 그 시를 제대로 이해하려면 어떤 투시적 직감보다 건전한 상식과 합리적 분석이 필요하다.[2] 이상의 시선은 근대에 일방적으로 매혹된 자의 것이라

1 문흥술, 『한국 모더니즘 소설』(청동거울, 2003) 232면.

기엔 지나치게 서늘하고 반발하는 자의 것이라기엔 대상에 깊숙이 연루된다. 이상의 시적 자아가 근대에 매혹된 박태원의 구보와 갈라지는 지점이다. 이상의 시는 매혹이 아닌 공포와 환멸을 그린다. 그의 시가 난해하고 낯설게 느껴지는 이유다. 이상은 식민지 근대의 중심인 경성의 자본주의와 도시문화를 돌이킬 수 없는 필연적인 어떤 것으로 인지하면서도 그 이면을 꿰뚫어 보는 냉정한 시선을 견지한다. 그런 점에서도 이상은 여전히 근대적 지식인이고 조이스와 자리를 같이한다.

이상은 그가 맞닥뜨린 근대(성)을 손쉽게 우회하거나 넘어설 수 있다고 생각하지 않는다. 그런 손쉬운 초월주의는 그가 택한 길이 아니다. 가능한 것은 근대를 관통하여 그 막다른 골목길의 끝에서 어떤 대안을 사유하는 태도다. 이상이 "막다른 골목길"을 언급한 것은 다 이유가 있다. 이상은 너무 많이 알았다. 다 알고 있는 자의 시선은 매혹과 반발에 휩쓸리기보다는 차라리 조롱과 공포 사이를 오간다. 단편 「날개」에서 보여 주듯이 이상의 주체는 자기 자신까지도 조롱하는 주체다. 그래서 이상은 「날개」에서 "박제가 되어버린 천재를 아시오? 나는 유쾌하오. 이런 때 연애까지가 유쾌하오."[3]라고 말한다. 이상은 대상의 치부를 알고 있어서 우습고 대상의 비밀을 알고 있어서 무섭다. 이 조롱과 공포의 정서는 이상 문학에서 자주 접하게 되는 것이다.[4] 이상은 화려한 근대의 외관을 투시하여 마치 x선으로 투시하듯이 현실을 본다. x선으로 바라본 현실에서 두개골 같은 뼈다귀만 앙상히 드러난다.[5] 이상은 근대라는 외양을 설계도의 차원으로 되돌려놓는다. 설계도를 그리려면 현실의 외양에 속아서는 안 된다. 이 점이 조이스를 비롯한 모더니스트들이 기존의 리얼리즘 문학을 비판한 배경이다. 작가는 이제 현실의 피륙을 뚫고 들어가 현실의 안쪽을 봐야 한다. 그런데 현실은 언제나 인간들이 서로

2 황현산, 『잘 표현된 불행』(문예중앙, 2012) 779-80면.
3 이상, 『날개: 이상 단편선』 김주현 책임편집(문학과지성사, 2005) 268면.
4 신형철, 『몰락의 에티카』(문학동네, 2008) 460-62면.
5 김윤식, 『이상 문학 텍스트 연구』(서울대출판부, 1998) 47-48면.

맺는 관계에서만 파악된다. 현실은 인간들의 상호관계다. 현실 안쪽의 탐사는 곧 인간 내면의 탐색과 궤를 같이한다. 「오감도」는 근대라는 대상-기계의 작동을 극도로 단순화시켜 적나라하게 보여 준다. 이를 통해 대상의 외관이 지닌 화려함과 견고함을 해체한다.

2. 막다른 골목길과 유곽

「오감도」에서 식민지 수도 경성 거리는 아름답다거나 매혹적이거나 푸근한 곳이 아니다. 동경의 대상이 아니다. 그곳은 어른이 아닌 아이들만이 사는 곳이고, 평안이 아닌 공포가 지배하는 곳이며, 한가로운 산보나 배회가 아닌 정체 모를 광란의 질주만이 가능한 곳이고, 열려 있는 대로나 광장이 아니라 막다른 골목이다. 이상은 이런 경성의 면모를 시인의 설계도로 그 골격을 제시한다. 「오감도」의 "막다른 골목"은 단편 「날개」에서는 "유곽"으로 묘사되는데, 이곳 또한 막히고 생명력이 소진된 곳이기는 매한가지다.

> 그 삼십삼(三十三) 번지라는 것이 구조가 흡사 유곽이라는 느낌이 없지 않다. 한 번지에 십팔(十八)가구가 죽 어깨를 맞대고 늘어서서 창호가 똑같고 아궁이 모양이 똑같다. 게다가 각 가구에 사는 사람들이 송이송이 꽃과 같이 젊다. 해가 들지 않는다. 해가 드는 것을 그들이 모른 체하는 까닭이다. 턱살 밑에다 철줄을 매고 얼룩진 이부자리를 널어 말린다는 핑계로 미닫이에 해가 드는 것을 막아 버린다. 침침한 방 안에서 낮잠들을 잔다. 그들은 밤에는 잠을 자지 않나? 알 수 없다. 나는 밤이나 낮이나 잠만 자느라고 그런 것은 알 길이 없다. 삼십삼 번지 십팔 가구의 낮은 참 조용하다.
> (「날개」 270)

이상이 투시하는 대상은 경성(카프카적 권력)과 봉건적 가족제도(오이디푸스적 권력)에 기초한 식민지 구조라는 건축물이었다. 그는 식민지 건축과 권력을 투시하고 해체하고 조롱했다(신형철 500). 이상의 시는 30년대 한국사회를 구성하는 인간의 주체성과 그들이 구성하는 사회 혹은 연대의 리얼리티에 대한 가장 드라마틱한 알레고리다. 이상의 시는 식민지의 경험을 통해서 폭력적으로 개시된 근대를 살아가는 식민주체들은 성인이 아닌 아해(아이)일 뿐이며, 이 아해들이 구성하는 사회 혹은 사회의 부재는 공포스러운 것이라는, 인정하고 싶지 않은 사실을 하나의 부조리한 상황 속에 각인시킨다. 이상의 아해들은 그저 '무섭다', '무섭다' 절규하면서 막다른 골목을 질주한다. 이들은 성찰하지도 않고, 멈추지도 않으며, 돌아보지도, 웃지도 않는다. 이들은 맹목이어서 어떤 중요한 부분들이 훼손되어 있으며, 이들의 언어는 분절이 안 된다. 무서운 아이와 무서워하는 아이로 나뉜 채, 저 멀리 공중에서 까마귀의 불길한 시선으로 오감하는 이상의 눈동자 아래에서 목적지를 모른 채 정신없이 달리는 아해들은 파괴된 전통적 공동체의 폐허 위에 아직 새로운 사회를 건설하지 못한 피식민지인의 초상이다.[6]

이상의 시는 탈근대주의 정신을 설파하지 않는다. 이상은 누구보다 근대의 자식이되 근대 너머를 꿈꾼다. 그러므로 "이상 시에 나타난 수학적 기호의 부정, 상징 질서에의 귀속 거부, 다중심적 언어 사용 및 무중심적 사유, 시민 사회가 표방하는 자유에 대한 비판, 죽음 욕망 등은 탈근대적 징후에 속한다"[7]는 주장은 그다지 사실에 부합하지 않는다. 손쉬운 근대/탈근대의 이분법으로는 이상의 시적 자아들이 처한 구체적 상황을 이해하지 못한다. 이런 몰이해에서 "兒孩라는 한자의 시각적 효과는 네모진 방에 갇혀 쪼그리고 앉아 있는 어린아이를 연상시키며 열세 번 반복하게 되는 각 시행의 맨 앞 칸은 모두 동일하게 사각형 '第'의 형상이 나와 역시 막다른 골목, 경계 지워진 벽을 환기시킨다. 이러한 시적 전개는 절벽으로 버티고 있는 경계 앞에서 좌절하고 공포에 떠는 아이의 욕망의 상태를 형상화하는 것이다. 이때 벽은 동일자를 강요하는 고정된 세계이자 아버지의 이름으로 대표되는 상징

6 김홍중, 『마음의 사회학』(문학동네, 2009) 329면.
7 김윤정, 『한국 모더니즘 문학의 지형도』(푸른사상, 2005) 112면.

적 질서를 가리키는 것이라 할 수 있다"는 상투적인 해석이 나온다(김윤정 74). 이상의 시가 그리는 세계는 단순히 "동일자를 강요하는 고정된 세계이자 아버지의 이름으로 대표되는 상징적 질서"가 아니었다. 누가 아버지인가? 아버지라고 믿었던 조선은 죽었다.[8] 남은 것은 아버지의 초라한 시체뿐이다.

사망한 조선은 부재하는 빈 좌석으로 남은 것이 아니었다. 여기에 이상을 비롯한 모더니스트들이 처한 딜레마가 있다. 그 자리는 일본제국이라는 새로운 아버지에 의해 찬탈되었다. 그것은 적법한 아버지가 아니라 강요된 아버지의 이름이다. 그러므로 이상의 아해들은 백지의 상태로 서구의 근대와 만날 수 없었고, 이미 형성된 새로운 정치적 부권(일제 식민권력)의 매개적 권력에 종속되었다. 이상은 죽은 아버지(조선)와 그 아버지를 가리키는 돌이킬 수 없는 전통이나 유산을 복고적으로 부활시키려는 시도나 새로운 아버지(일본제국)와 그가 들여오는 식민지 근대화를 무비판적으로 따르고 영접하려는 시도를 모두 거부한다. 그는 이중전선의 투쟁을 수행한다. 자신을 압살하는 두 명의 아버지, 즉 두 개의 상이한 상징계 사이의 중립선을 따라서 탈주하려고 한다. 문제는 그 탈주의 중립선이 무엇인가이다. 그 길은 좁은 길이고 험로였다. 목표지가 명확히 제시되지 못한 실패의 확률이 압도적으로 높은 길이었다. 이상은 그 길을 갔고 그 길 위에서 죽었다. 이것이 이상이 대표하는 한국 모더니즘 문학이 개척한 도주로이며, 아해로 상징되는 입양아적 상황이 논리적으로 배양한 가능성이다. 끝없는 자살충동과 퇴행과 모색과 실패로 이루어진 탈주의 몸짓은 이상이 1936년 10월 동경으로 건너가 자신을 그렇게나 구속한 일본의 근대를 실제로 목도하고 큰 환멸을 남긴 채

8 「오감도 시 제1호」와 밀접하게 관련된 작품이 소설 「지도의 암실」이다. 두 작품은 도면과 관련이 된다는 점에서 제목에서도 유사성을 띤다. 둘 중 먼저 발표된 것이 「지도의 암실」이다. 두 텍스트는 상호텍스트성의 관계에 놓여 있다. 이 소설에는 "살아 있는 골목은 죽은 골목이요, 죽은 골목은 산 골목"이라는 대목이 나오는데, 이것은 「오감도 시 제1호」의 의미와 밀접한 관련을 갖는다. 여기서 막다른 골목은 죽음에 이르는 길이다(김주현, 『이상 소설 연구』[소명출판, 1999] 374-75면).

불령선인으로 검거되어 사망함으로써 미완성의 가능성으로 남았다(김홍중 354-56).

3. 이상의 '모조 근대' 비판

이상은 모조 근대, 사이비 근대를 비판했지만, 그것이 근대일반에 대한 거부는 아니었다. 분열이 있다면 그것은 식민근대, 식민지 수도 경성에 매혹되거나 그것을 조롱하는 의식과 '진짜' 근대인 동경에 대한 이상화와 환멸 사이에 위태롭게 서 있는 이상의 곤혹스러운 위치에서 기인한다. 이상은 총독부 건축기사로 식민지 조선의 도시건축 디자인에 투입되어 식민지 도시화의 주체, 곧 생산자 체험을 하면서 좌절한다. 이상은 식민지 근대화와 도시화가 조선사회의 발달과 발전과는 하등 관계가 없는 '짝퉁 근대화'라는 사실을 조선총독부의 심장부인 관방회계과에서 직접 관찰하고 경험한 결론으로 말한다. 이상이 했던 일은 학창시절 꿈꿨던 신건축의 이념과 실천이 아니고, 식민통치를 위해 지어지는 판에 박힌 관공서 건물이나 설계하는 것이었으므로 자신의 전방, 곧 앞날에 그림자가 드리워져 있다고 본 것이다. 이를 두고 이상은 1931년 『조선과 건축』에 일본어로 발표한 시에서 "태양이 땀에 젖은 등짝을 비추었을 때 그림자는 등짝의 전방에 있었다"(「이상한 가역반응」)고 표현했다. 이상이 총독부에서 일하면서 꿈꾼 것은 식민지 도시 근대화가 만들어내는 '모조 근대', '가짜 근대', '짝퉁 근대'를 살해하는 일이었다(김민수 204).[9]

이상이 건축현장에서 체험한 것은 그가 공부하며 꿈꿨던 '신건축'의 근대 이념 및 실천과는 무관한 19세기 서구 식민주의 건축의 모방과 답습이었다.

9 식민지 근대화의 허구성에 대한 실증적 연구로는 허수열, 『개발 없는 개발: 일제하 조선경제 개발의 현상과 본질』(개정증보판)(은행나무, 2011) 참조.

그래서 이상은 수필 「실락원」에서 "나는 이 모조기독(模造基督)을 암살하지 아니하면 안 된다. 그렇지 않으면 내 인생을 압수하려는 기색이 바야흐로 농후하다"고 말했다. 이상이 말한 "모조기독"은 식민지 근대화와 도시화의 짝퉁 근대화였다. 이상은 단순히 근대도시문화의 소비자 내지는 산책가가 아니었다. 그는 1920년대 극소수의 훈련받은 조선인 건축가 출신 중 최초로 도시건축을 디자인하는 능력을 학습한 인물이었다. 이상은 짝퉁 근대의 허구와 모순을 넘어서려 했다. 이상은 짝퉁 근대화의 노예가 되기보다는 그것을 넘어서 세계사와 근대성의 본류와 만나는 원 밖으로의 탈주를 꿈꾼다. 그래서 그는 시 「이상한 가역반응」에서 "우리들은 이 일에 대해 아랑곳하지 않는다"거나 "직선은 원을 살해하였는가"라고 도발적인 질문을 던졌다(김민수 18-19).

자본주의의 정착과 관련된 유럽의 근대화는 동시에 식민주의의 확장을 그 물적 토대로 한다. 경성의 '모던화'가 짝퉁이었던 이유도 그것이 자생적인 것이 아니라 일본 식민주의의 요청에 기반한 것이기 때문이다. 박태원 소설의 구보는 '모조 근대'인 경성에 대해서만이 아니라 경성의 원형이라 할 동경에 대해서도 강렬한 동경을 드러낸다.

> 구보의 눈이 갑자기 빛났다. 참 그는 그 뒤 어찌되었을고. 비록 어떠한 종류의 것이든 추억을 갖는다는 것은 사람의 마음을 고요하게, 또 기쁘게 해 준다. 동경의 가을이다. (중략) 그중 구석진 테이블. 그중 구석진 의자. 통속작가들이 즐겨 취급하는 종류의 로맨스의 발단이 그곳에 있었다. 광선이 잘 안 들어오는 그곳 마룻바닥에서 구보의 발길에 차인 것. 한 권 대학 노트에는 윤리학 석 자와 '임'(姙)자가 든 성명이 기입되어 있었다. (「구보」 132)

구보에게 동경은 "로맨스의 발단"과 연결된 낭만적 추억의 공간이자 이상향이다. 동경은 구보가 경성에서 느끼는 이런저런 불만을 해소해 줄 대안적 공간으로 추억된다. 이상도 유사한 욕망을 지니고 동경을 찾아간다. 이상에게 동경은 '진짜' 근대성이 지배할 것으로 믿는 이상적 공간이다. 그러나 이런 욕망충족을 위해 찾아간 이상에게 동경은 경성과 마찬가지로 '비속, 그것과 같은 가짜 물건'일 뿐이다. 그렇다면 어디서 탈출과 구원을 찾을 것인가? 경성도 동경도 '모조 근대'라면 오직 유럽만이 진짜 근대의 고향일까? 그러나 사태는 그렇게 단순하지 않다. 이상은 '진짜 근대'의 산실이라고 믿어지는 유럽의 정신세계를 이해하기 위해 다양한 노력을 한다. 이상 시에 드러나는 다채로운 기법, 실험은 이런 노력의 결과물이다. 이상의 시에는 건축가로서 그가 현대건축에 가졌던 다양한 관심과 디자인의 미학적 속성들이 출몰한다. 이미지의 파편화, 동시성, 속도감, 동역학적 구성, 자유배치 등이 그런 예들이다. 「오감도」를 비롯한 이상의 시는 입체파 이후 구성주의, 절대주의, 다다, 초현실주의, 바우하우스와 르 코르뷔지에의 건축적 표명 등에서 발현된 미학체계의 양상을 포함한다. 이상은 유럽의 문학, 건축, 예술만이 아니라 아인슈타인의 상대성이론을 포함한 현대 물리학에서도 많은 영향을 받는다. 이상의 시에 자주 등장하는 원과 부채 등의 단어는 우주적 시공간을 뜻하며 여기에 탈주를 위한 매개가 광선과 거울 등의 단어였다. 이상의 현대 물리학적 시공간 인식은 '유희적 장난' 수준에서 언급된 것이 아니었다. 혹은 단순히 가정 체험, 분리, 고아 체험 등의 정신적 외상에서 비롯된 트라우마 내지는 분열된 자아의 양립 불가능한 모순 등이 아니었다. 이상의 실험시는 1920년대 갓 출현한 신건축의 원리뿐만 아니라 양자물리학 등의 새로운 우주론에 기원을 두고 있었다. 그는 애초에 식민지 도시 근대화에 대한 모반의 계획을 세우고, 동시에 새로운 세계의 탄생에 직면해 이에 따른 인간존재와 자아에 대한 표명을 선언했다(김민수 265).

이상은 이 모든 것을 배태한 자신의 실존적 삶과 현실에서 벗어나 무한질주가 가능한 해방구의 가능성을 처음에 르 코르뷔지에의 신건축에서 보았고, 더 나아가 새로운 현대물리학과 우주론에서 찾았다. 예컨대 1930년 첫 소설 「12월 12일」에는 "새로운 우주의 가로를 보행하다가 기관차에 치어 신체가 해체되는" 내용이 후반부에 나오는데, 이상이 갈망하는 것이 새로운 우주적 공간 이동 내지는 생성의 빅뱅 논리라는 것이 암시된 것이다(김민수 228-33). 식민지 조선의 모더니스트 이상은 식민지 근대라는 현실을 초극하려는 욕망을 가졌다. 그러나 당대 유럽의 중심도시이자, 이상이 동경했던 근대도시의 대표 격이었고, 문화와 예술의 중심지였던 프랑스 파리에서 자신의 예술적 이상을 펼칠 수 있었던 조이스와는 다르게 이상에게는 근대와 근대 너머를 동시에 사유할 수 있는 위치가 주어지지 않았다. 그에게는 모조 근대로부터의 현실적인 탈출구가 없었다. 그가 '모조 근대'가 아닌 '진짜 근대'일 것이라고 믿고 찾아갔던 일본 동경은 또 하나의 가짜 근대의 예였을 뿐이었다.

그런 이상에게 현실은 어디서도 출구를 찾기 힘든 "막다른 골목길"같이 느껴지지 않았을까. 이런 상황에서 성숙한 성인은 나타나기 힘들며, 존재하는 것은 아해들뿐이다. 몸과 마음에서 상처입고 자신의 상처를 치유해 줄 어떤 현실적 방도도 찾기 힘든 상황. 그때 사람들의 관계는 "무서운 아해"와 "무서워하는 아해"의 관계로만 성립한다. 혹은 「날개」가 예시하는 것처럼 서로가 서로에게 무관심한 관계로만 성립한다. "나는 그러나 그들의 아무와도 놀지 않는다. 놀지 않을 뿐만 아니라 인사도 않는다. 나는 내 아내와 인사하는 외에 누구와도 인사하고 싶지 않았다"(「날개」 271). 이상의 소설적 자아인 '나'는 그래서 외롭다. "나에게는 인간 사회가 스스러웠다. 생활이 스스러웠다. 모두가 서먹서먹할 뿐이었다"(「날개」 276). '나'는 방 안에 고립된 자신의 생활에 만족스러워하는 것처럼 보이지만 그것은 고도의 자기기만이다.

> 나는 어디까지든지 내 방이—집이 아니다. 집은 없다—마음에 들었다. 방 안의 기온은 내 체온을 위하여 쾌적하였고, 방 안의 침침한 정도가 또한 내 안력을 위하여 쾌적하였다. 나는 내 방 이상의 서늘한 방도 또 따뜻한 방도 희망하지 않았다. 이 이상으로 밝거나 이 이상으로 아늑한 방을 원하지 않았다. 내 방은 나 하나를 위하여 요만한 정도를 꾸준히 지키는 것 같아 늘 내 방에 감사하였고 나는 또 이런

방을 위하여 이 세상에 태어난 것만 같아서 즐거웠다. (중략) 내 몸과 마음에 옷처럼 잘 맞는 방 속에서 뒹굴면서 축 처져 있는 것은 행복이니 불행이니 하는 그런 세속적인 계산을 떠난 가장 편리하고 안일한 말하자면 절대적인 상태인 것이다. 나는 이런 상태가 좋았다. (「날개」 272)

'나'는 정말 자신의 생활에 즐거워하는 것일까? 식민주의가 힘을 행사하는 방식은 식민주체들을 각자의 고립된 '외딴 방'에 가둬 놓는 것이다. 그런 점에서 식민-'주체'는 존재하지 않는다. 피식민인만이 존재한다. "내 방은 나 하나를 위하여 요만한 정도를 꾸준히 지키는 것 같아 늘 내 방에 감사하였고 나는 또 이런 방을 위하여 이 세상에 태어난 것만 같아서 즐거웠다"고 믿는 '나'들의 삶은 주체를 소외시키고 고립시키는 토대다. 「날개」는 그만의 방식으로 '민족적 알레고리'가 된다. "모든 제3세계의 텍스트들은 필연적으로 (중략) 알레고리적이고, 특히 매우 독특한 방식으로 알레고리적이다. 이들 텍스트들은 내가 민족적 알레고리라고 부른 것들로 읽어야 한다. (중략) [식민지 현실에서] 사적 개인의 운명은 언제나 공적인 제3세계 문화와 사회가 처한, [식민주의에 의해] 포위당한 상황의 알레고리다."[10]

10 Fredric Jameson, "Third-world literature in the era of multinational capitalism," *Social Text* 15 (Fall 1986) 69면. 따라서 이상 소설의 내면성, 1인칭 화자 '나'의 내면성은 고립된 내면성이 아니다. 모더니즘 문학에서 개별성 혹은 고유성(singularity)을 지닌 인물의 내면에 천착하는 이유는 전체적 진실은 미리 주어지지 않으며, 개별 주체가 느끼는 진실만이 존재하기 때문이다. 이때 내면의 탐구는 '나'와 얽혀 있는 다른 존재들, 곧 당신과 우리로 열려 있는 탐구다. 모더니즘 문학은 사회의 전체성을 구체적인 개인적 실존과의 함수관계에서 천착한다. '나'와 당신이 맺는 전체성의 회복은 밖으로부터의 강제가 아니라 실존적 결속을 통한 안으로부터의 호소에 의한 것이어야 한다. '나'에서 우리로 이어지는 실존적 결속의 표현이 주체의 안쪽에서는 내면성의 탐구요, 주체의 바깥쪽으로는 사회적 상상력의 개진이다. 조이스의 작품이 보여 주듯이 탁월한 모더니즘 문학에서 내면성과 사회성은 대립되지 않는다. 내면성의 탐구는 깊은 사회적 상상력을 요구한다. 문학은 개별적인 삶의 진실에서 출발하되, 개별적 진실은 궁극적으로 그것을 둘러싼 어떤 외부나 테두리와 맞물려 있다는 복합적 인식, '나'만의 내면을 넘어서려는 인식을 아우른다. 그렇게 '나'와 우리는 자연스럽게 결합된다. 모더니즘 문학에서 종종 언급되는 자기성찰이나 진정성의 개념은 협애한 내면의 주관성이 아니

4. 근대성 너머의 사유

식민지 근대성이란 그것이 설령 왜곡된 근대성일지라도 17세기 이래 이성주의, 합리주의, 과학주의와 그에 기반한 진보주의, 발전주의를 함축한다. 그것들의 정치적 표현이 민족주의이고 식민주의다. 식민지 조선의 특이성은 이런 유럽의 근대성과 직접 부딪친 게 아니라 일본이라는 매개체를 통해 변형된 형태로, 혹은 왜곡된 형태로 근대성을 수용했다는 것이다. 일찍이 임화는 한국근대문학의 성립과정을 '이식과 창조의 변증법'으로 설명하려 했지만,[11] 문제는 이식의 대상이 일본을 경유한 근대성의 뒤틀린 이식이었다는 것이다. 이상이 시도한 '모조' 근대비판, 모조 근대형이상학 비판의 의미가 여기 있다. 「날개」에서 '나'는 아내하고만 소통을 한다고 주장하지만, 그렇다고 날개의 주인공 '나'가 아내와 진정한 소통의 관계를 맺는 것도 아니다. "내 아내 외의 다른 사람과 인사를 하거나 놀거나 하는 것은 내 아내 낯을 보아 좋지 않은 일인 것만 같이 생각이 들었기 때문이다. 나는 이만큼까지 내 아내를 소중히 생각한 것이다"(「날개」 271). 하지만 '나'가 "아내를 소중히 생각한" 이유는 아내가 돈과 방을 제공하기 때문이다. 그러면서도 '나'는 돈의 출처를 궁금해하는 척한다. "나는 그런 때 아내에게는 왜 늘 돈이 있나 왜 돈이 많은가를 연구했다"(「날개」 277). 그리고 '나'는 묻는다. "아내에게 직

라 '나'와 외부의 배치관계를 구체적으로 파악하고 형상화하려는 관심을 가리킨다. 1930년대의 식민지 현실을 살아야 했던 이상에게 그 외부는 식민지 근대성이었고, 이상의 후계자인 1980년대의 작가 이인성에게는 70년대의 기형적인 산업화 과정이었다. 이 점에서 이인성 작품은 그 형식이나 스타일의 차이점에도 불구하고, 조세희의 『난장이가 쏘아올린 작은 공』(1978)의 계승자이기도 하다. 조세희와 이인성 작품의 등장인물들이 드러내는 억압되고 분열된 (무)의식은 그것의 외부인 1970-80년대 한국사회가 겪은 근대화과정의 폭압성의 내적 표현이다.

11 이에 대해서는 신승엽, 「이식과 창조의 변증법: 임화의 '이식문학론'의 정당한 이해를 위하여」, 『민족문학을 넘어서』(소명출판사, 2000)를 참조.

업이 있었던가? 나는 아내의 직업이 무엇인지 알 수 없다. 만일 아내에게 직업이 없었다면, 같이 직업이 없는 나처럼 외출할 필요가 생기지 않을 것인데"(「날개」 276). 정말 '나'는 "아내의 직업이 무엇인지 알"지 못했던 것일까? 아니면 알면서도 무의식적으로 모르는 척 한 것일까? 혹은 알 수 있었으면서도, 일부러 알려고 하지 않으려 한 것일까? '나'는 짐짓 아내가 어떻게 돈을 벌어오는지도 모르는 척 하지만, 그것은 일종의 자기기만이다.

조이스의 『율리시스』에서 블룸은 아내 몰리와 보일런의 부정한 정사의 가능성 때문에 하루 종일 전전긍긍한다. 그러나 결국은 몰리의 삶과 마음을 이해하는 것으로 보이는 블룸과는 달리, 「날개」에서 '나'와 아내의 관계는 그렇지 못하다. 「날개」에 그려지는 것은 소통의 실패뿐이다. 그렇다면 이 작품의 끝에서 그려지는 비상의 꿈은 희망적이지 않다.

> 사람들은 모두 네 활개를 펴고 닭처럼 푸드덕거리는 것 같고 온갖 유리와 강철과 대리석과 지폐와 잉크가 부글부글 끓고 수선을 떨고 하는 것 같은 찰나, 그야말로 현란을 극한 정오다.
>
> 나는 불현듯 겨드랑이가 가렵다. 아하, 그것은 내 인공의 날개가 돋았던 자국이다. 오늘은 없는 이 날개, 머릿속에서는 희망과 야심이 말소된 페이지가 딕셔너리 넘어가듯 번뜩였다.
>
> 나는 걷던 걸음을 멈추고 그리고 어디 한 번 이렇게 외쳐 보고 싶었다.
>
> 날개야 다시 돋아라.
>
> 날자. 날자. 한 번만 더 날자꾸나.
>
> 한 번만 더 날아보자꾸나. (「날개」 299-300)

'나'는 "날자, 날자"고 자신에게, 그리고 자신만의 방에 갇힌 식민지인들에게 비상과 탈출의 꿈을 북돋으려 하지만, 작품에 그려진 현실은 꽉 막힌 "유곽"일 뿐이고, 어디서도 쉽게 탈출구를 찾기 힘든 상황이다. 이 점에서 이상의 경성은 조이스의 더블린과 통한다. 이상 문학에서 발견되는 기이한 '우주적 상상력'은 경박한 현실도피가 아니라 그에게 주어진 유일한 탈출구였을지 모른다.

이상의 소설에 등장하는 근대의 풍경들, 날개와 말의 보행을 모방한 비행기나 자동차는 진정한 발명품이 아니라, 이상의 표현대로 "굽 달린 자동차"에 불과하다. 이상은 "굽 달린 자동차"가 판을 치는 근대 도시 경성의 모든 것을 가짜모조품이자 장난감이라 비판한다(문흥술 236). 그렇다면 막다른 골목이자 유곽처럼 느껴졌던 서울과는 달리 이상이 탈출의 꿈을 갖고 찾아갔던 제국의 수도 동경은 탈출구가 될 수 있었을까. 이상이 동경에서 느낀 것은 환멸감이다. 이상은 수필 「동경」에서 이렇게 그의 환멸을 표현한다.

> 내가 생각했던 마루노우찌 빌딩— 속칭 마루비루—는 적어도 이 마루비치의 네 갑절은 되는 굉장한 것이었다. 뉴욕 '부로-드웨이'에 가서도 나는 똑같은 환멸을 당할른지—어쨌든 이 도시는 몹시 '깨솔링'내가 나는구나!가 동경의 첫인상이다. (중략) 나는 택시 속에서 20세기라는 제목을 연구했다. 창밖은 지금 궁성호리 곁—무수한 자동차가 영영히 20세기를 유지하노라고 야단들이다. 19세기 쉬적지근한 내음새가 썩 많이 나는 내 도덕성은 어째서 저렇게 자동차가 많은가를 이해할 수 없으니까 결국은 대단히 점잖은 것이었다. (김민수 339에서 재인용)

이상은 경성에서 건축 잡지 등에서 봤던 마루노우치 빌딩 곧 마루비루의 실제 모습이 생각했던 것과 완전히 다른 허상이라는 것을 확인한다. 원래 마루비루는 1920년 영국에서 공부하고 건축사자격증을 획득한 사쿠라이 고타로가 설계하고 미국 건축회사가 시공을 맡아 관동대지진이 발생한 1923년에 준공되었다. 그러나 이상이 보기에 마루비루의 건축미학은 표현주의 건축의 강력한 카리스마를 반영한 것도 아니었다. 그렇다고 기능주의 건축의 정신이 담긴 것도 아니었다. 그것은 이상의 날 선 눈에 '거대한 풍선'처럼 비쳐졌다. 이상은 1936년 11월 14일자 김기림에게 보낸 편지에서 "기림형, 기어코 동경 왔소. 와 보니 실망이오. 실로 동경이라는 데는 치사스런 데로구려!"라고 썼다. 이상이 가졌던 근대도시건축에 대한 기대감은 동경 현지의 수준을 훨씬 넘어선 것이었다. 그래서 그는 "뉴욕 '부로-드웨이'에 가서도 나는 똑같은 환멸을 당할른지"라고 썼다(김민수 342-43). 이상에게는 어디에도 정주할 곳이 없었다. 동경도, 뉴욕도 그에게는 환멸의 대상이었다.

이상은 조선인 최초로 도시건축을 학습하고 체험한 건축가이자 시인, 소설가로서 도시의 소비자만이 아니라 생산자였고 이로 인해 식민지 도시근대화가 초래한 '짝퉁 근대'를 실존적 차원에서 역겨워했다. 당시 대부분 지식인과 문인들이 식민통치의 진짜 억압이 무엇인지 간파하지 못하고 추상적으로 이해할 때, 이상은 경성이라는 도시공간을 통해 구현된 공간의 정치학, 곧 도시에 디자인된 지배이념과 전략의 모순과 허구를 간파했다. 예컨대 그들은 식민통치에 견딜 수 없다고 분개하면서도 정작 식민지 도시 경성이 제공하는 볼거리 판타지의 달콤한 늪에 빠져 있었다. 박태원도 예외는 아니다. 이상은 비밀리에 모조 근대의 암살을 작심하고 육중한 건축 대신 글과 이미지라는 날렵한 표창을 선택해 막다른 골목으로 질주했다(김민수 361-62).

이상은 자신이 살아야 했던 모조 근대의 이면을 꿰뚫어보면서 근대 너머를 사유하려고 했지만, 그의 질주는 필연적으로 막다른 골목에 막혀 실패로 끝났다. 이상에게는 현실적인 탈출구가 주어지지 못했다. 조이스에게는 그가 아일랜드를 떠나서 떠돌았던 파리나 유럽의 도시들이 삶과 예술의 대안으로 어느 정도 기능했지만, 이상에게 동경은 그런 도시가 아니었다. 거기에 식민지 문학인으로서 오도 가도 못하고 "박제가 되어버린 천재" 이상의 불운이 있다. 그것은 이상만의 불운이 아니라 1930년대 한국(모더니즘)문학의 불운이기도 했다.

참고문헌

강상희. 『한국모더니즘소설론』. 문예출판사, 1999.
권성우, 『낭만적 망명』. 소명출판, 2008.
권영민. 『한국현대문학비평사』(자료집 전7권). 단국대출판부, 1982.
김명인. 「자명성의 감옥: 최근 리얼리즘 모더니즘 논쟁에 부쳐」. 『창작과비평』 117호(2002년 가을).
______. 『자명한 것들과의 결별』. 창비, 2004.
김민수. 『이상평전』. 그린비, 2012.
김병철. 『한국근대번역문학사연구』, 제1권. 을유문화사, 1975.
김상욱. 「아일랜드인 블룸과 조선인 구보: 모더니즘과 글로벌 상품화」. 『현대영미소설』 18권 1호(2011).
김윤식. 『한국근대문학사상비판』. 일지사, 1978.
______. 『한국근대문학사상사』. 한길사, 1984.
______. 『한국근대소설사연구』. 을유문화사, 1986.
______. 『이상연구』. 서울: 문학사상사, 1987.
______. 『한국문학의 근대성과 이데올로기 비판』. 서울대출판부, 1987.
______. 『이상 문학 텍스트 연구』. 서울대출판부, 1998.
______. 『내가 읽고 만난 일본』. 그린비, 2012.
김윤식 엮음. 『한국현대모더니즘비평선집』. 서울대출판부, 1991.
김윤식 · 김현. 『한국문학사』. 민음사, 1973.

김윤정. 『한국모더니즘문학의 지형도』. 푸른사상, 2005.
김주현. 『이상 소설 연구』. 소명출판, 1999.
김 현. 『현대한국문학의 이론/사회와 윤리: 김현문학전집 2』. 문학과지성사, 1991.
______. 『책읽기의 괴로움/살아 있는 시들: 김현문학전집 5』. 문학과지성사, 1992.
김홍중. 『마음의 사회학』. 문학동네, 2009.
맹정현. 「라깡과 푸코 · 보드리야르」. 『라깡의 재탄생』. 김상환 · 홍준기 엮음. 창비, 2002.
문흥술. 『한국모더니즘소설』. 청동거울, 2003.
민태운. 「조이스에게 있어서 민족/민족어와 영어」. 『제임스조이스저널』 9권 1호(2003).
박성창. 『우리문학의 새로운 좌표를 찾아서』. 민음사, 2003.
______. 「민족문학, 비교문학, 세계문학」. 『안과밖』 28호(2010년 상반기).
박찬길. 「근대적 자서전과 시적 고백」. 『안과밖』 11호(2001년 하반기).
박찬부 · 조윤숙. 「대타자에 대한 주체의 위치-라캉의 성담론」. 『영어영문학』 51권 1호(2005년 봄).
박태원. 『소설가 구보씨의 일일: 박태원 단편선』. 천정환 책임편집. 문학과지성사, 2005.
방현석. 「서구중심의 세계문학 지형도와 아시아문학」. 『세계문학론』. 창비, 2010.
백낙청. 『민족문학과 세계문학 I』. 창비, 1978.
______. 『민족문학과 세계문학 II』. 창비, 1985.
______. 「세계화와 문학: 세계문학, 국민/민족문학, 지역문학」. 『안과밖』 29호(2010 하반기).
부르디외, 피에르. 『예술의 규칙』. 하태환 옮김. 동문선, 1999.
서동욱. 『들뢰즈의 철학』. 민음사, 2002.
서준섭. 『한국모더니즘문학연구』. 일지사, 1988.
신명아. 「라깡과 버틀러」. 『라깡의 재탄생』. 창비, 2002.
신수정 · 박민규. 「박민규-신수정 대담」. 『문학동네』 66호(2011년 봄).
신승엽. 「이식과 창조의 변증법: 임화의 이식문학론의 정당한 이해를 위하여」. 『민족문학을 넘어서』. 소명출판, 1999.
신형철. 『몰락의 에티카』. 문학동네, 2008.

아우어바흐, 에리히. 『미메시스: 근대편』. 민음사, 1999.
양석원. 「응시의 저편: 자크 라캉 이론에서의 주체와 욕망」. 『안과밖』 15호(2003년 하반기).
오길영. 『이론과 이론기계』. 생각의나무, 2008.
______. 「시민문학과 정치」. 『크리티카』 4호. 도서출판 올, 2010.
윤지관 · 임홍배. 「세계문학의 이념은 살아 있다」. 『창작과비평』 138호(2007년 겨울).
______. 「경쟁하는 문학과 세계문학의 이념」. 『안과밖』 29호(2010년 하반기).
______. 「한국문학의 세계화를 둘러싼 쟁점들」. 『세계문학론』. 창비, 2010.
이욱연. 「세계와 만나는 중국소설」. 『세계문학론』. 창비, 2010.
이 상. 『날개: 이상 단편선』. 김주현 책임편집. 문학과지성사, 2005.
이인성. 『낯선 시간 속으로』(개정판). 문학과지성사, 1997.
임홍배. 「괴테의 세계문학론과 서구적 근대의 모험」. 『창작과비평』 107호(2000년 봄).
정과리. 『스밈과 짜임』. 문학과지성사, 1988.
정홍수. 「세계문학의 지평에서 생각하는 한국문학의 보편성」. 『세계문학론』. 창비, 2010.
조선숙. 「『小說家 仇甫氏의 一日』의 비교연구: 『Ulysses』와의 영향관계를 중심으로」. 『비교문학』 22호(1997).
진중권. 「미학에서 감각론으로」. 『창작과비평』 116호(2002년 여름).
최선령. 「20세기 초 교양소설의 두 갈래: 토마스 만과 조이스의 경우」. 『안과밖』 13(2003 상반기).
최재서. 『최재서평론집』. 청운출판사, 1961.
최혜실. 『한국모더니즘소설연구』. 민지사, 1992.
칠더즈, 조셉 · 게리 헨치. 『현대 문학 문화 비평용어 사전』. 문학동네, 1999.
핑크, 브루스. 「성적 관계 같은 그런 것은 없다」. 『성관계는 없다』. 도서출판 b, 2005.
하우저, 아르놀트. 『문학과 예술의 사회사 4: 자연주의와 인상주의 영화의 시대』(개정판). 창비, 1999.
허수열. 『개발 없는 개발: 일제하 조선경제 개발의 현상과 본질』(개정증보판). 은행나무, 2011.
홍준기. 『라캉과 현대철학』. 문학과지성사, 1999.
______. 「자끄 라깡, 프로이트로의 복귀」. 『라깡의 재탄생』. 창비, 2002.

황정아 · 박민규. 「박민규라는 문학 발전소: 대담」. 『창작과비평』 151호(2011 봄).
황종연. 「모더니즘에 대한 오해에 맞서서」. 『창작과비평』 116호(2002년 여름).
황현산. 『잘 표현된 불행』. 문예중앙, 2012.

Adorno, Theodor. "Reconciliation under duress." *Aesthetics and Politics*. London: Verso, 1977. 151-76.

Anderson, Benedict. *Imagined Communities*. New York: Verso, 1991.

Bachelard, Gaston. *The Poetics of Space*. Trans. Maria Jolas. Boston: Beacon Press, 1969.

Balibar, Etienne. "Rights of man and rights of citizen: The modern dialectic of equality and freedom." *Masses, Classes, Ideas*. New York: Routledge, 1994. 39-60.

Benstock, Shari. "City spaces and women's places in Joyce's Dublin." *James Joyce: The Augmented Ninth*. Ed. Bernard Benstock. Syracuse: Syracuse UP, 1984. 293-307.

Berg, Elizabeth. "The third woman." *Diacritics* 12 (1982 Summer): 11-20.

Berman, Marshall. *All That is Solid Melts into Air: The Experience of Modernity*. New York: Penguin, 1988.

Boheemen, Christine. *The Novel as Family Romance: Language, Gender, and Authority from Fielding to Joyce*. Ithaca and London: Cornell UP, 1987.

Booker, M. Keith. *Joyce, Bakhtin, and the Literary Tradition*. Ann Arbor: The U of Michigan P, 1995.

Boons-Grafe, Marie-Claire. "Other/other." *Feminism and Psychoanalysis*. Ed. Elizabeth Wright. Oxford, UK: Blackwell, 1992. 296-299.

Boone, Joseph. "Staging sexuality: Repression, representation, and interior states in *Ulysses*." *Joyce: The Return of the Repressed*. Ed. Susan Stanford Friedman. Ithaca: Cornell UP, 1993. 190-221.

Bourdieu, Pierre. *Sociology in Question*. London: SAGE Publications, 1993.

Bradbury. Malcolm and James McFarlane. Eds. *Modernism: 1890-1930*. Harmondsworth: Penguin Books, 1976.

Brivic, Sheldon. *Joyce's Waking Women: An Introduction to Finnegans Wake.* Madison: The U of Wisconsin P, 1996.

Buckley, Jerome. *Season of Youth: the Bildungsroman from Dickens to Golding*. Cambridge, Mass: Harvard UP, 1974.

Budgen. Frank. *James Joyce and the Making of Ulysses*. Oxford: Oxford UP, 1989.

Cairns, David, and Shaun Richards. *Writing Ireland: Colonialism, Nationalism and Culture*. Manchester: Manchester UP, 1988.

Casanova, Pascale. *The World Republic of Letters*. Cambridge, MA: Harvard UP, 2007.

Chuang, Kun-liang. "Glocalization: James Joyce in Taiwan." 『제임스조이스저널』 12권 2호(2006 하반기).

Day, Mary. *Dublin, the Deposed Capital: A Social and Economic History, 1860-1914*. Cork: Cork UP, 1984.

Damrosch, David. *What is World Literature?* Princeton: Princeton UP, 2003.

Deleuze, Gilles and Felix Guattari. *A Thousand Plateaus: Capitalism and Schizophrenia*. Minneapolis: U of Minnesota P, 1987.

Derrida, Jacques. *Of Grammatology*. Baltimore: Johns Hopkins UP, 1976.

______. *Margins of Philosophy*. Chicago: The U of Chicago P, 1982.

______. *Positions*. London: Continuum, 2002.

Dettmar, Kevin. *The Illicit Joyce of Postmodernism*. Madison: The U of Wisconsin P, 1996.

Diao, Keli. "The ecology of the writer and James Joyce." 『제임스조이스저널』 16권 2호(2010년 겨울).

Duffy, Enda. *The Subaltern Ulysses*. Minneapolis: U of Minnesota P, 1994.

Eagleton, Terry. "Joyce and mythology." *Essays for Richard Ellmann*. Montreal: McGill-Queen's UP, 1989. 310-319.

______. *Heathcliff and The Great Hunger*. New York: Verso, 1995.

Eishiro, Ito. "Two Japanese translations of Finnegans wake compared: Yanase (1991-1993) and Miyata (2004)." 『제임스조이스저널』 10권 2호(2004 하반

기).

Ellmann, Maud. "Polytropic man: Paternity, identity and naming in *The Odyssey* and *A Portrait of the Artist as a Young Man*." *James Joyce: New Perspectives*. Ed. Colin MacCabe. Bloomington: Indiana UP, 1982. 73-104.

Ellmann, Richard. *James Joyce*. Revised Edition. New York and Oxford: Oxford UP, 1982.

______. "Joyce after a hundred years." *James Joyce: An International Perspective*. Eds. Suheil Badi Bushrui and Bernard Benstock. Totowa: Barnes and Noble, 1982.

Evans, Dylan. *An Introductory Dictionary of Lacan Psychoanalysis*. New York: Routledge, 1996.

Eysteinsson. Astradur. *The Concept of Modernism*. Ithaca: Cornell UP, 1990. Fairhall. James. *James Joyce and the Question of History*. New York: Cambridge UP, 1995.

Fanon, Frantz. *The Wretched of the Earth*. London: MacGibbon & Kee, 1965.

Foucault, Michel. *Power/Knowledge: Selected Interviews & Other Writings 1972-1977*. Ed. Colin Gordon. New York: Pantheon, 1980.

______. "Space, knowledge, and power." *The Foucault Reader*. Ed. Paul Rabinow. New York: Pantheon Books, 1984. 239-256.

Freud, Sigmund. "The question of lay analysis." *The Standard Edition of the Complete Psychological Works*. Vol. 20. Ed. James Strachey. London: Hogarth Press, 1955. 179-258.

Friedman, Susan Stanford. "(Self) Censorship and the making of Joyce's modernism." *Joyce: The Return of the Repressed*. Ed. Susan Friedman. Ithaca: Cornell UP, 1993. 21-57.

Grosz, Elizabeth. *Sexual Subversions: Three French Feminists*. Sydney: Allen & Unwin, 1989.

Henke, Suzette. "Stephen Dedalus and woman: A portrait of the artist as a young misogynist." *Women in Joyce*. Eds. Suzette Henke and Elaine

Unkeless. Urbana: U of Urbana P, 1982. 82-107.

______. *James Joyce and the Politics of Desire*. New York: Routledge, 1990.

Humphrey, Robert. *Stream of Consciousness in the Modern Novel*. Berkeley: U of California P, 1954.

Huyssen. Andreas. *After the Great Divide: Modernism. Mass Culture. Post-modernism*. Bloomington: Indiana UP, 1986.

Irigaray, Luce. "Love between us." *Who Comes after the Subject*. Eds. Eduardo Cadava, et. al. New York: Routledge, 1991. 167-77.

______. *I Love to You*. New York: Routledge, 1996.

Jameson, Fredric. "*Ulysses* in history." *James Joyce and Modern Literature*. Eds. W.J. McCormack and Alistair Stead. London: Routeldge & Kegan Paul, 1982. 126-141.

Jameson, Fredric. "Third-world literature in the era of multinational capitalism." *Social Text* 15.3 (Fall 1986): 65-87.

______. "Does world literature have a foreign office?" A Keynote Speech for Holberg Prize Symposium 2008.

Jones, Ellen Carol. "Textual mater: Writing the mother in Joyce." *Joyce: The Return of the Repressed*. Ed. Susan Stanford Friedman. Ithaca: Cornell UP, 1993, 157-82.

Joyce, James. *Dubliners* (1914). New York: Penguin Books, 1992.

______. *Stephen Hero*. New York: New Directions, 1963.

______. *The Critical Writings of James Joyce*. Ed. Richard Ellmann. Ithaca: Cornell UP, 1959.

______. *A Portrait of the Artist as a Young Man* (1916). New York: Viking Press, 1968.

______. *Selected Letters of James Joyce*. Ed. Richard Ellmann. New York: The Viking Press, 1975.

______. *Ulysses* (1922). New York: Vintage Books, 1986.

______. *Finnegans Wake* (1939). New York: Penguin Books, 1976.

Joyce, Stanislaus. *My Brother's Keeper*. London: Faber and Faber, 1958.

Kenner. Hugh. *Dublin's Joyce*. Bloomington: Indiana UP, 1956.

Kershner, R.B. *Joyce, Bakhtin, and Popular Literature*. Chapel Hill and London: The U of North Carolina P, 1989.

Kim, Chongkeon. "Joycean study in Korea." *The James Joyce Quarterly*. Vol 27. No. 3 (Spring 1990). Tulsa: Tulsa UP: 465-72.

Lacan, Jacques. *The Four Fundamental Concepts of Psychoanalysis*. Ed. Jacques-Alain Miller. New York: W.W. Norton, 1977.

______. *On Feminine Sexuality: Encore 1972-73*. Trans. Bruce Fink. New York: W.W. Norton, 1998.

Lehan, Richard. "Joyce's city." *James Joyce: The Augmented Ninth*. Ed. Bernard Benstock. Syracuse: Syracuse UP, 1984. 247-61.

Levenson, Michael. "Stephen's diary: The shape of life." *Critical Essays on James Joyce's A Portrait of the Artist as a Young Man*. Eds. Philip Brady and James F. Carens. New York: G.K. Hall & Co, 1998.

Levin. Harry. *James Joyce: A Critical Introduction*. Rev. ed. New York: New Directions, 1960.

Lukács, Georg. *Realism in Our Time*. New York: Harper Torchbooks, 1964.

______. *Writer and Critic*. London: Merlin Press, 1978.

MacCabe, Colin. "The voice of Esau: Stephen in the library." *James Joyce: New Perspectives*. Bloomington: Indiana UP, 1982. 111-128.

Mahaffey, Vicki. "Joyce's shorter works." *The Cambridge Companion to James Joyce*. Ed. Derek Attridge. New York: Cambridge UP, 1990. 172-195.

Manganiello. Dominic. *Joyce's Politics*. London: Routledge, 1980.

Marx, Karl and F. Engels. "Manifesto of the communist party." *The Marx-Engels Reader*. Ed. Robert C. Tucker. New York: Norton, 1978. 473-91.

McCourt, John. *The Years of Bloom: James Joyce in Trieste 1904-1920*. Madison: U of Wisconsin P, 2000.

Min, Taeun. "An encounter: Blooms day and Goobo's day." 『제임스조이스저널』 10권 2호 (2004). 105-16.

Mitchell, Breon. "*A Portrait* and the Bildungsroman tradition." *Approaches to*

Joyce's Portrait: Ten Essays. Pittsburgh: U of Pittsburgh P, 1976. 61-76.

Moretti, Franco. *Modern Epic: The World System from Goethe to Garcia Marquez*. New York: Verso, 1996.

______. *The Way of the World: The Bildungsroman in European Culture*. London: Verso, 2000.

______. "Conjectures on world literature." *New Left Review* 1 (2000).

Nolan, Emer. *James Joyce and Nationalism*. New York: Routledge, 1995.

Pearce, Richard. "Molly blooms: A polylogue on 'Penelope'." Molly Blooms. Ed. Richard Pearce. Madison: The U of Wisconsin P, 1994. 3-16.

Poulet, George. *Studies in Human Time*. Baltimore: The Johns Hopkins UP, 1956.

Power, Arthur. *Conversations with James Joyce*. London: Millington, 1974.

Proust, Marcel. *Remembrance of Things Past*. Vol III. Vintage Books, 1982.

Riquelme, John Paul. "*Stephen Hero* and *A Portrait of the Artist as a Young Man*: transforming the nightmare of history." *The Cambridge Companion to James Joyce* (Second edition). Ed. Derek Attridge, 2004. 103-121.

Said, Edward. "Representing the colonized: Anthropology's interlocutors." *Critical Inquiry*. 15.2 (Winter, 1989): 205-225.

Scott, Bonnie Kime. "Emma Clery in Stephen hero: A young woman walking proudly through the decayed city." *Women in Joyce*. Eds. Suzette Henke and Elaine Unkeless. Urbana: U of Illinois P, 1982. 57-81.

______. *Joyce and Feminism*. Bloomington: Indiana UP, 1984.

Shechner, Mark. *Joyce in Nighttown: A Psychoanalytic Inquiry into Ulysses*. Berkeley: U of California P, 1974.

Shloss, Carol. "Molly's Resistance to the union: Marriage and colonialism in Dublin, 1904." *Molly Blooms*. Ed. Richard Pearce. Madison: The U of Wisconsin P, 1994. 105-118.

Spencer, Theodore. "Introduction." *Stephen Hero*. New York: New Directions, 1963. 7-19.

Valente, Joseph. "The politics of Joyce's polyphony." *New Alliances in Joyce*

Studies. Newark: U of Delaware P, 1988. 56-69.

Walzl, Florence. "*Dubliners*: Women in Irish society." *Women in Joyce*. Eds. Suzette Henke and Elaine Unkeless. Urbana: U of Illinois P, 1982. 31-56.

Woolf, Virginia. "Modern fiction." (1919) *20th Century Literary Criticism*. Ed. David Lodge. London: Longman, 1972. 86-92.

______. "A sketch of the past." *Moments of Being*. Ed. Jeanne Schulkind. New York: A Harvest Book, 1985. 61-160.

Wordsworth, William. *The Prelude: 1799, 1805, 1850*. Ed. Jonathan Wordsworth, M.H. Abrams, and Stephen Gill. New York: W.W. Norton & Company, 1979.

찾아보기

저자소개

서울대학교 인문대학 영어영문학과 및 동대학원을 졸업하고 뉴욕주립대학교에서 영문학 박사 학위를 취득했다. 현재 충남대학교 영어영문학과 교수이며 비평공동체 크리티카의 동인으로 활동 중이다. 제임스 조이스를 비롯한 영미소설, 비평 및 문화이론, 비교문학 등에 관심을 두면서 가르치고 연구 중이다. 주요저서로 『이론과 이론기계』(2008), 『에드워드 사이드 다시 읽기』(2006, 공저) 등이 있다.